Ute Liesenfeld

Mosel

Wandern für die Seele

20 Wohlfühlwege

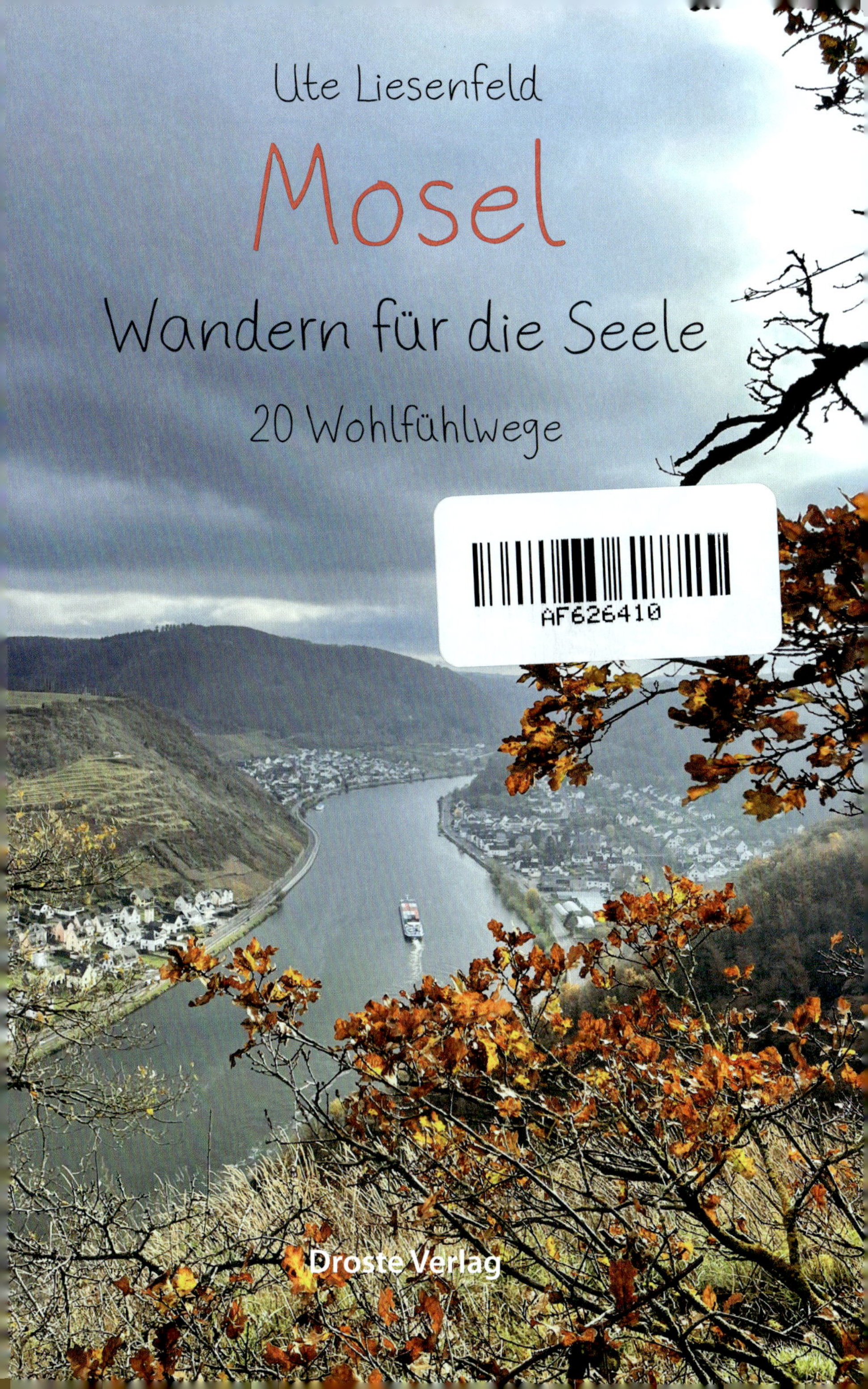

Droste Verlag

ALLE WANDERUNGEN AUF EINEN BLICK

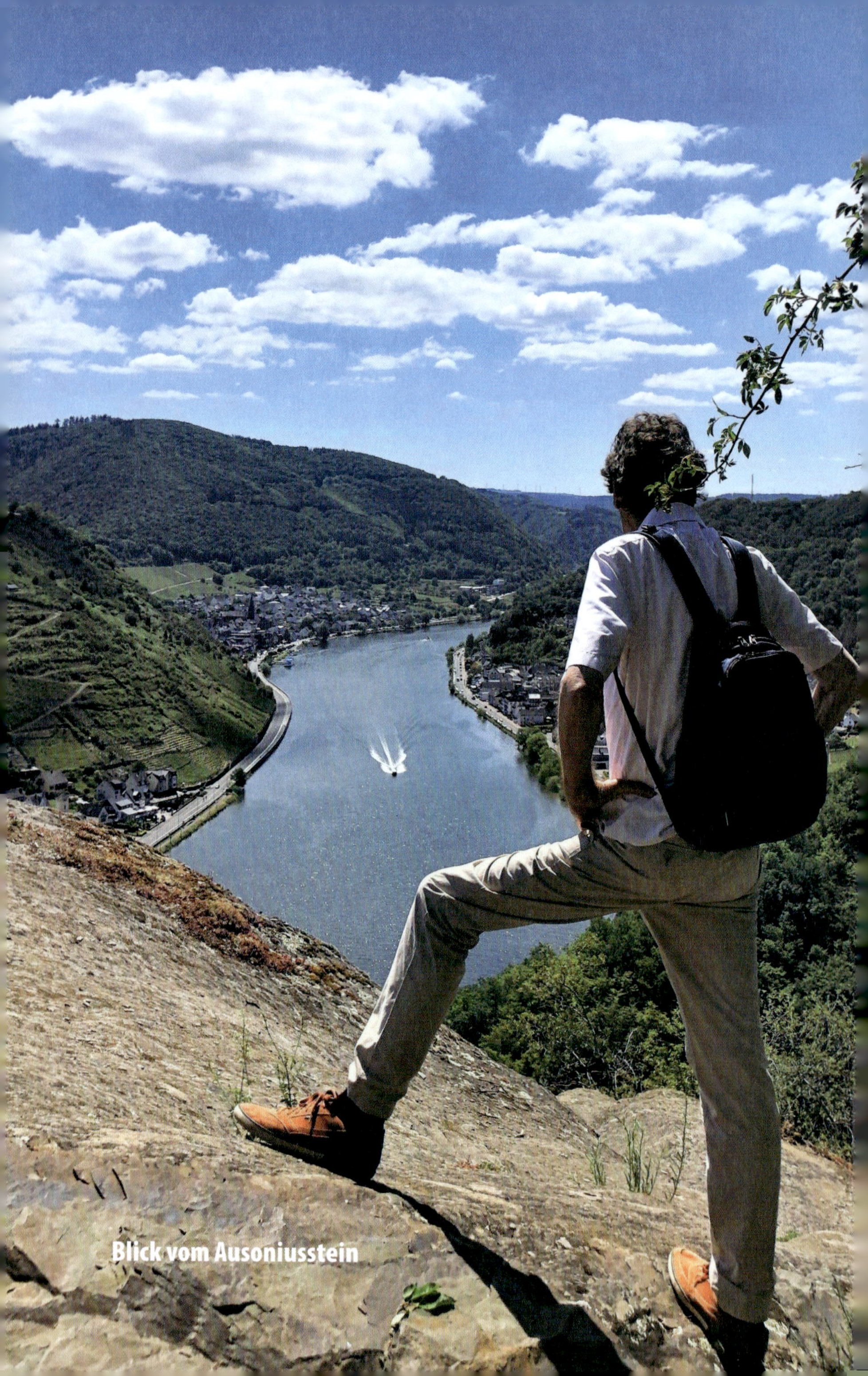

Blick vom Ausoniusstein

Liebe Wanderer,
liebe Romantiker
und Gipfelstürmer,

Das Moseltal ist eine der malerischsten und reizvollsten Landschaften, die man sich als Wanderer denken kann. Ein einzigartiges Ökosystem, ein verträumter Mikrokosmos, der seit Jahrtausenden die Menschen anlockt und fasziniert. Kelten, Römer und Franken haben hier gesiedelt, haben das Leben und den besonderen Menschenschlag geprägt. Ein Erbe, das die Moselaner mit Stolz und Geschichtsbewusstsein pflegen. In Alken begegnen wir einem Lagerplatz des homo erectus, in Trittenheim römischen Sarkophagen, in Kobern-Gondorf der spätromanischen Matthiaskapelle. Drei von unzähligen Entdeckungen zwischen Bilderbuchdörfern und zinnenbewehrten Burgen inmitten der Moselschleifen.

In kürzester Zeit steigt man vom Moselufer durch Weinbergterrassen zu den fruchtbaren Hochflächen von Hunsrück und Eifel auf. Unten wärmen die Schieferterrassen die Rebstöcke, oben weht eine frische Brise und lässt das Korn auf dem Maifeld wogen. Ein Felsvorsprung erzeugt Hochgefühle, eröffnet atemberaubende Ausblicke auf Berge, Felder und das glitzernde Band der Mosel – grün wie die Weinberge und Wälder, blau wie der Himmel, je nach Licht und Tageszeit. Man muss kein Dichter sein, um hier ins Schwärmen zu geraten.

Begleiten Sie uns auf dem Römerweg, dem Elfenweg und dem WeinWetterWeg, dem berühmten Moselsteig, den Traumpfaden und anderen märchenhaften Wald-, Wiesen- und Weinbergwegen!

Ihre Ute Liesenfeld

NATUR-INFO

KULTUR-INFO

TOUREN-/EVENT-INFO

GENUSS-INFO

- 8 Kilometer
- 290 Höhenmeter
- 4 Stunden
- Rundweg

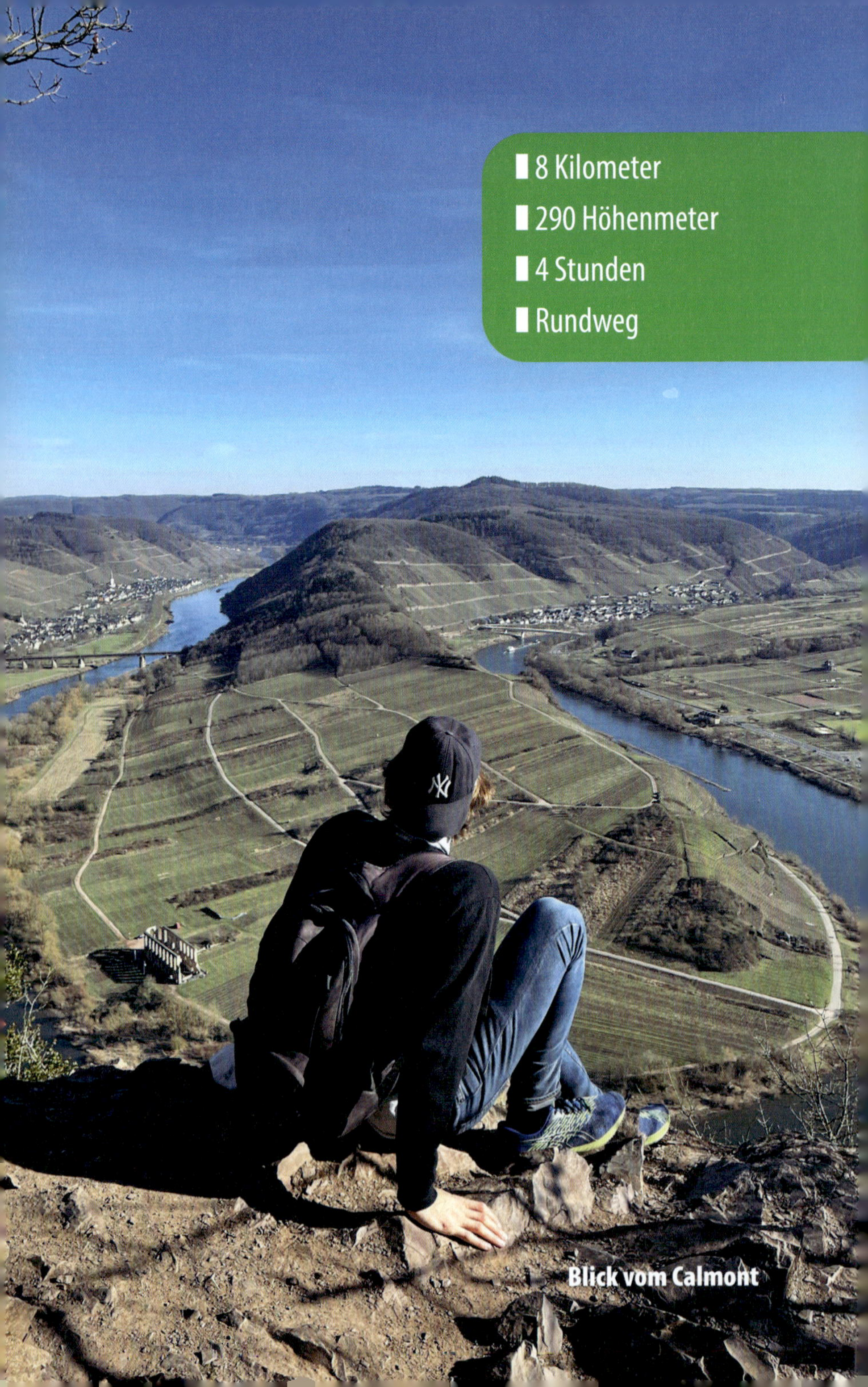

Blick vom Calmont

Atemberaubend

Der Calmont-Höhenweg

Zwischen Ediger-Eller und Bremm ragt der Calmont am Moselufer empor, ein Weinberg mit alpinem Charme, der steilste in Europa, heißt es. Bevor die Routen markiert und die schwierigsten Passagen mit Stahlseilen und Leitern gesichert wurden, gehörte der Calmont den Weingärtnern und ambitionierten Wanderern. Inzwischen herrscht nicht nur am Wochenende Hochbetrieb. Ein guter Grund, sich im Winterhalbjahr auf den Weg zu machen, wenn man dem eigenen Rhythmus folgen kann und nicht ständig anderen ausweichen muss. Der Blick ist viel freier als im Sommer, und auch die Kälte muss man nicht fürchten, denn warm wird es beim Aufstieg in jedem Fall. Klar: Diese Wanderung ist kein Spaziergang; der Calmont (heiße Berg) verlangt gute Schuhe, gute Knie und gute Nerven.

!

*Unser Wanderweg führt in gerader Linie hoch zum Kamm, über den Höhenweg und dann steil herab nach Bremm. Wer noch mehr Nervenkitzel sucht, kann auf beiden Seiten in den **Klettersteig** einsteigen, der auf halber Höhe durch den Weinberg führt.*

Startpunkt ist der Bahnhof oder der Parkplatz am Ortsausgang von Eller, kurz vor der **Eisenbahnbrücke,** hinter der unser Wanderweg den Berg hinaufführt. Zur Begrüßung lobt ein Schild die Vorzüge des hiesigen Rieslinganbaus und die seltene Flora und Fauna des Weinbergs. Das Warnschild dahinter relativiert die Einladung: „Achtung! Nur für geübte Wanderer, Schwindelfreiheit und Trittsicherheit erforderlich!“ steht hier in riesigen Lettern – soll keiner sagen dürfen, er sei nicht gewarnt worden. Die Ansage bezieht sich primär auf den Klettersteig; wir gehen (nur) den Höhenweg und sind bereits auf

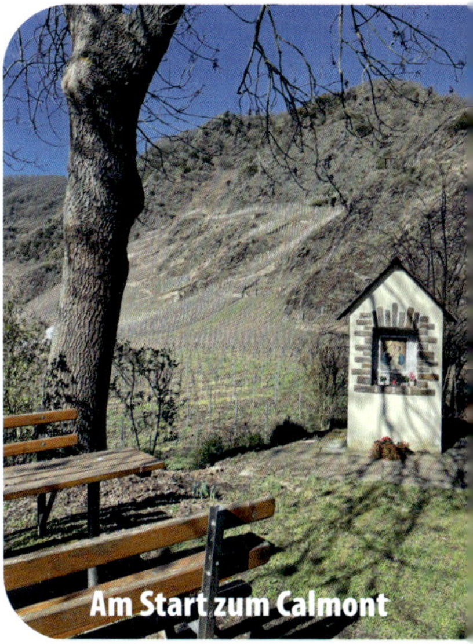
Am Start zum Calmont

einen mühsamen An- und Abstieg eingestimmt. Schnurgerade führt der Weg nach oben, vorbei an Picknicktisch und Heiligenbild. Rechts fällt der Blick hinunter auf die Bahnstrecke, die von Koblenz nach Trier führt.

Unser Pfad biegt nach links und zieht sich schräg den Berg hinauf. Eisengeländer helfen über einen unwegsamen Felsabschnitt hinweg, dann erreichen wir die **Schutzhütte Galgenlay** ① mit Fahne und Bank.

Links zeigt ein Schild zum Calmont-Klettersteig. Darunter weist ein dunkles, provisorisch wirkendes Holzschild zum Felsvorsprung „Todesangst" nach oben – wir folgen ihm über harten, gerölligen Grund den Berg hinauf. Nach einer steilen, Stahlseil-gesicherten Felspassage stehen wir oberhalb der Eisenbahnbrücke in schwindelnder Höhe.

Tal, Fluss und Himmel leuchten im klaren Winterlicht. Wir klettern weiter nach oben, über felsiges Gelände, bisweilen mit Füßen und Händen, die an Baumstrünken Halt suchen, und auf erdigen oder mit Schiefersplitt bedeckten Pfaden. Unser Adrenalinspie-

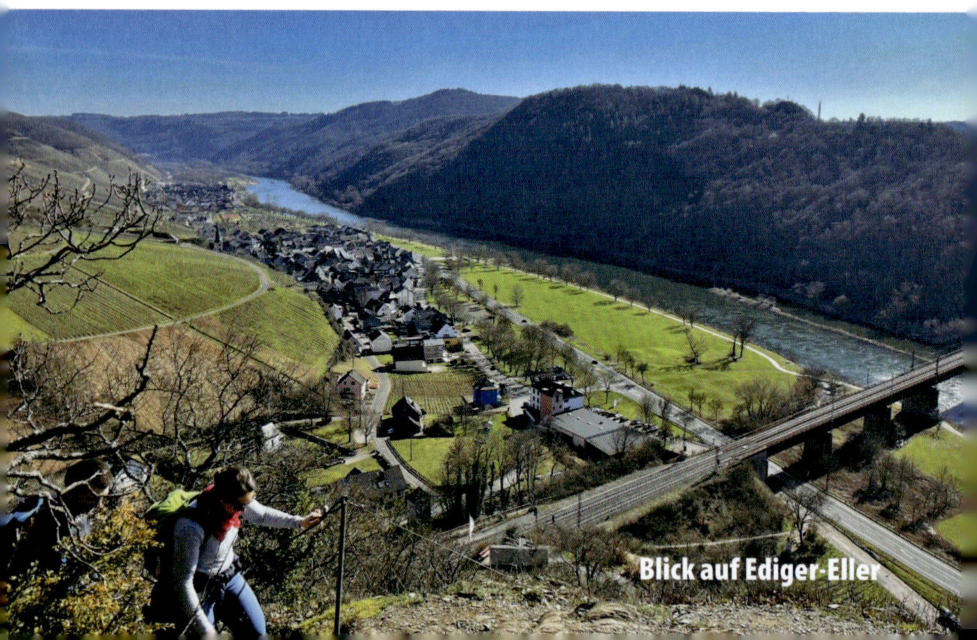

Blick auf Ediger-Eller

Für die Seele

Herzklopfen und Hochgefühle auf dem Höhenweg des Calmont und beim Anblick des mäandernden Flusses.

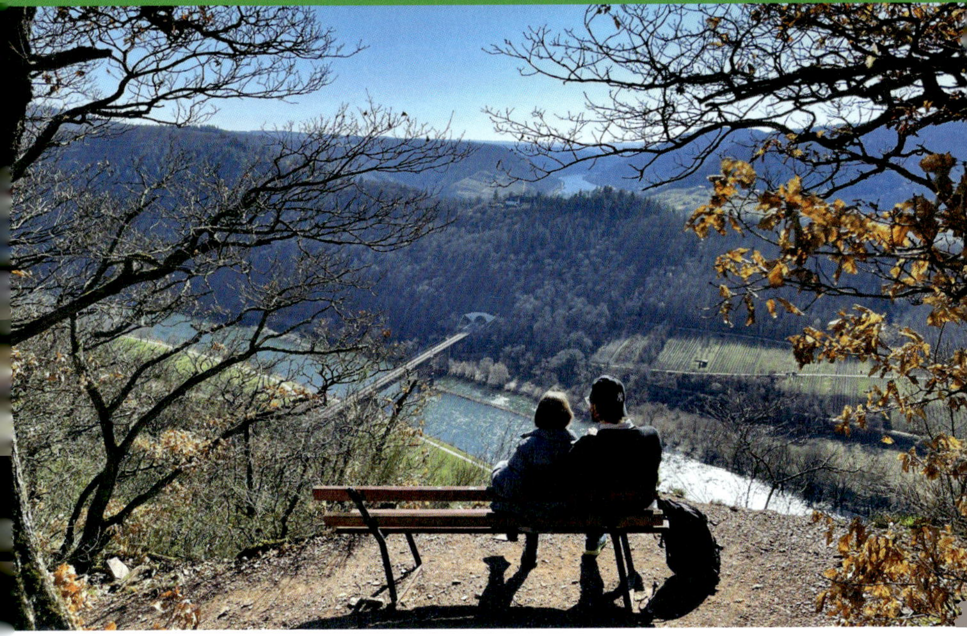

gel steigt mit der Höhe und der immer grandioseren Aussicht auf das gewundene Flusstal. Ein Motorboot zieht über das türkisfarbene Wasser. Ocker und gelbgrün leuchten die Hänge unter den winterlichen Rebenzeilen.

Der Weg führt jetzt durch ein lichtes Waldstück. „Hike & Fly" rät ein Schild an einem Baumstamm. Ja, man kann sich vorstellen, dass der Calmont für Gleitflieger ein Eldorado ist: 1,5 Kilometer Luftlinie zwischen Start- und Landeplatz bei 268 Metern Höhenunterschied. Wir lieben festen Boden unter den Füßen und gehen zügig weiter. Auf halbem Weg lädt eine Bank zum Ausruhen ein, dahinter führt der Waldweg bergan – und zur nächsten Bank, ganz vorn am Abhang, ein Traumplatz mit Traumblick, auf dem wir uns glücklich niederlassen. Angesichts der schwindelnden Höhe ist es einfach besser, den Blick im Sitzen zu genießen und sich beim Gehen auf die Schritte zu konzentrieren. Wieder führt der Pfad durch die Bäume nach oben und wieder weist ein Holzschild zur **„Todesangst“ 2**, seltsam unpassend in diesem freundlichen, sonnendurchfluteten Laubwald. Dann sehen wir den Abzweig und die wenige Meter entfernte Felsnase, auf der man „todesmutig“ balancieren und sich für Instagram ablichten lassen kann. Brauchen wir nicht, die phänomenale Aussicht gibt es auch ohne Mutprobe. Also weiter nach oben. Der Anstieg wird flacher, die Moselsteig-Markierung – fünf gelbe Balken – grüßt von einem Baumstamm. Bald führt unser Weg am Kamm entlang bis zur **Feuerwehrhütte am Aussichtspunkt Ediger-Eller 3**. Ein guter Ort, um Proviant auszupacken oder sich einfach an der Landschaft sattzusehen.

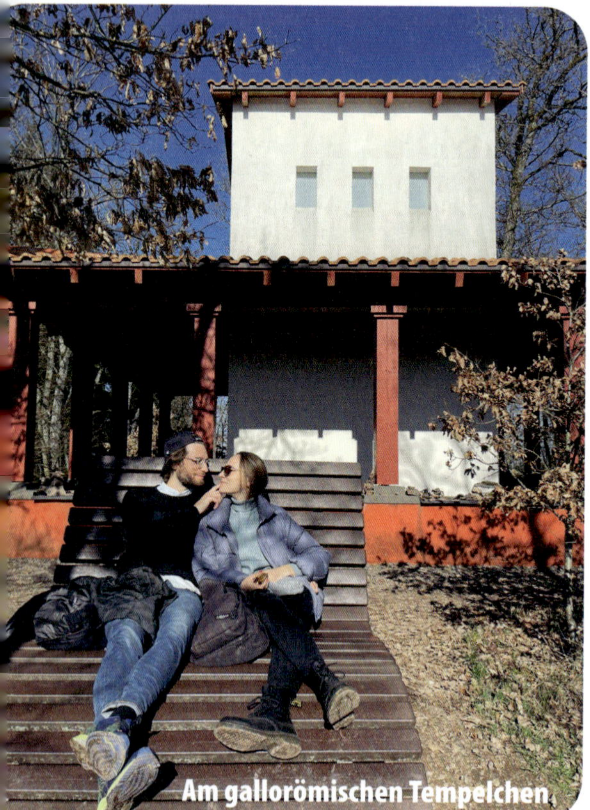
Am gallorömischen Tempelchen

500 Meter Waldspaziergang, dann naht der nächste Premium-Ausblick, genannt **Vier-Seen-Blick 4**, natürlich mit Sitzbank, denn es braucht ein bisschen

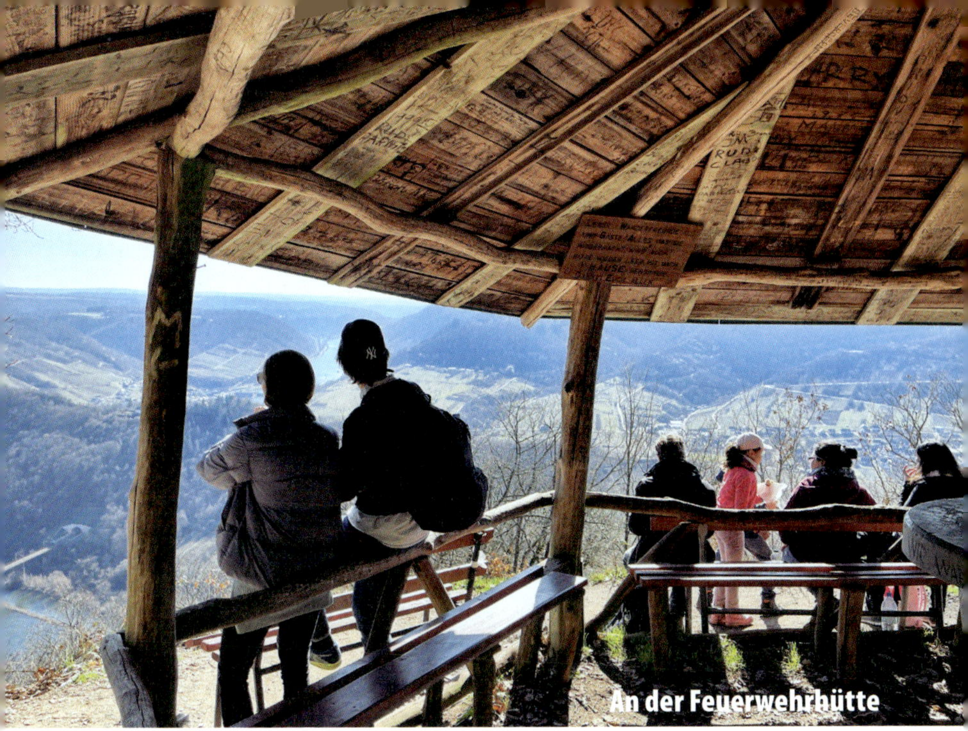

An der Feuerwehrhütte

Zeit, um die Flussabschnitte auszumachen, die diesem Platz seinen Namen gaben. Trotz der Vogelperspektive verdecken die steilen Weinberge einen Teil der Moselwindungen und lassen die sichtbaren Teile wie Seen wirken. Drei entdeckt man sofort, der vierte verschwindet im Dunst. Ein Fernglas könnte nicht schaden. Nur hundert Meter weiter erwartet uns ein **gallo-römisches Tempelchen ❺.** Der bezaubernde Nachbau erinnert an ein römisches Bergheiligtum aus dem 3. bis 4. Jahrhundert. Davor ein herrlicher Liegesessel: setzen, schauen und die Seele fliegen lassen!

In leichtem Bogen zieht sich der bewaldete Höhenweg von hier aus auf dem Rücken des Calmont entlang bis zum **Bremmer Gipfelkreuz ❻,** wo uns die Moselschleife zu Füßen liegt, als säßen wir nicht an der Bergkante, sondern in einem Gleitsegler. Man sieht die Moseldörfchen Ediger-Eller (links), Bremm (rechts) und Neef (rechts im Hintergrund), den Petersberg inmitten der Moselschleife und den 412 Meter hohen Hochkessel rechts dahinter, die Ruine des Klosters

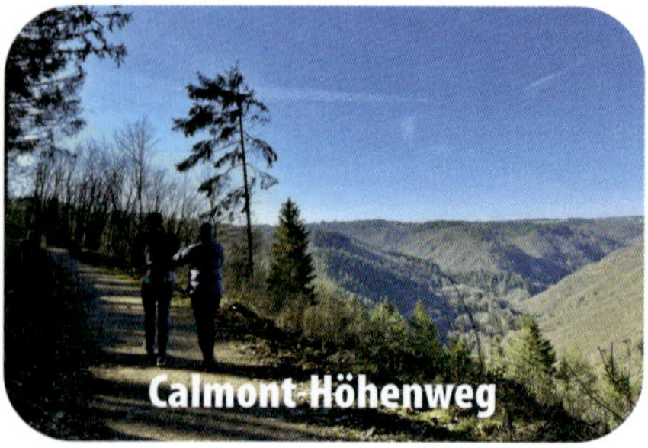
Calmont-Höhenweg

Stuben am Moselufer und den Hunsrück am Horizont. Eine Tafel hilft beim Entschlüsseln des Panoramas, aber am besten lässt man einfach nur die Beine baumeln und die Landschaft auf sich wirken. Hier scheinen sich die Wanderer aus Ediger-Eller und Bremm zu treffen, denn plötzlich sind aus einer Handvoll ein Dutzend geworden, immer noch wenige für diesen strahlenden Wintertag.

Jetzt geht es auf engen Serpentinen ins Tal. Erster Zwischenstopp ist der **Aussichtspunkt Bremm** 7, nur 100 Meter Fußweg unterhalb des Gipfelkreuzes: ein Holzpavillon und ein halsbrecherischer Felsabsatz direkt darunter. Man muss schneidig und schwindelfrei sein, um dort fürs Erinnerungsfoto Platz zu nehmen. Über einen abschüssigen und eingewachsenen Pfad geht es nun steil und schnurgerade hinab, bis sich die Büsche lichten und eine Info-Tafel ins Bild rückt. Sie empfiehlt uns den roten **Weinbergpfirsich,** eine Delikatesse, die aus China über Persien, Kleinasien und Rom zu uns kam und inzwischen die Brachflächen vieler Moselhänge belebt.

*In den Feinkostläden der Moseldörfer werden Spezialitäten aus **Weinbergpfirsich** angeboten, vor allem Marmelade, Gelee, Obstbrand und Likör – ein Gedicht zu Vanille- und Himbeereis!*

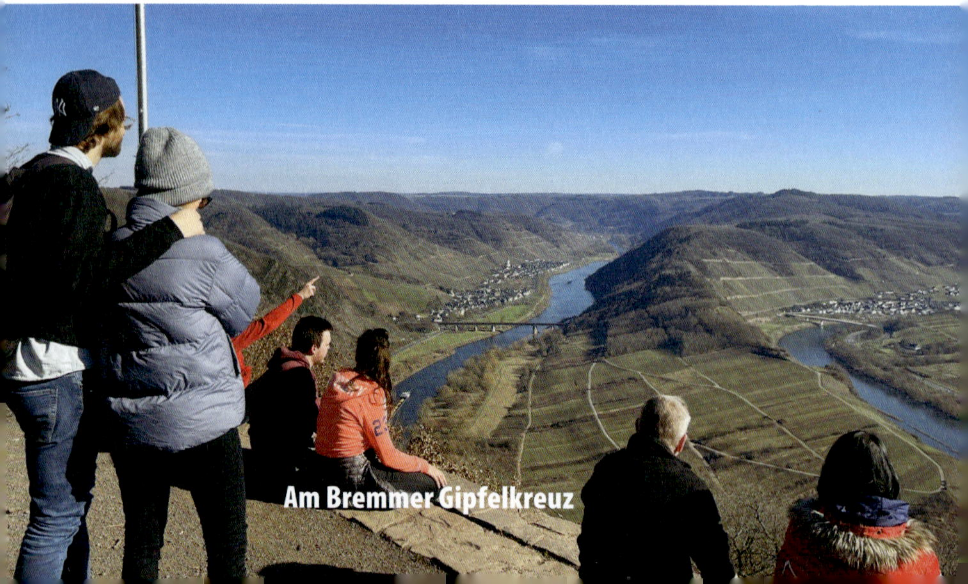
Am Bremmer Gipfelkreuz

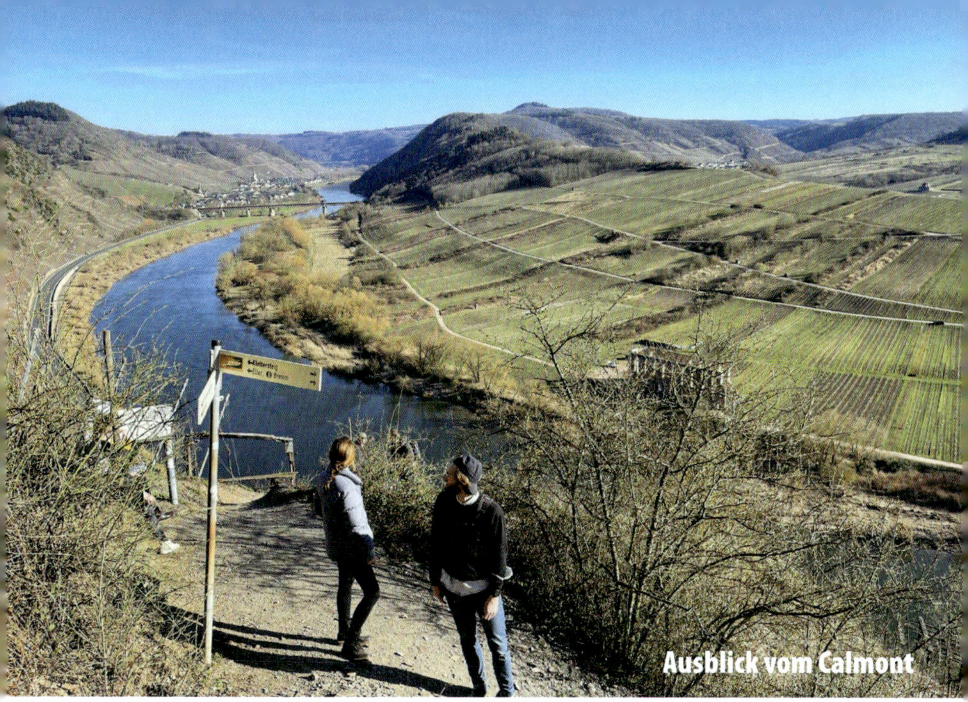

Ausblick vom Calmont

Wir wandern im Zickzack den Berg hinab und landen bei einer Sitzbank, neben der ein Wegweiser den Zugang zum Klettersteig anzeigt – mit den gleichen Warnungen, die uns auf der anderen Seite des Weinbergs empfangen hatten. Bei uns stoßen sie auf offene Ohren; der schmale Weinbergpfad, auf dem wir stehen, ist schon eine echte Herausforderung. Steil fällt der Blick ins Tal hinab und nicht überall geben Weinstöcke psychologischen Halt. Also besser auf direktem Wege runter nach Bremm, dessen Kirchturm so einladend zu uns heraufzeigt. Doch ein Stückchen Steilhang liegt noch vor uns. Wir folgen der Beschilderung „Calmont Rundweg“ und steigen vorsichtig den Hang hinab, bis zur nächsten Schautafel zum Thema Fauna und Flora. Noch ein Hinweis zum Klettersteig, aber wir halten uns rechts statt links, balancieren auf einem Ziehweg aus Schiefersplitt den felsigen, unwirt-

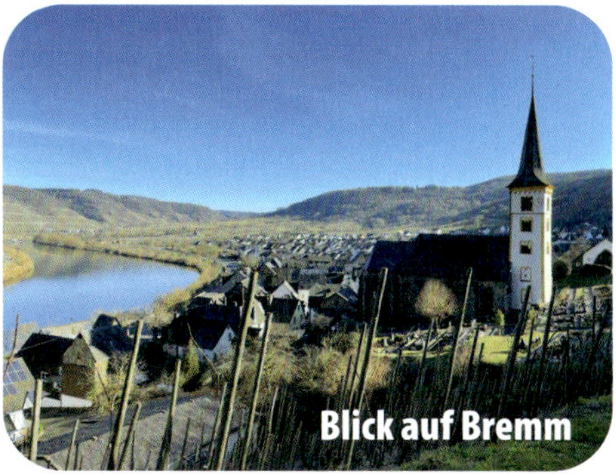

Blick auf Bremm

Auszeittour 1

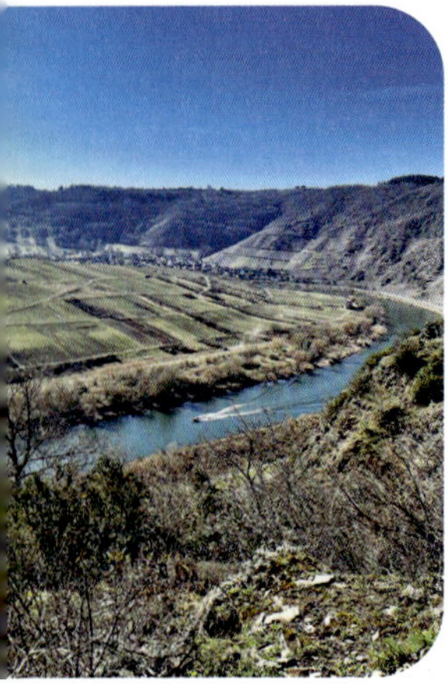

lichen Abhang entlang und wandern durch einen aufgegebenen Weinberg zu Tal. Das letzte Wegstück führt an bewirtschafteten, jetzt in der Winterruhe liegenden Weinfeldern entlang. Dann erreichen wir die **Sankt-Laurentius-Kirche** ❽ mit ihrem idyllischen Friedhof und den Parkplatz für die Wanderer, die von Bremm aus zum Calmont-Klettersteig aufbrechen.

In der Nachmittagssonne laufen wir am **Ufer der Mosel** entlang zurück nach Ediger-Eller. Ein entspannter Spaziergang am Fuß der mächtigen Steilwand, in der jetzt die wagemutigen Wanderer unterwegs sind. Gut, dass es bei **Francesco** ❾ gleich eine knusprige Pizza gibt; die Weinhäuser der Moseldörfer sind zwischen November und März meist im Winterschlaf.

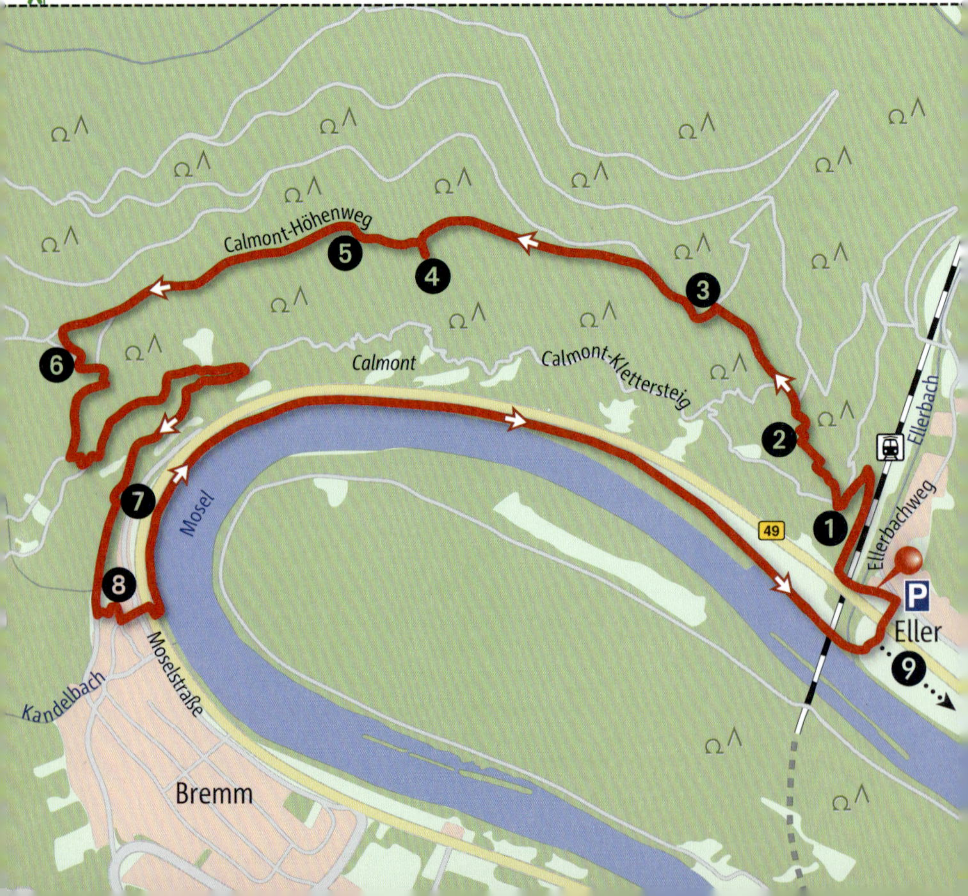

Entspannung ✱✱✱✱✱

Genuss ✱✱✱✱✱

Romantik ✱✱✱✱✱

WIE & WANN:
Steiler Auf- und Abstieg auf felsigen, häufig abschüssigen Pfaden; beste Wanderzeit: Oktober bis April, außerhalb von Schulferien und Feiertagen (außer bei Schnee und Eis)

HIN & WEG:
Auto: großer Parkplatz an der Moselweinstraße am Ortsausgang von 56814 Eller (GPS: 50.10200, 7.14194)
ÖPNV: Bahnhof Ediger-Eller an der Moselstrecke Koblenz – Trier (RB81)

ESSEN & ENTSPANNEN:
Pizzeria Da Francesco ❾ Kirchstraße 10, 56814 Ediger-Eller, Tel. (0 26 75) 3 32

Von Ostern bis Oktober (am besten vorab nachfragen) außerdem empfehlenswert:
Weinhaus Berg, Moselstraße 39, 56814 Bremm, Tel. (0 26 75) 301
Springiersbacher Hof, Weingut Borchert, Oberbachstraße 30, 56814 Ediger-Eller, Tel. (0 26 75) 15 60
St. Martinuskeller, Kirchstraße 9, 56814 Ediger-Eller, Tel. (0 26 75) 3 73

ENTDECKEN & ERLEBEN:
Schutzhütte Galgenlay ❶
Felsvorsprung Todesangst ❷
Feuerwehrhütte am Aussichtspunkt Ediger-Eller ❸
Vier-Seen-Blick ❹
Römisches Bergheiligtum ❺
Gipfelkreuz ❻
Aussichtspunkt Bremm ❼
Sankt-Laurentius-Kirche ❽

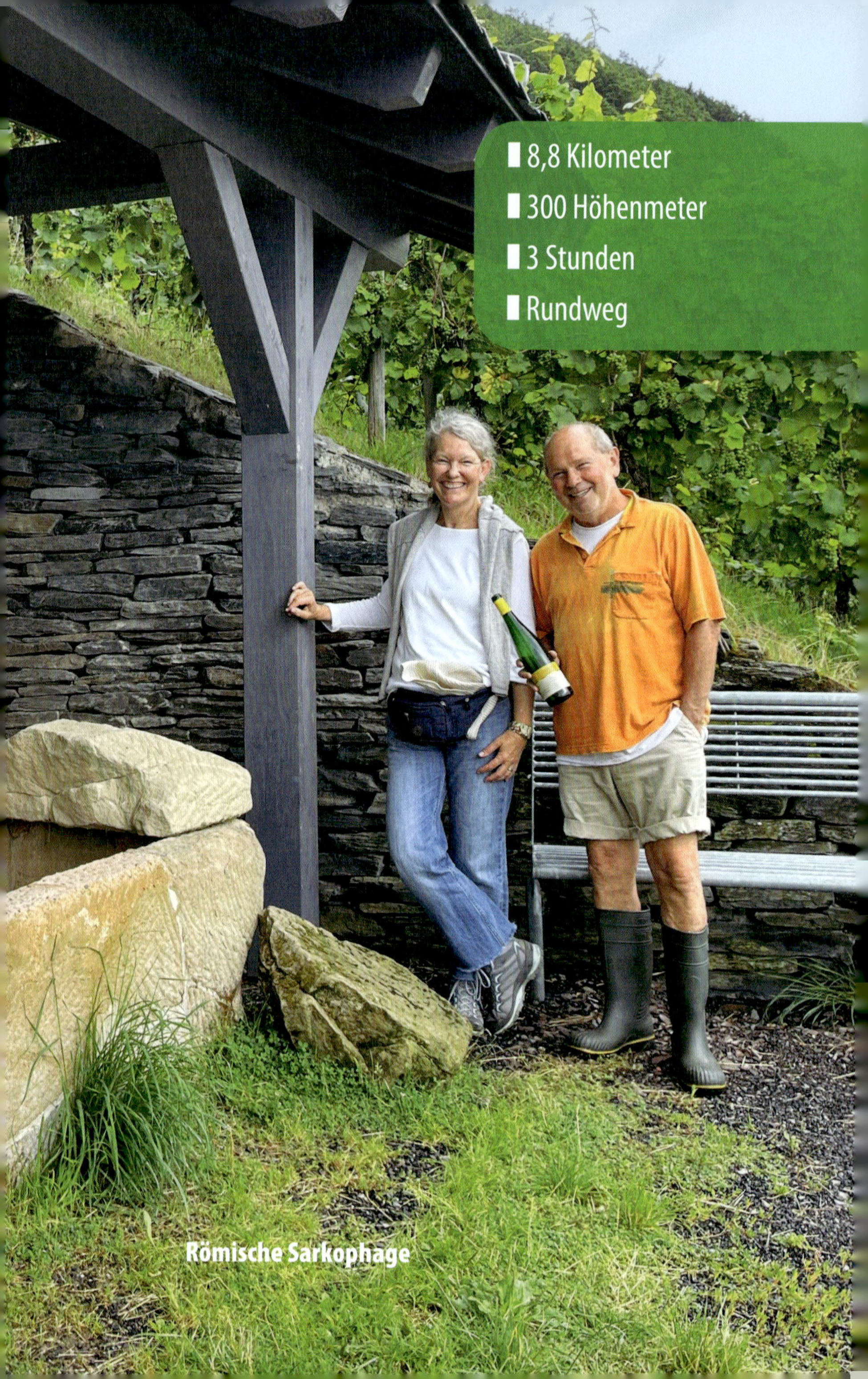

- 8,8 Kilometer
- 300 Höhenmeter
- 3 Stunden
- Rundweg

Römische Sarkophage

Auf Spurensuche

Der Römersteig bei Trittenheim

Wie die Ränge eines Amphitheaters steigen die Weinberge rund um Trittenheim empor; kein Wunder, dass sich die Römer hier wohl und heimisch fühlten. Mindestens zwei ließen sich auf einer Weinterrasse bestatten, vielleicht ein Weinhändler und seine Frau. Der Ausblick von der Grabstelle ist himmlisch und lohnt den steilen Umweg durch die Weinberge.

Wir starten am **Parkplatz Zummethöhe,** überqueren die Landstraße und stehen am oberen Rand der Weinberge, unter uns das glänzende Rund der weiten Moselschleife, über uns ein blauer, weiß beflockter Sommerhimmel. Dunkelgrüne Rebzeilen, so weit das Auge reicht, zwei silberweiße Häuserflecken: rechts Trittenheim, links Leiwen. Man muss kein Weintrinker sein, um hier ins Schwärmen zu geraten! Unser prachtvoller Aussichtspunkt ist die Kreuzung im „Moselachter“, einem der „Seitensprünge“ genannten Wanderwege der Rhein-Mosel-Eifel-Touristik: zwei sich in der Mitte berührende Rundwege, wie der Name bildhaft beschreibt.

Wir wenden uns rechts **Richtung Neumagen-Dhron,** folgen einem breiten Wirtschaftsweg zwischen Hochsitz und Schiefermauer den Berg entlang, bis plötzlich ein schmaler Steg abzweigt und in spitzem Winkel nach oben führt. Umrahmt von blühendem Lavendel warnt ein Schild vor schmalen, felsigen Pfaden auf dem Weg zur Konstantinhöhe, doch das hält uns nicht ab. Wir kennen und lieben diese typischen, mit Schiefersplitt bestreuten und leicht abschüssigen Moselsteige. Vom offenen Hang führt der Weg in den Wald, klettert mit erdigen Treppenstufen den Berg hinauf,

*Die römische **Grabstelle** mitten im Weinberg entsprach dem Brauch, Lebende und Tote strikt zu trennen. Zugleich erfüllte sie den Wunsch nach Aufmerksamkeit – in den römischen Städten wurden die Gräber gut sichtbar entlang verkehrsreicher Ausfallstraßen platziert.*

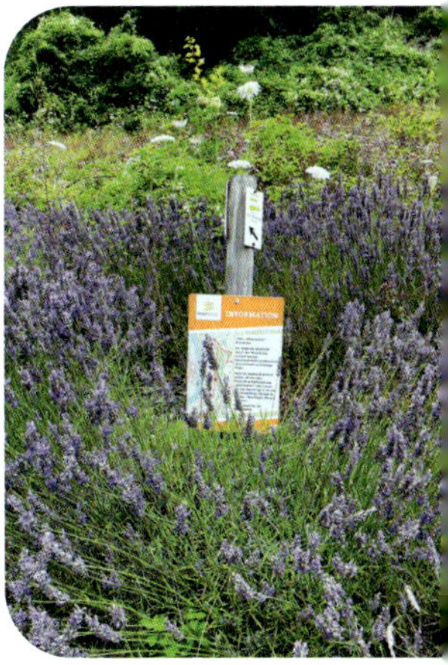

doch lässt sich dank Halteseil mühelos erklimmen. Wald- und Wiesenabschnitte wechseln sich ab. Wir pflücken Brombeeren am Wegrand und studieren die fleischigen, orangeroten Pilze im Waldboden – wer weiß, ob sie genießbar sind. Immer wieder bieten sich herrliche Aussichten auf Moseltal und Weinberge. Ein Abzweig lockt mit einer Schieferhöhle, 100 Meter weit, tief unter uns. Wir steigen weiter auf. Die **Konstantinhöhe** ❶ entpuppt sich als kleine eingewachsene Lichtung mit Kreuz und Bänken und unerwartet wenig Aussicht. Eine Infotafel kürt sie zum geschichtlichen Ort und zitiert die Legende der Kreuzerscheinung: „In diesem Zeichen sollst Du siegen". Der römische Kaiser Konstantin sei auf dem Moselplateau von der Vision des Kreuzes erleuchtet und zu Kampf und Sieg gegen seinen Widersacher Maxentius geführt worden.

Erleuchtung an der Mosel, Kampf und Sieg an der Milvischen Brücke vor Rom (im Jahr 312). Damit begann ***Konstantins Herrschaft*** *im römischen Westreich und die Verbreitung des Christentums in der gesamten römischen Welt.*

Ein paar Schritte zurück in den Wald und gleich gegenüber wieder hinaus; vor uns liegen Felder und Wiesen.

2,4 Kilometer bis zur **Märtyrerkapelle,** unserem nächsten Zwischenziel. Wir umrunden das Feld, passieren eine große **Photovoltaikanlage** und tauchen bald wieder in den Wald ein, der sich immer wieder öffnet, als wolle er uns einen Blick auf das nahe Flusstal schen-

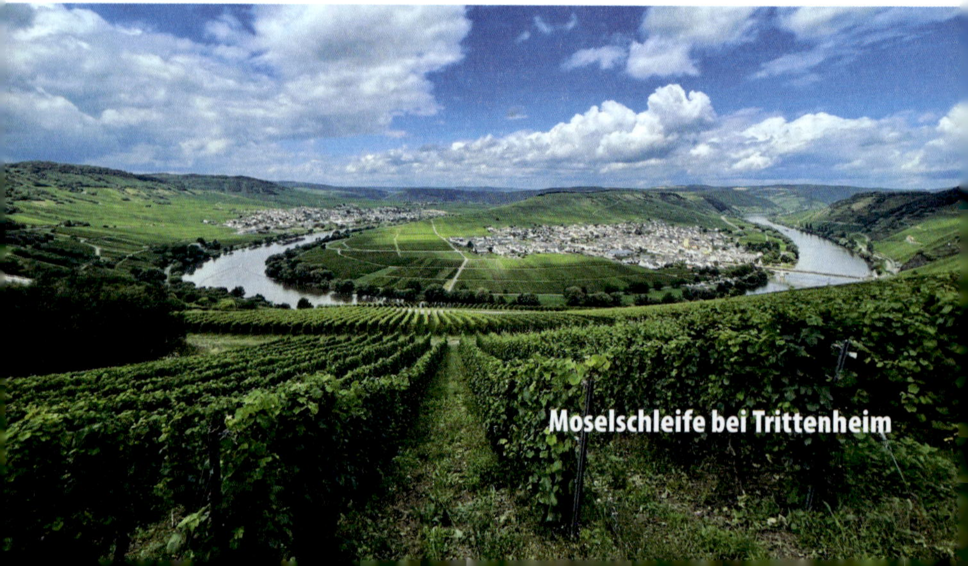

Moselschleife bei Trittenheim

Für die Seele

In den Trittenheimer Weinbergen die Römergräber aufspüren und an der Märtyrerkapelle der Legende lauschen.

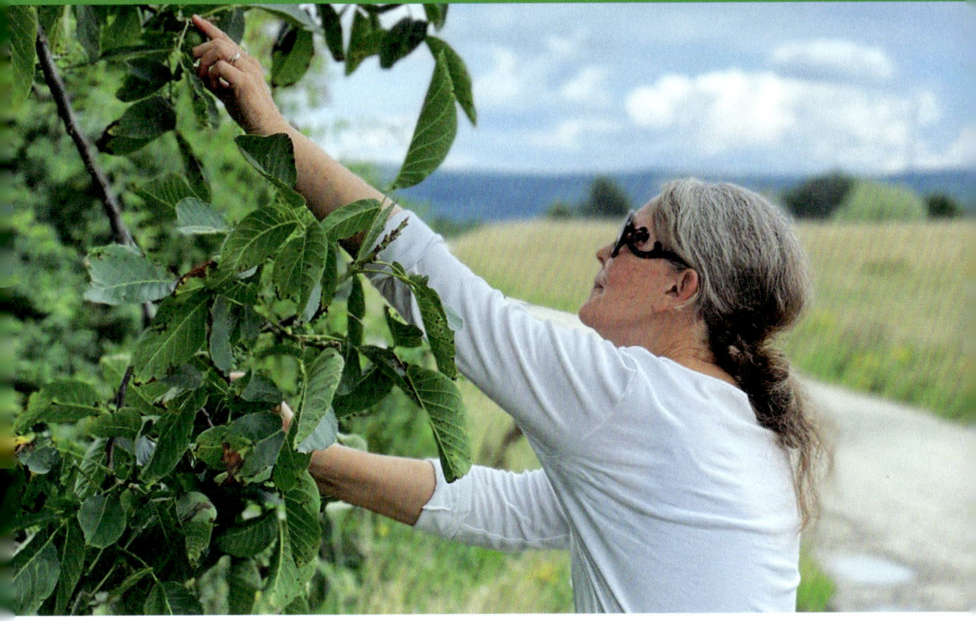

ken. Als wir die ersten Rebstöcke erreichen, sehen wir das winzige Kirchlein am Fuß der Weinberge liegen – eine weitere legendenumwobene Station des Römersteigs. Die **Kapelle der Trierer Märtyrer** **2** erinnert an die Christenverfolgung im Römischen Reich, insbesondere an die auf dem Trierer Marsfeld getöteten Christen aus der Thebäischen Legion, deren Leichen hier ans Ufer gespült wurden, so die Legende. Bis Neumagen sei das Wasser der Mosel blutrot gewesen.

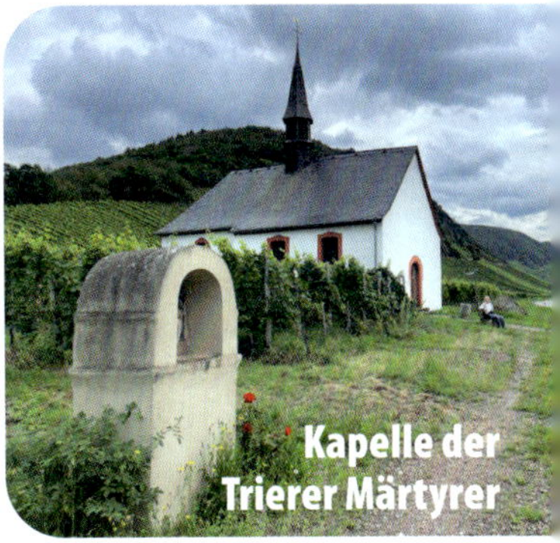

Kapelle der Trierer Märtyrer

Auszeittour 2

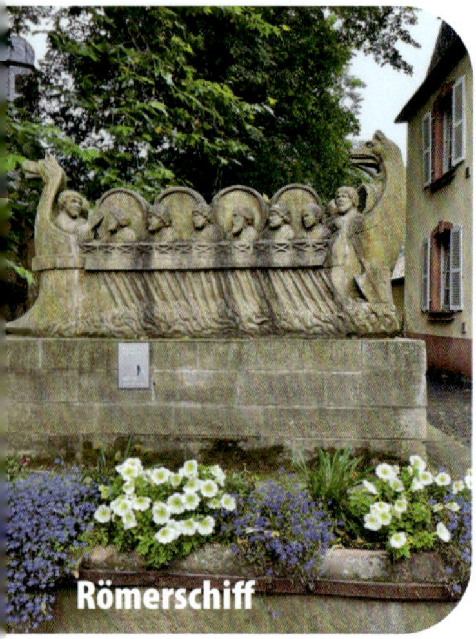

Ein **Kreuzweg aus dem 18. Jh.** begleitet die Landstraße nach Neumagen-Dhron mit barocken Bildstöcken. Wer keinen Abstecher 1,5 Kilometer zur Ortsmitte hin und zurück laufen mag, besichtigt das dortige **Römerschiff 3** vielleicht später bei einem Autozwischenstopp.

Zeit für die Mittagspause, also gehen wir links Richtung Trittenheim, am Rande des Radwegs, der zwischen Rebstöcken am Fuß der Weinberge entlangführt. Lieber wären wir weiter oben gewandert, ohne Radfahrer und mit Moselblick, doch auf der Höhe verhindert eine riesige Felsnase den Durchgang.

Wer den breiten Asphaltweg von der Märtyrerkapelle aus beschreitet, wird nach einigen hundert Metern mit einer gewaltigen **Schieferhöhle** und einer **Sonnenuhr** belohnt, doch an der Ortsgrenze ist plötzlich Schluss: Die Bewirtschaftungsstraße endet als Sackgasse. Man muss den ganzen Weg zurückgehen, will man nicht den halsbrecherisch steilen Weinberg hinabkugeln. Schuld am Bestehen der natürlichen Blockade ist die Neumagener Bürgerschaft, welche die Trittenheimer Nachbarn auf Abstand halten wollte. Diese hatten das Abtragen der Schieferfelsen befürwortet, konnten sich aber nicht durchsetzen. Der Trittenheimer Winzer lacht bei der Erzählung: das sei typisch für die Mosel-Dörfler, die sich häufig untereinander nicht grün seien. Er ist mit einer großen Schere bewaffnet, um seine Weinstöcke von kranken Reben zu befreien. Karl-Josef „Kajo" Boch ist leidenschaftlicher Winzer und Botaniker. Er sammelt Kakteen. 2500 in über 100 verschiedenen Arten gedeihen im Innenhof seines Weinguts. Durch die Klimaerwärmung könnte es dem Riesling, der klassischen Moseltraube, bald zu warm werden, verrät uns Kajo. Doch seine Exoten profitieren. Wir nehmen uns vor, auf dem Heimweg bei seinem **Weingut 7** vorbeizuschauen. Für guten Wein ist im Kofferraum immer Platz.

1878 entdeckte man in den Fundamenten einer Neumagener Wehrmauer Teile von Grabsteinen römischer Weinhändler, darunter ein Grabaufsatz mit dem berühmten ***Weinschiff*** *aus der Zeit um 220 n. Chr. Eine Kopie steht an der Römerstraße 94 in Neumagen-Dhron.*

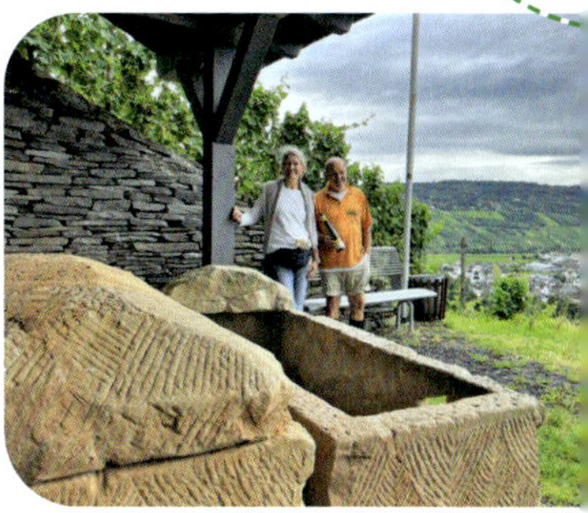

Jetzt folgen wir dem Fahrrad-Fußweg hinter der Landstraße, bis linker Hand ein Weinbergweg abzweigt. Den nehmen wir, wandern unterhalb des Felsmassivs entlang und immer geradeaus, bis sich der Weg gabelt. Links steigt die Straße in zwei Haarnadelkurven den Weinberg hinauf und führt uns zu zwei **römischen Sarkophagen ④,** die 1920 bei der Arbeit im Weinberg entdeckt wurden, 50 Meter über dem Moseltal inmitten der berühmten Steillage „Trittenheimer Apotheke".

Ein Zufall, der dem Trierer Landesmuseum drei Trichterhalsflaschen und ein Skelett bescherte; reiche Grabbeigaben waren in den Nordprovinzen unüblich. Die Sarkophage blieben vor Ort und wurden zunächst mit Erde zugedeckt. Erst 2006 besann man sich auf das historische Erbe und seinen Wert für den Fremdenverkehr. Jetzt stehen die restaurierten Sandstein-Särge unter einem Schutzdach und sind Teil des „Römersteigs", der auf einer Strecke von gut 15 Kilometer von Trittenheim über Neumagen-Dhron und Piesport nach Minheim führt. Wir folgen dem Weinbergsweg, der erst über den Sarkophagen entlangführt und dann zum Brückenkopf hinab.

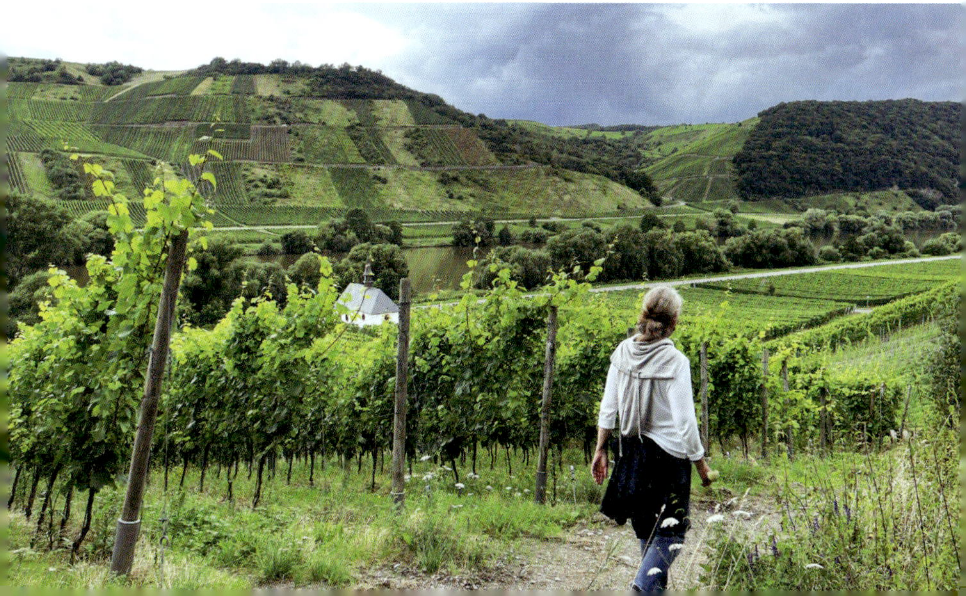

Auszeittour 2

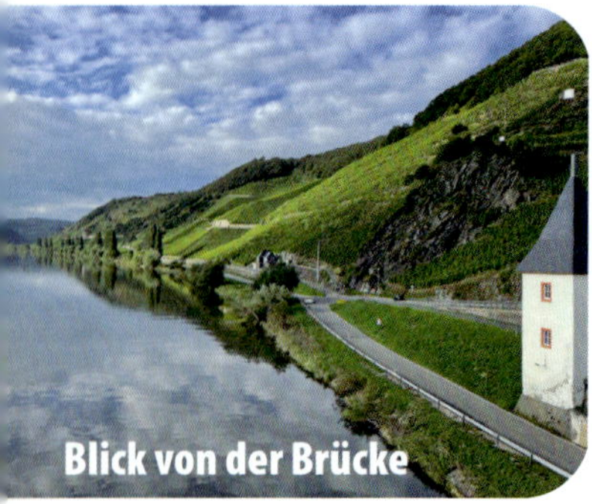

Die **Brücke von Trittenheim** ⑤ ist die einzige an der Mosel, die noch auf beiden Ufern von Fährtürmen flankiert wird. Seit 1909 ist das Fährboot außer Dienst. Etwa 100 Meter hinter der Brücke hat das **Weingut Hans Eifel** ⑥ seine Straußwirtschaft geöffnet. Zeit für eine Stärkung.

Auf dem Rückweg zur Zummethöhe folgen wir rechts hinter der Brücke dem schmalen Bürgersteig zwischen Bruchsteinmauer und Fahrstraße, bis er in einen Weinbergsweg mündet und geradeaus den Hang hinaufführt. Ein kurzes Wegstück und eine himmelhohe Treppe, dann sind wir an unserem Ausgangspunkt.

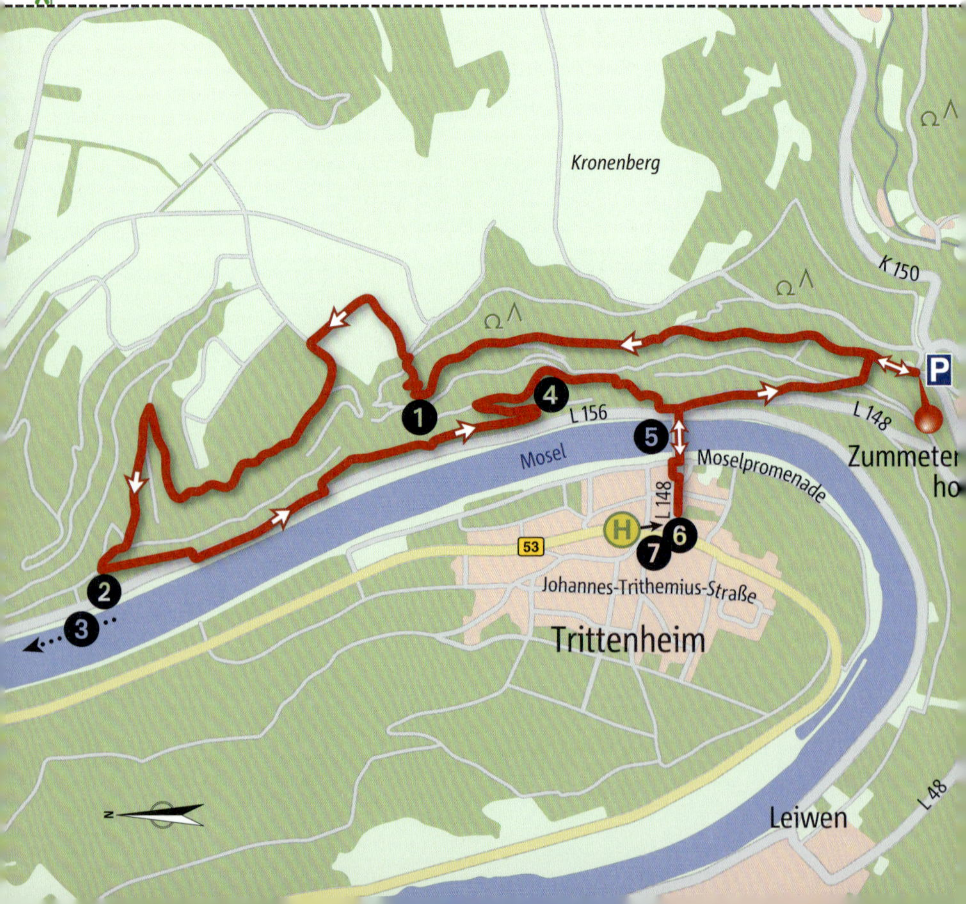

Entspannung ★★★★☆
Genuss ★★★★☆
Romantik ★★★★☆

WIE & WANN:
Überwiegend gepflasterte Weinbergwege, ein kurzes Waldstück auf schmalen, abschüssigen Pfaden; beste Wanderzeit: ganzjährig

HIN & WEG:
Auto: Parkplatz Zummethöhe, 54349 Trittenheim (GPS: 49.81429, 6.90739)
ÖPNV: Bus 220 vom Hauptbahnhof Trier zur Brückenstraße in Trittenheim; von Mai bis Oktober täglich mehrere Schiffsverbindungen zwischen Traben-Trarbach und Bernkastel-Kues: www.moselrundfahrten.de

ESSEN & ENTSPANNEN:
Weingut Hans Eifel ❻ Brückenstraße 5, 54349 Trittenheim, Tel. (0 65 07) 21 33
Weingut Karl-Josef Boch-Eifel ❼ Moselweinstraße 47, 54349 Trittenheim, Tel. (0 65 07) 26 26

ENTDECKEN & ERLEBEN:
Konstantinhöhe ❶
Kapelle der Trierer Märtyrer ❷
Römerschiff ❸
Römische Sarkophage ❹
Brücke von Trittenheim ❺

- 12,9 Kilometer
- 380 Höhenmeter
- 5 Stunden
- Strecke

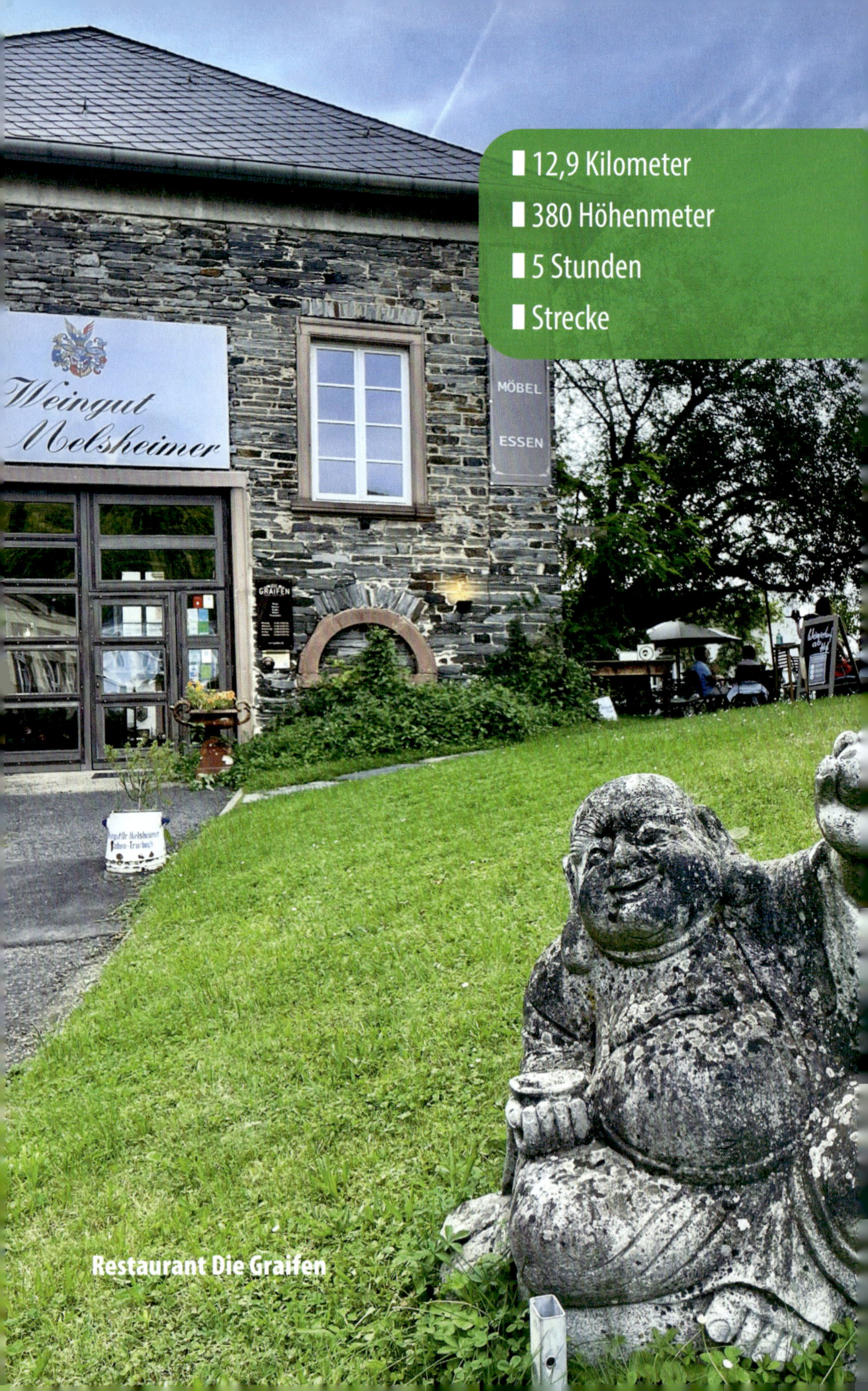

Restaurant Die Graifen

Der Weg ist das Ziel

Von Trarbach nach Bernkastel

Die kleine Moselstadt Traben-Trarbach ist ein Schatzkästchen des Jugendstils, ein anerkanntes Heilbad und ein spiritueller Ort. Wo sonst kann man 2000 Buddha-Figuren in einem historischen Weinkeller betrachten und sich anschließend in Thermalquellen aalen? Wer die Sinnsuche in den Wäldern fortsetzen will, wählt sich die Bischofsmütze zum Ziel, einen majestätischen Felsen hoch in den Bergen. Erleuchtung garantiert.

Wir starten am **Trarbacher Anleger 1**, denn wir haben noch mehr vor: wollen von der Bischofsmütze bis Bernkastel-Kues wandern und **mit dem Schiff zurück** nach Traben-Trarbach fahren. Ein Blick auf den Fahrplan zeigt uns, wann wir in Bernkastel nachmittags ablegen können und vor allem: wann das letzte Schiff zurückgeht. Die Auskunft klingt gut: Abfahrt in Bernkastel-Kues um 17 Uhr, zurück in Traben-Trarbach um 18.35 Uhr. Bei einer geplanten Wanderzeit von etwa 4 Stunden werden wir ausreichend Zeit haben zum Bummeln und Rasten. Wir umrunden den Kreisel mit dem **Janus-Kopf** in der Mitte und folgen der Grabenstraße zum Weihertorplatz, wo die Terrasse der **Stadt-Mühle 2** gerade öffnet.

Weiter geradeaus auf der Wildbadstraße, flankiert von stattlichen Jugendstilvillen und dem parkähnlichen Garten des **Ayurveda-Hotels Parkschlösschen 3** bis zur **Mosel-Therme 4**, an der wir rechts in den Wildsteiner Weg abbiegen. „Herzlich willkommen in der Trarbacher Schweiz" ruft uns ein Wanderschild entgegen, das mehrere farbige Routen aufzeigt.

*Um 1900 war **Traben-Trarbach** nach Bordeaux die wichtigste Weinhandelsstadt der Welt. Kein Wunder, dass sich die reichen Winzer hier prachtvolle Villen im Jugendstil errichten ließen, verschwenderisch dekoriert mit Ranken und Blättern. Den Charme der Epoche versprüht auch das Jugendstilhotel Bellevue.*

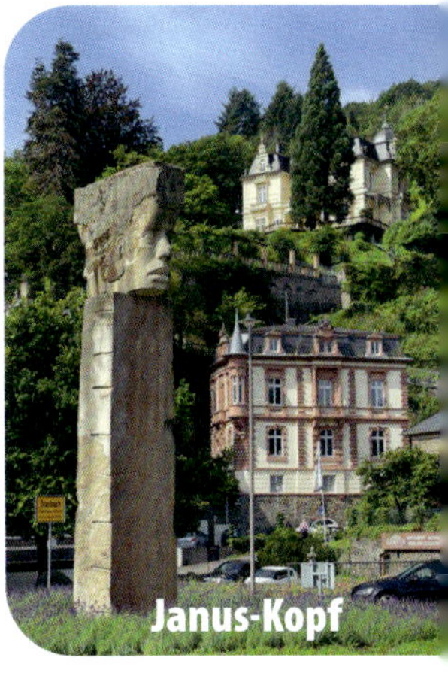

Janus-Kopf

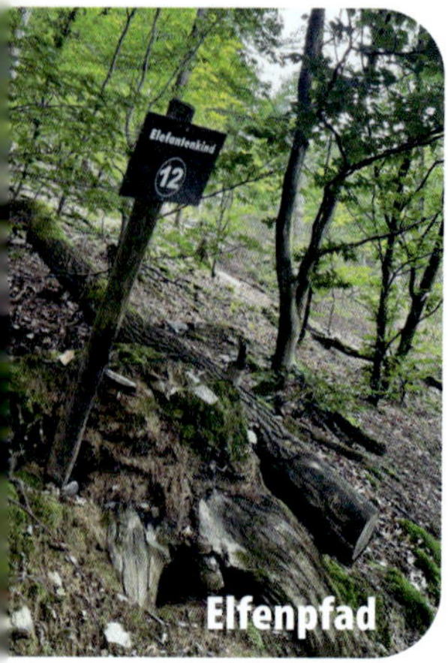

Elfenpfad

Wir wählen den **Elfenpfad,** ein Teilstück des Mosel-Seitensprungs **„Moselschanzen"** und folgen den grünen Balken auf dem Weg zur Bischofsmütze. Ein Ziehweg führt an einem Volleyballfeld entlang in den Wald. Ehe wir uns versehen, springt uns eine schwarze Schiefertafel ins Auge: „Schlangenmaul" steht darauf und lässt uns den bemoosten Baumstamm etwas länger betrachten. Mit etwas Fantasie erkennt man das geöffnete Maul. Die nächste Tafel nennt „Igel + Waldgeist": Jetzt sehen wir die Holz-Schnauze und den runden Moos-Körper in der Böschung. Aber wo hat sich der Waldgeist im Dickicht versteckt? Wer gern „Ich sehe was, was Du nicht siehst" spielt, wird hier seine Freude haben. Das Suchen der Schiefertafeln verkürzt den Weg durch den dichten Laubwald. **„Blick auf die Bischofsmütze"** verkündet ein Schild mit der Nummer 15, dahinter geht es im Zickzack bergab, über einen feuchten Schiefergraben und wieder hinauf. Jetzt gabelt sich der Weg, führt links zur Landstraße L187 und rechts hoch zur **Bischofsmütze** **5** – unserem Zwischen-

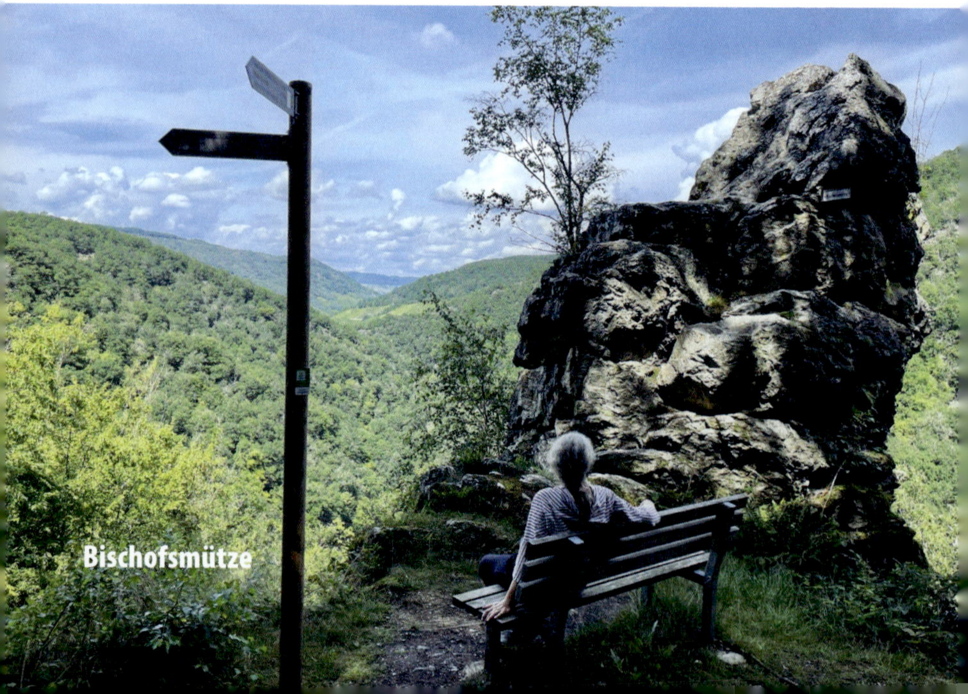

Bischofsmütze

Für die Seele

Auf Elfen- und Bärenpfaden von Trarbach nach Bernkastel wandern; auf dem Rückweg entspannt die Füße ausstrecken.

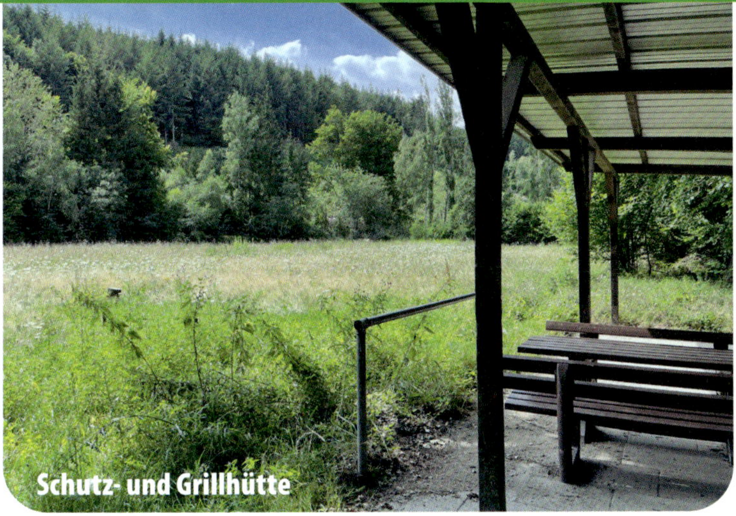

Schutz- und Grillhütte

ziel. An einem Baumstamm zeigt ein geschnitztes Holzschild nach oben. Der Waldweg klettert jetzt steil bergauf, bis sich endlich die Bäume öffnen und der Felsen vor uns liegt: mystisch beleuchtet, archaisch und rätselhaft. Daneben eine Bank, wie gemacht für kontemplative Pausen. Wir lassen uns nieder und versinken in der Schönheit des Waldgebirges.

Dann geht es weiter, vorbei an den Resten eines im Waldboden versunkenen Fahrzeugs, über einen lichten Grasweg zur **Schutz- und Grillhütte** ❻ am alten Sportplatz Wildstein.

Vom Rastplatz führt ein breiter Forstweg sachte bergab, dem wir zielstrebig folgen. Am Wegrand ein Holzpfahl mit dem Seitensprung-Logo: grüne Balken und ein schwarzer Pfeil, der scheinbar auf unseren

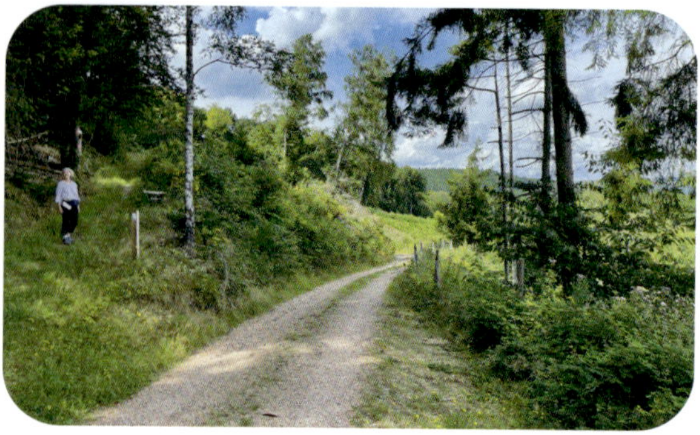

Forstweg zeigt. Halt, dieser Eindruck täuscht, denn gemeint ist der Trampelpfad, der in entgegengesetzter Richtung den Hang hinaufführt – wer den Blick hebt, wird an einem Baum über der Böschung den Wegweiser „Bernkastel" entdecken. Ein breiter, kaum betretener Graspfad führt uns am Waldrand entlang, mit herrlichem Blick über das Kautenbachtal und die Höhen des Hunsrück.

Es geht in den Wald hinein und wieder hinaus, an einer Wiese entlang, auf der braune Kühe grasen. Ein friedliches Bild, wie gemacht für die hier platzierte Relax-Liege. Durchatmen und den Weitblick genießen, dann folgen wir dem Forstweg durch einen hohen

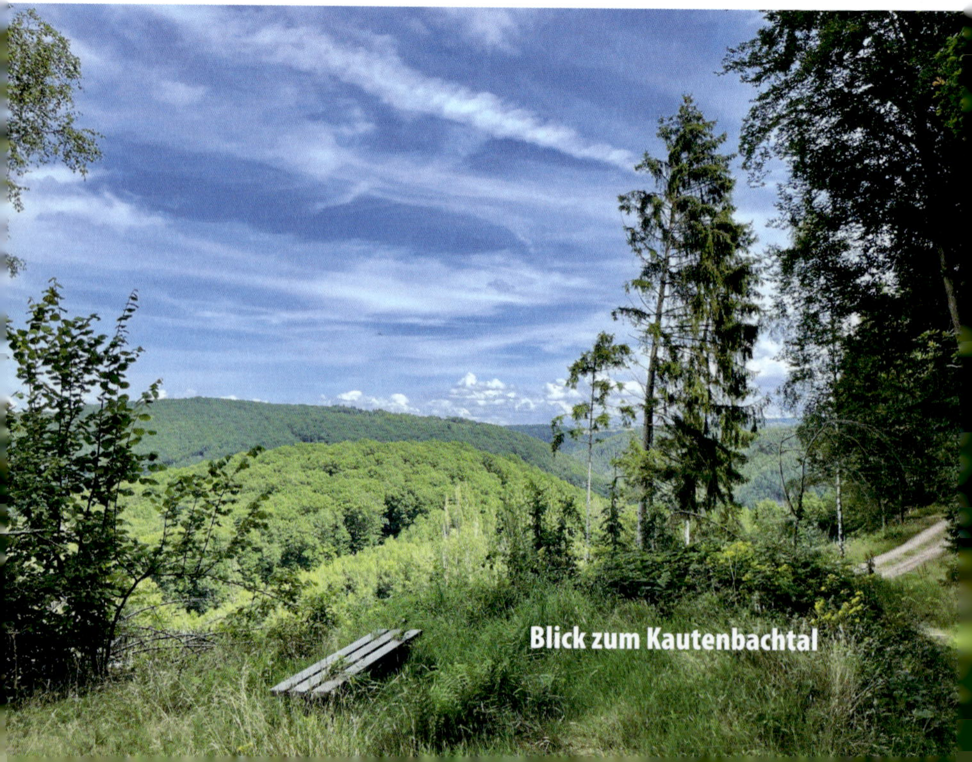

Blick zum Kautenbachtal

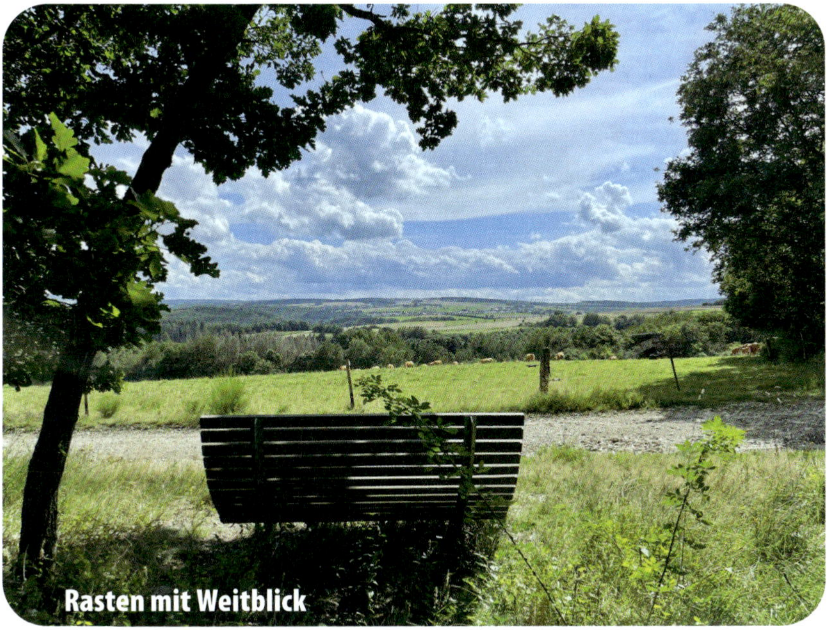

Rasten mit Weitblick

Fichtenwald, tauchen unter einer **Wildbrücke 7** durch und folgen der Trasse der neuen B 50 ein Stück nach links, bevor wir wieder in den Wald eintauchen.

Auf dem Weg von der Bischofsmütze hierher hat uns das Seitensprung-Logo begleitet und immer aufs Neue den Kurs bestätigt. Wundern Sie sich nicht, wenn jetzt an einem Baumstamm zwei Logos untereinander hängen: an der Unterführung kreuzen sich zwei Routen. Statt weiter den „Moseltalschanzen" zu folgen, steigen wir auf dem **„Bernkasteler Bärensteig"** ins Kallenfelstal hinunter, ein schmaler Waldweg, der stetig bergab führt. Bei einem Schilderbaum halten wir an und überlegen: Sollen wir die Holzbrücke überqueren und auf schmalem Pfad direkt ins Tal wandern oder auf dem Forstweg bleiben, der in die Weinberge führt und erst dann nach Bernkastel-Kues? Wir nehmen die längere und aussichtsreichere Runde. Es geht langsam bergab, zuerst im Wald, beschattet von Baum-

Im Zuge des Baus der Hochmoselbrücke und der 25 Kilometer langen Straßenverbindung durch den Hunsrück (B 50 neu, von Wittlich A1 bis zum Anschluss an die alte B 50 bei Longkamp) wurden zum ***Schutz der Wildtiere*** *12 Grün- bzw. Wildbrücken und ein Landschaftstunnel errichtet.*

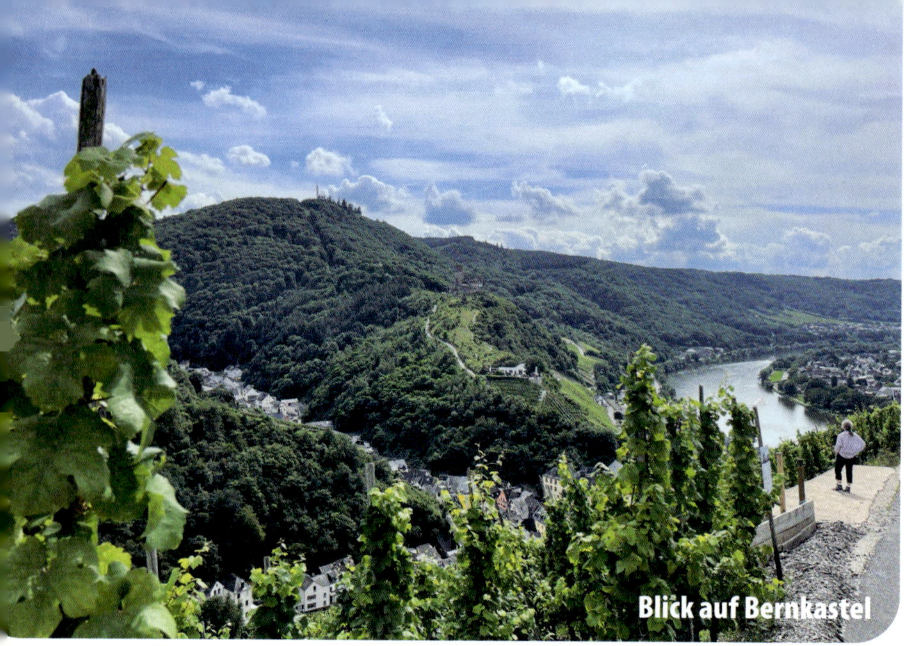

Blick auf Bernkastel

Die bronzenen **Bären** am „Rauschepütz" (von lat. Puteus = Ziehbrunnen) sind ein Werk des Wittlicher Bildhauers Johannes Scherl. Der Bär ist Teil des Bernkasteler Wappens, denn er hat der Stadt ihren Namen gegeben, sagt die Legende: Bernkastel von Bärenkessel.

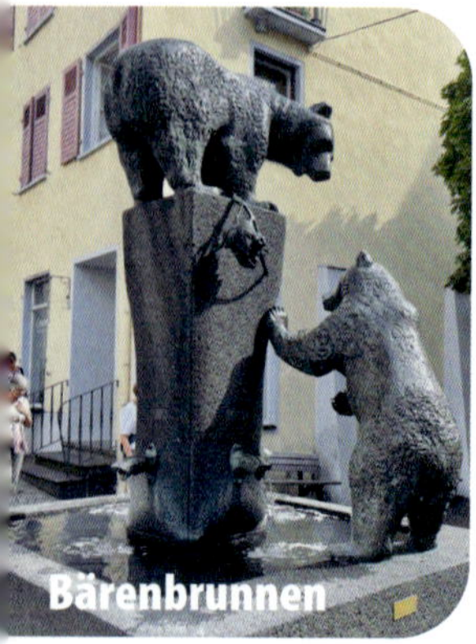

Bärenbrunnen

kronen, dann unter freiem Himmel. Als die Bäume zurückbleiben, blitzt der Flusslauf zwischen den Weinstöcken und Bernkastel-Kues liegt uns zu Füßen: zwei mit Häusern gefüllte Schluchten, die sich am Ufer der Mosel treffen. Aus der Vogelperspektive wirken die Täler noch schmäler und die Berge noch höher.

In einem weiten Bogen führt uns der Weinbergsweg zu Tal, vorbei an der **Doctor-Hütte** 8 und der winzigen, gelben St. Josephs-Kapelle.

Durch das Graacher Tor betreten wir die Altstadt, biegen am **Bärenbrunnen** 9 in die enge Moselstraße und entdecken am Karlsbader Platz den zweiten **Janus-Kopf** an diesem Tag. Der tschechische Künstler Jan Kotek hat den Brunnen geschaffen, der die Balance der Gegensätze versinnbildlicht: Mann und Frau, Tag und Nacht, Himmel und Erde. Berg und Tal möchte man an der Mosel ergänzen, das Yin und Yang dieser herrlichen Landschaft. Wir gehen zum Schiffsanleger und kaufen unsere Tickets. Höchste Zeit fürs Mittagessen: Sollen wir im Restaurant des **Märchenhotels** 10 einkehren oder die Bordküche ausprobieren? Wir setzen uns an die Mosel und schauen den eleganten Schwänen zu. Ein Schiff wird kommen.

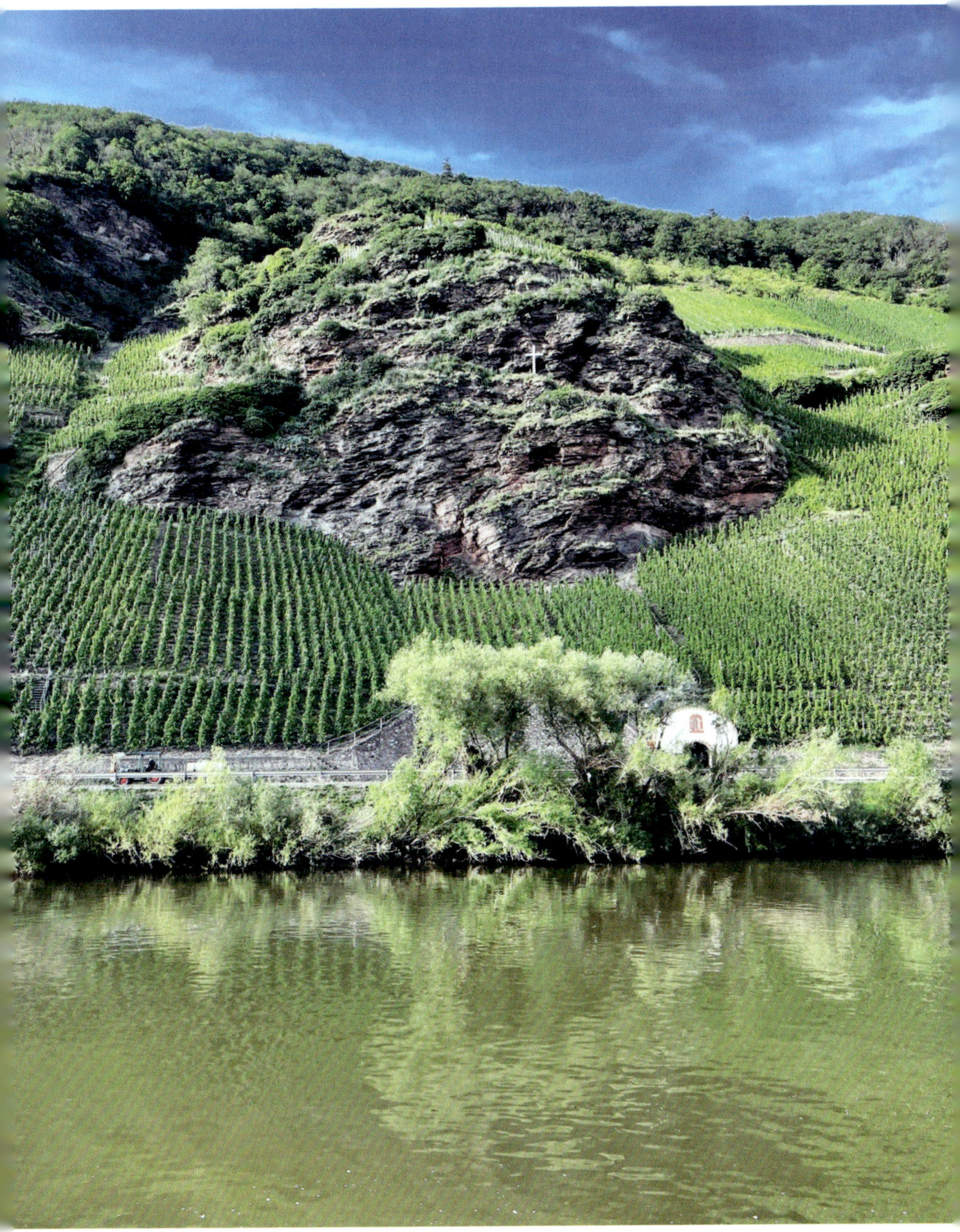

Auszeittour 3

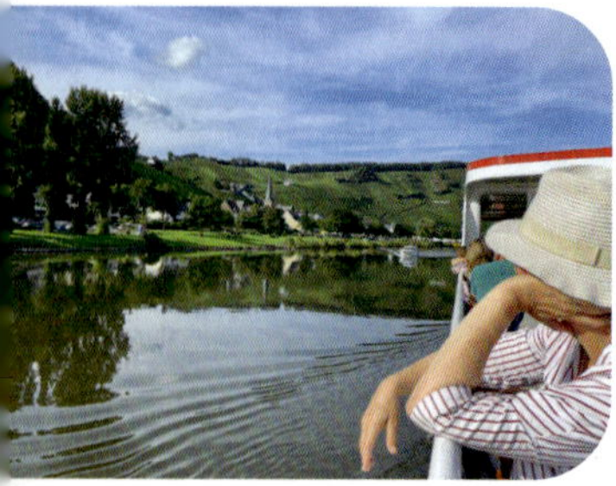

Die Schiffstour von Bernkastel nach Traben-Trarbach ist ein Traum für sich. Wie unglaublich entspannend, die endlosen Rebhänge vorüberziehen zu sehen, die Hochmoselbrücke, die Felsformationen, Moseldörfer und Sonnenuhren in den Weinbergen.

1,5 Stunden später zieht das **Jugendstilhotel Bellevue** ⓫ vorbei und wir legen gegenüber am Trarbacher Ufer an. Das **Buddha-Museum** ⓬ haben wir für den nächsten Tag geplant. Jetzt wartet das **Restaurant „Die Graifen"** ⓭ auf uns, nur 200 Meter vom Anleger entfernt. Vor dem Bruchsteinhaus hebt ein lächelnder Buddha grüßend die Hand. Zur Sicherheit haben wir schon vor Tagen den Tisch reserviert.

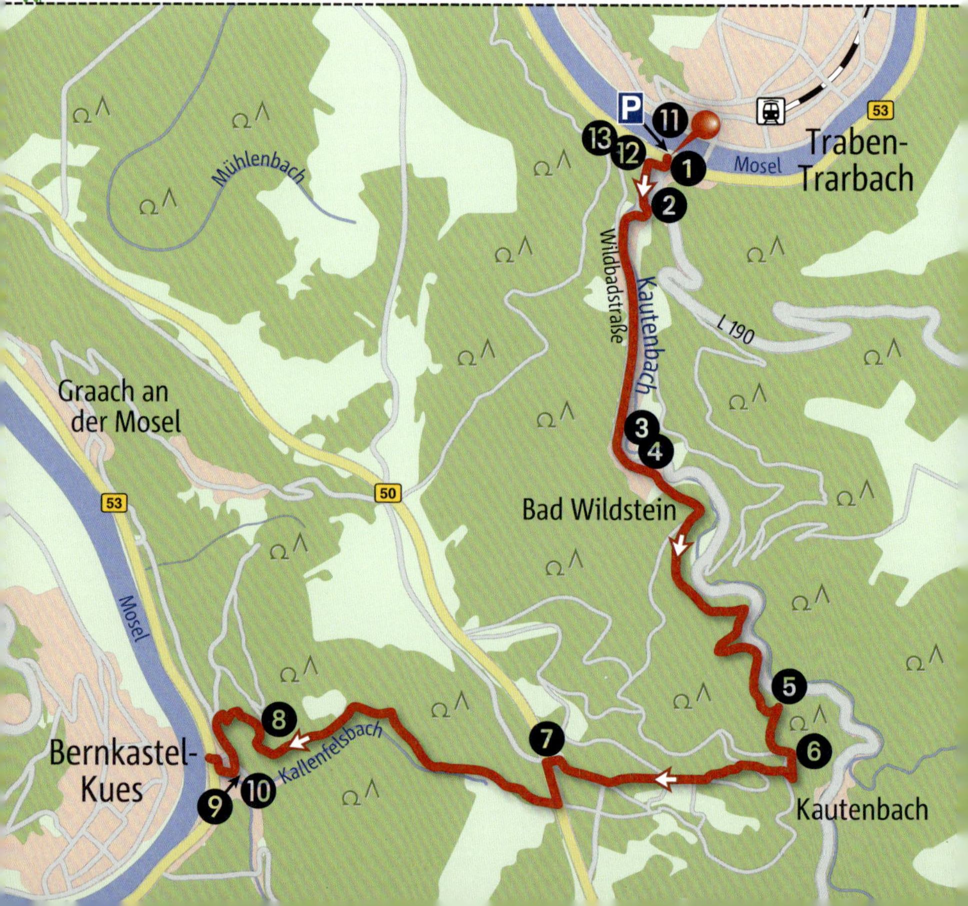

Entspannung ★★★★☆
Genuss ★★★★★
Romantik ★★★★☆

WIE & WANN:
Ausgedehnte Waldwanderwege, teilweise mit hoher Steigung, in Bernkastel-Kues Abstieg durch die Weinberge; beste Wanderzeit: Mai bis Oktober

HIN & WEG:
Auto: Parkplatz am Schiffsanleger in Trarbach, Am Moselufer, 56841 Traben-Trarbach (GPS: 49.94973, 7.11237)
ÖPNV: Von Koblenz mit dem Zug zum Jugendstilbahnhof in Traben-Trarbach; Rückkehr zum Ausgangspunkt mit dem Schiff: von Mai bis Oktober täglich mehrere Schiffsverbindungen zwischen Traben-Trarbach und Bernkastel-Kues: www.moselrundfahrten.de

ESSEN & ENTSPANNEN:
Restaurant Historische Stadt-Mühle ❷ Weihertorplatz 1, 56841 Traben-Trarbach, Tel. (0 65 41) 8 18 87 77
Restaurant „anno 1640" im Märchenhotel ❿ Kallenfelsstraße 25–27, 54470 Bernkastel-Kues, Tel. (0 65 31) 9 65 50
Romantik Jugendstilhotel Bellevue ⓫ An der Mosel 11, 56841 Traben-Trarbach, Tel. (0 65 41) 70 30)
Die Graifen. Weine – Leben – Essen ⓭ Wolfer Weg 11, 56841 Traben-Trarbach, Tel. (0 65 41) 81 10 75

ENTDECKEN & ERLEBEN:
Schiffsanleger in Trarbach ❶ **Ayurveda Parkschlösschen** ❸ Wildbadstraße 201, 56841 Traben-Trarbach, Tel. (0 65 41) 7050
Mosel Therme ❹ Wildsteiner Weg 5, 56841 Traben-Trarbach, Tel. (0 65 41) 8 30 30
Bischofsmütze ❺ **Schutz- und Grillhütte** ❻
Wildbrücke ❼ **Doctor-Hütte** ❽ **Bärenbrunnen** ❾
Buddha Museum ⓬ Bruno-Möhring-Platz 1, 56841 Traben-Trarbach, Tel. (0 65 41) 8 16 51 80

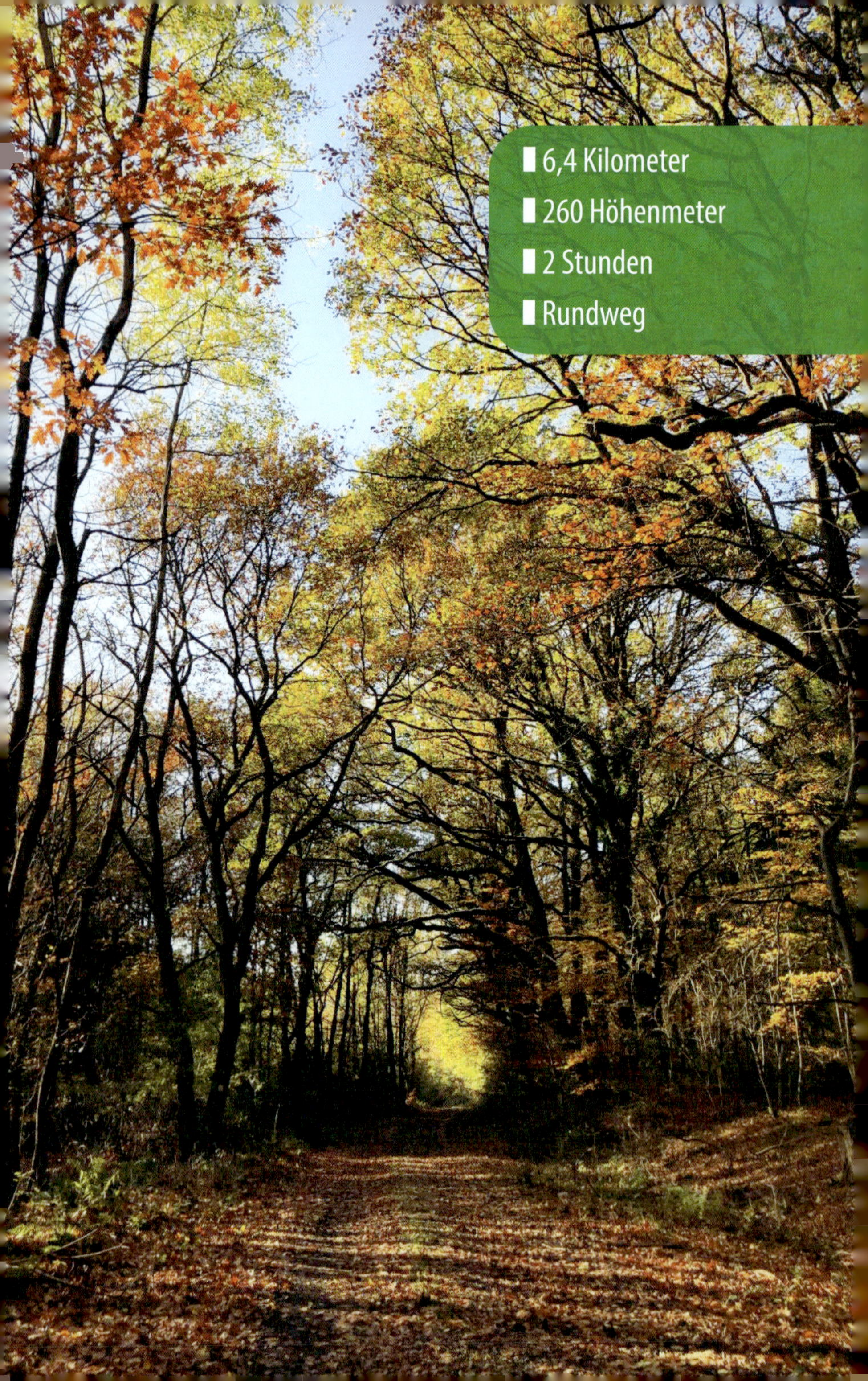
6,4 Kilometer
260 Höhenmeter
2 Stunden
Rundweg

Im Farbrausch

Durch die Briedeler Schweiz

Wenn sich im Herbst die Baumkronen lichten und die tiefstehende Sonne die Farben zum Glühen bringt, entfaltet die Briedeler Schweiz einen besonderen Zauber. Der dicht bewaldete Steilhang zwischen Briedel und Zell steigt auf der Hunsrückseite der Mosel auf, mit herrlichem Weitblick auf das tiefeingeschnittene Flusstal und die Höhen der Eifel. Schon 1896 führte ein Fußpfad zum Kamm, wo der Hunsrückverein das erste Schweizerhäuschen errichtete: die Schutzhütte „Schöne Aussicht". Inzwischen gibt es mehrere Picknickplätze, die den steilen Aufstieg mit grandioser Aussicht belohnen.

Start und Ziel unserer Wanderung ist der Ortskern von Briedel, genauer gesagt: der **Brunnenplatz** ❶ neben der Kreuzung von Haupt- und Römerstraße. Wir hören das Wasser zwischen den Hausmauern plätschern, das hier in einem schmalen Kanal von den Bergen kommend zur Mosel fließt, betrachten die schmucken gotischen Giebel der wohlhabenden Winzerhäuser und sind wie so oft von der schlichten Schönheit dieser Bilderbuchwelt berührt.

Über die **Römerstraße** und den ausgeschilderten Fußweg erreichen wir die **Kirche Sankt Martin** ❷, die am Rande des Berghangs über den Schieferdächern thront. Sie wurde 1772–76 erbaut, doch schon seit tausend Jahren steht an dieser Stelle ein Gotteshaus.

Bei der Kirchenmauer fällt uns eine Eisenkette auf, an beiden Enden mit Steinen bewehrt: Lastersteine, welche Ehebrecherinnen an drei Sonntagsmessen kniend um den Hals tragen mussten – während die

*Der nostalgisch anmutende **Brunnen** illustriert in reliefartigen Bildern das Dorfleben: Bergbau, Schafzucht, Weinlese und -kelter. Das große Basaltherz an der Spitze symbolisiert das Briedeler Herzchen, die bekannteste Weinlage.*

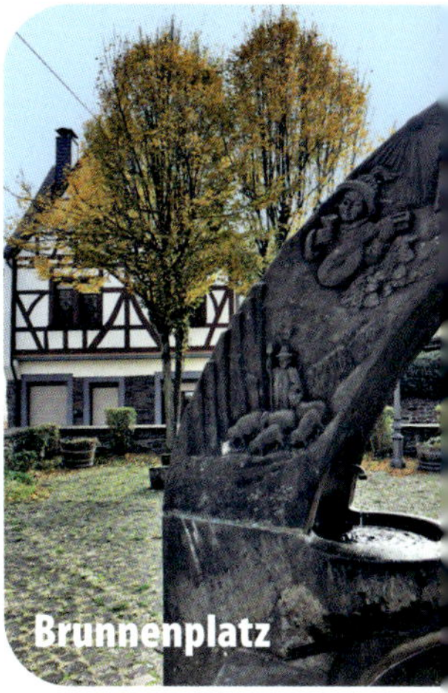
Brunnenplatz

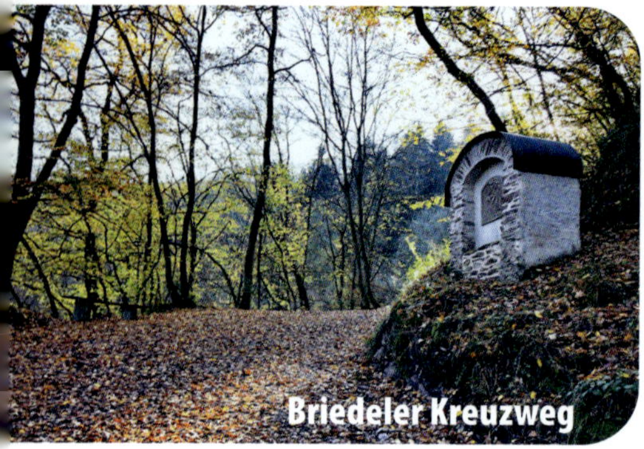
Briedeler Kreuzweg

Männer straffrei ausgingen. Ein zweites Exponat an der Außenmauer ist der Wetterhahn der Kirchturmspitze. Nach jahrzehntelangem Einsatz war das Metall des Eisenvogels brüchig geworden und man fürchtete, er könne bei einem Sturm vom Dach und einem Gläubigen auf den Kopf fallen. Um ihn gefahrlos herabzuholen, entschied man sich für den gezielten Abschuss. Keine leichte Sache für den Schützen: Es brauchte 26 Treffer, bis der Hahn zu Boden ging.

Jetzt werfen wir einen Blick in den Innenraum, bewundern die leuchtenden, im Rokokostil gefertigten Deckengemälde, den bezaubernden Hochaltar und die Orgel, ein vom Sulzbacher Orgelbauer Stumm erbautes Instrument. Neben und hinter der Kirche steigt der Friedhof in Terrassen den Hang hinauf, mit traumhaftem Blick über die Dächer von Briedel und das Moseltal. Am oberen Ende öffnet sich eine Pforte, die zum **Briedeler Kreuzweg ❸** führt.

Ein langer, ermüdender Aufstieg zum Gipfel des Brummkopf. Von der Geißelung über die Kreuzigung bis zur Grablegung – sieben prächtige Bildstöcke flankieren den Nachfolger des bereits 1719 bestehenden Pilgerwegs, der von der Kirche zum Sündhaus führt. Bis zum Bau der Bergstraße 1894 war die Sündstraße die Hauptverbindung zwischen Briedel und dem Ackerland auf der Hunsrückhöhe, genannt Briedeler Heck. Die Bauersleute mussten diesen Weg für die Feldarbeit täglich bewältigen. Mit der Entstehung der Kreuzwegstationen erhielt er gleichsam eine höhere Weihe: Jetzt konnte der Weg zur Arbeit den Kirchgang ersetzen.

*Schon im 19. Jahrhundert zählte das **„Briedeler Herzchen"** zu den Spitzenlagen der Mosel, was die Winzer teuer zu stehen kam: In der preußischen Rheinprovinz (1815–1945, Hauptstadt war Koblenz) galt für die Weinbergerträge die höchste Steuerklasse.*

Wir lassen den Abzweig zur Hindenburglay links liegen und folgen dem Kreuzweg über 2 Kilometer bis zur **Sündkapelle ❹.** Seit 1719 dient das winzige Got-

Für die Seele

Auf dem Briedeler Kreuzweg zur Wilhelmshöhe aufsteigen und mit dem Blick ins Moseltal die Weite genießen.

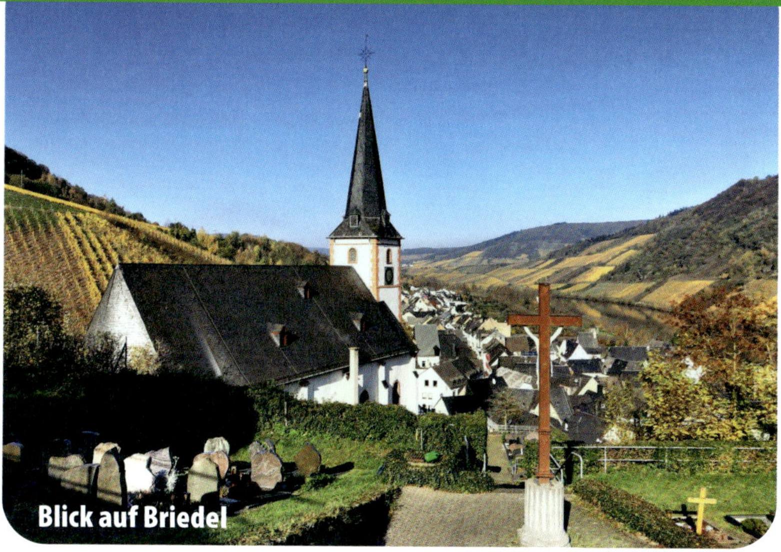

Blick auf Briedel

teshaus auf der Waldlichtung als Gebetsort, Rastplatz und Schutzhütte, der erste und lange einzige Ort, wo man sich nach dem steilen Aufstieg von Briedel niederlassen und erholen konnte. Doch der stille Ort hat auch Schreckliches erlebt: das letzte Gebet der Zum-Tode-Verurteilten (der Galgen des Briedeler Hochgerichts stand ganz in der Nähe) und das Detonieren von Handgranaten: Im März 1945 starben in der Kapelle zwei deutsche Soldaten, die sich hier vor Amerikanern versteckt hatten. Heute ist das Sündhaus das reinste Idyll; statt erschöpfter Feldarbeiter sitzen jetzt sportliche Wanderer auf den Sitzbänken aus unbehauenen Baumstämmen, die übersät sind von eingeritzten Namen.

*Die Namen **Sündstraße und Sündhaus** haben nichts mit Sünde zu tun, auch wenn der Gedanke nahe liegt. Die Worte entstanden aus dem lateinischen „Simeta", was so viel wie Fußweg bedeutet.*

Vom Sündhaus ist es nur ein kurzer Spaziergang zur **Wilhelmshöhe ⑤**, wo die Deutschlandfahne flattert und der Wald den Blick auf die Landschaft freigibt. Auf dem Picknicktisch stehen Weinflaschen, Gläser und Proviant; die Wanderer sind von der anderen Bergseite aus Zell gekommen; man genießt den Wein, die Aussicht und die Ruhe. Im Sommer könnte es lebhafter zugehen, dank Grillstelle und Spielplatz (nur 250 Meter von einem Parkplatz entfernt). Uns genügt das Schauspiel der Natur: 260 Meter tiefer liegt die Mosel zwischen den Steilhängen, unwirklich blau unter dem wolkenlosen Himmel. So hoch steigen die Hänge in der engen Moselschleife empor, dass wir nur einen Teil des Flusslaufs sehen können, in der Mitte ganz oben thronen wie auf dem Präsentiertablett die Häuser von Barl (ein Stadtteil von Zell). Dahinter verschwimmt das Hochplateau mit der Landschaft am anderen Ufer. Goldgelb, blassgrün, ocker und umbra leuchten die Weinhänge und Wälder in der Herbst-

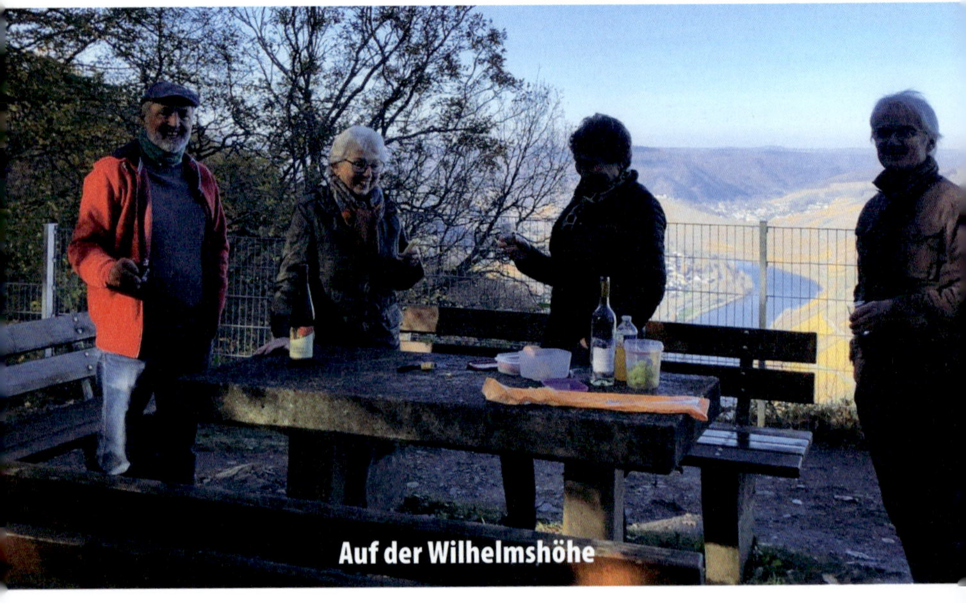

Auf der Wilhelmshöhe

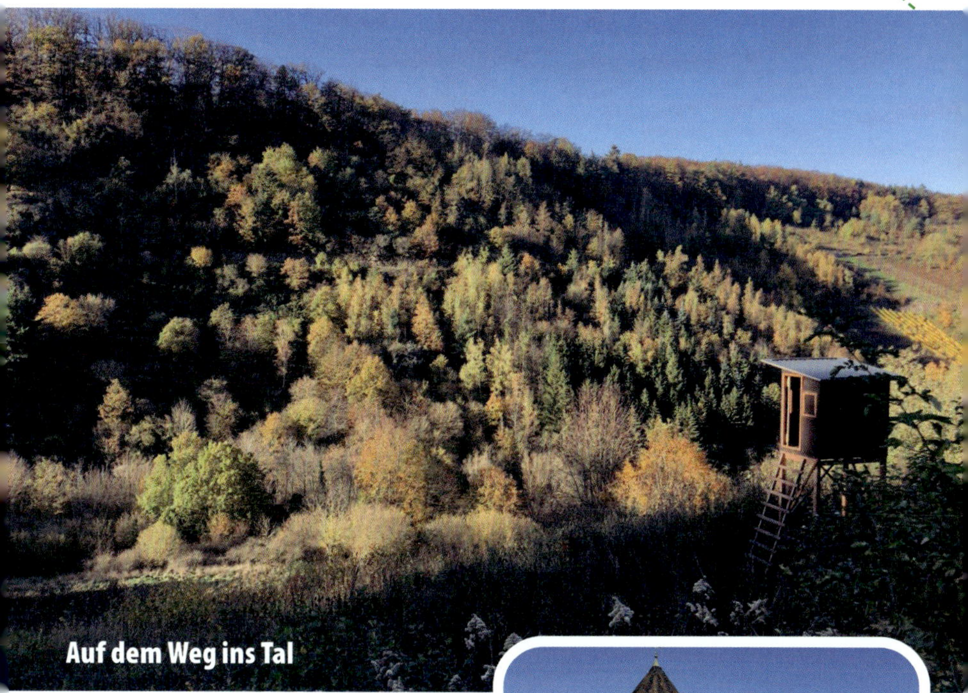
Auf dem Weg ins Tal

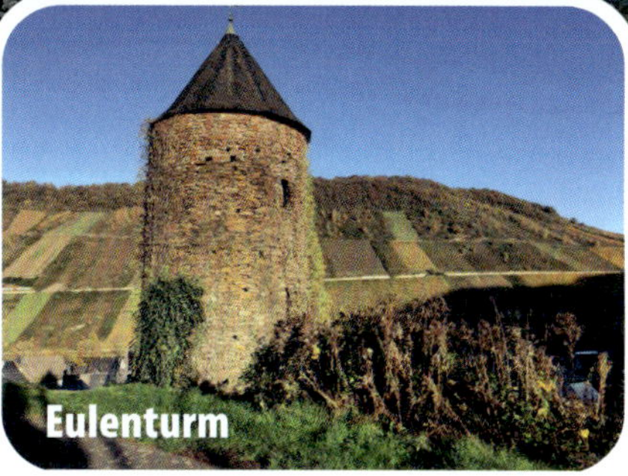
Eulenturm

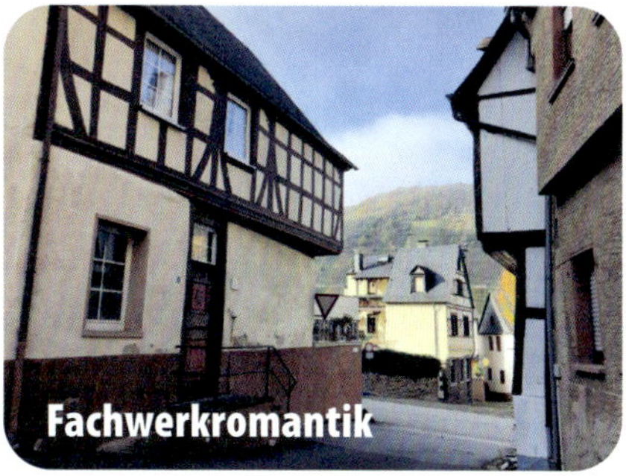
Fachwerkromantik

sonne, ein fruchtbarer, von Wegen durchzogener Flickenteppich.

Jetzt wartet der Rückweg. Wir gehen zurück zum **Sündhaus** und von dort – Mosel und Kapelle im Rücken – südlich zum Waldrand, wo die Landstraße vorbeiführt und ein großes Wanderschild den Moselsteig bewirbt, mit dem „Seitensprung Briedeler Schweiz", den wir ein ganzes Stück begleiten. Wir biegen scharf nach rechts ab und folgen einem breiten Feldweg, der etwa 500 Meter am Waldrand entlangführt, bevor er zwischen Bäume eintaucht. Lichter Laubwald, niedrige Büsche, Wald und Wiese in schönem

Auszeittour 4

Im Weingarten 18 fertigt der **Holzbildhauer Christof Scheer** Tierfiguren mit der Motorsäge. Zuschauer sind willkommen. Tel.: (0 65 42) 90 10 99

Wechsel, freier Himmel über unseren Köpfen. Schieferfelsen neben durchsonntem Herbstlaub, Hagebutten vor einer Bruchsteinmauer, ein Hochsitz über einem Meer aus farbigen Baumkronen, Bilder für die Seele – und für Instagram. In einem großen Bogen führt der Weg zurück ins Tal und zur Römerstraße. An der Bergstraße biegen wir links ab und überqueren den Briedeler Bach auf dem Weg zum **Eulenturm 6.** Das romantische Relikt der mittelalterlichen Stadtbefestigung wacht seit dem 14. Jahrhundert über die verwinkelten Gassen. Der **„musikalische Wirt" 7** liegt quasi unter uns. Vom Weinberg zur Hauptstraße 97 sind es nur 400 Meter und eine Rechtskurve.

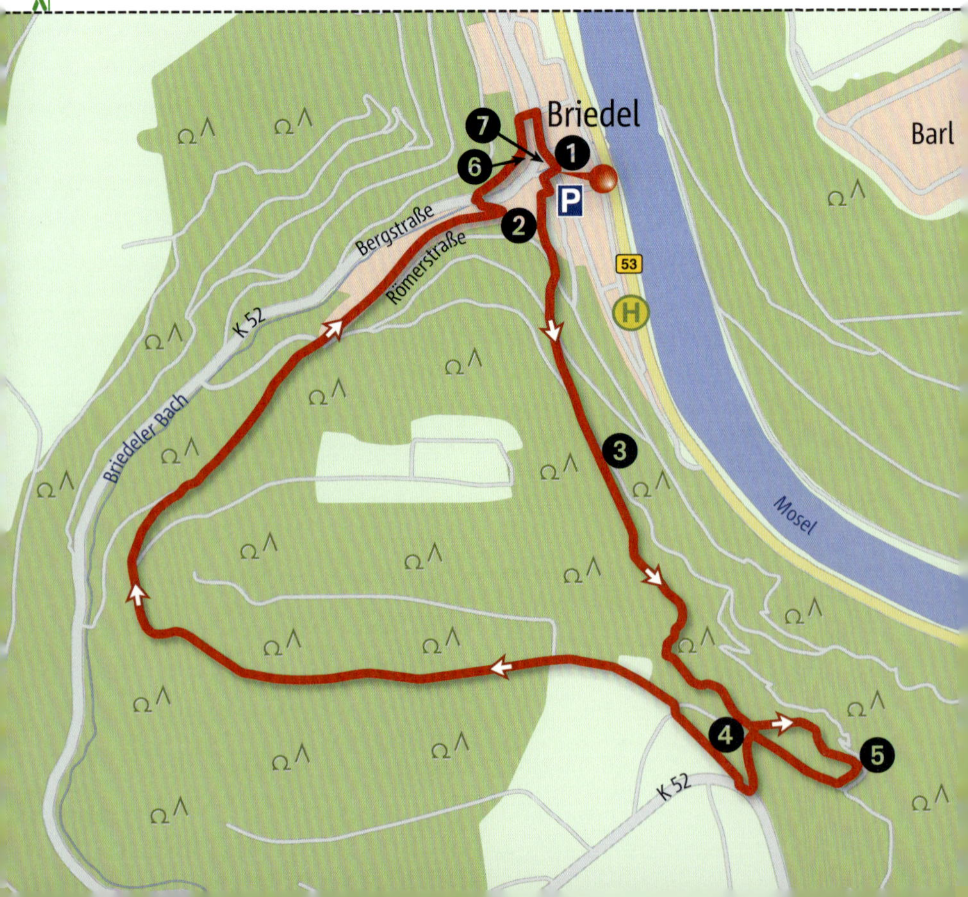

Entspannung ✱✱✱✱✱

Genuss ✱✱✱✱✱

Romantik ✱✱✱✱✱

WIE & WANN:
Wald- und Feldweg; beste Wanderzeit: ganzjährig, außer nach mehreren Regentagen

HIN & WEG:
Auto: Parkmöglichkeiten im Ortskern von 56867 Briedel (GPS: 50.022749, 7.149332)
ÖPNV: Mit der Regionalbahn RE 1 oder RE 11 nach Bullay, von dort weiter mit dem Bus 720 Richtung Traben-Trarbach via Zell bis Haltestelle Unterdorf, Briedel

ESSEN & ENTSPANNEN:
Dorfgasthof „Zum musikalischen Wirt" ❼ Hauptstraße 97, 56867 Briedel, Tel. (0 65 42) 45 89

Abseits der Route empfehlenswert:
Restaurant Zum Eichamt, Rohrgasse 2, 56856 Zell (Mosel), Tel. (0 65 42) 2 24 75

ENTDECKEN & ERLEBEN:
Brunnenplatz ❶
Kirche Sankt Martin ❷
Briedeler Kreuzweg ❸
Sündkapelle ❹
Wilhelmshöhe ❺
Eulenturm ❻

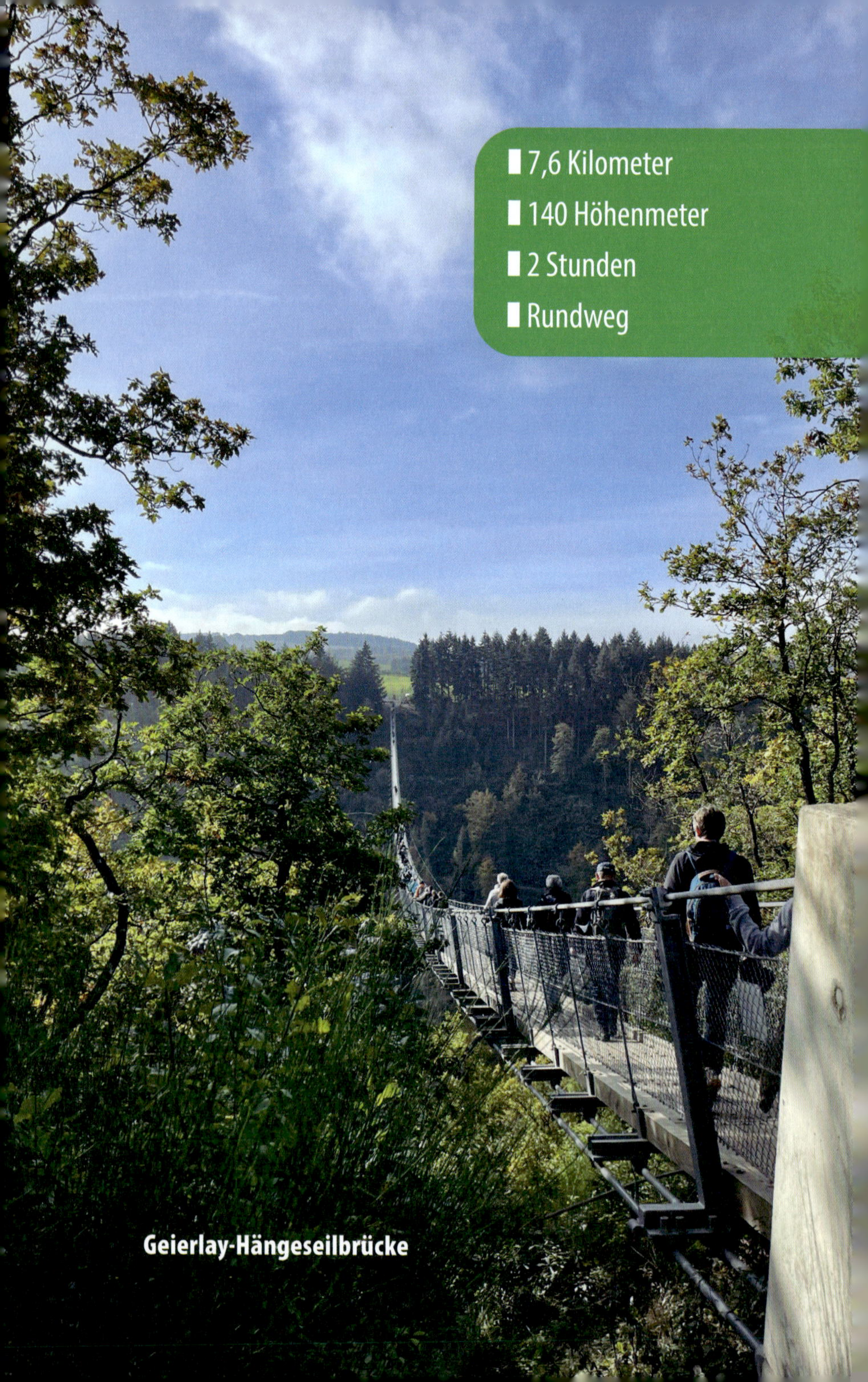

- 7,6 Kilometer
- 140 Höhenmeter
- 2 Stunden
- Rundweg

Geierlay-Hängeseilbrücke

Seiltänzer

Die Geierlayschleife bei Mörsdorf

Die Geierlayschleife ist mehr als ein „Premiumwanderweg" im Mosel-Hunsrück, sie ist Abenteuer, Mutprobe, Nervenkitzel und Superlativ, denn ihr Herzstück ist eine atemberaubende Hängeseilbrücke, eine der längsten in ganz Europa. Schon der Anblick macht Herzklopfen und weiche Knie: in schwindelnder Höhe führt ein 360 Meter langes Band über ein Meer aus Baumkronen. Traut man sich über die Brücke oder geht man zurück – das sind die einzigen Alternativen, denn am Mörsdorfer Brückenkopf führt kein Weg ins Tal. Wer also nur schauen, fotografieren und mit schwindelfreien Begleitern mitfiebern, aber nicht selbst hinübergehen will, muss zum Dorfausgang zurückkehren. Seit die Brücke zur Einbahnstraße wurde und nur von Mörsdorf aus überquert werden kann, wird man beim Rückzug gefühlt zum Falschfahrer. Das will bedacht sein, bevor man sich auf den Weg macht. Zum Brückenkopf wollen wir auf jeden Fall. Schließlich ist die Geierlay-Hängebrücke ein grandioser Anblick und eine spannende Herausforderung für Menschen ohne Höhenangst, aber keine Prüfung, die man bestehen muss.

*Die **Geierlay** ist ein Freizeitpark und Besuchermagnet; Feier- und Ferientage sollte man meiden. Dann kann es brechend voll werden. Zeitweise wird eine Brückenpauschale erhoben, die man bei Online-Buchung eines Zeitfensters vorab bezahlt. Das spart Zeit vor Ort. Es gibt vier Parkplätze mit unterschiedlichen Tarifen. P4 ist kostenlos.*

Wir starten direkt am **Besucherzentrum,** einem schmucken Holzhaus mit Restaurant, Gartenterrasse und Kapellchen („Herr, gib mir Zutrauen!"). P1 ist der teuerste von vier Parkplätzen, aber die Pole-Position mit WC und Restaurant ist es uns wert. Von hier aus führen zwei Wege zur Brücke: ein asphaltierter und schnurgerader Zuweg über offenes Gelände (für alle, denen es nicht schnell genug gehen kann) und ein romantischer Trampelpfad durch lichten Wald. Dieser gut beschilderte „Wanderweg zur Hängeseilbrücke Geierlay“ lockt uns mehr, also gehen wir auf der Kastellauner Straße bis zur zweiten Querstraße, biegen links in die **Pohlstraße** und laufen bis zur **Auf der Lex,** die rechter Hand zum Dorfrand führt. Neongelbe Pfeile kleben auf dem Pflaster und weisen den Weg. Man kann sich kaum verlaufen. Denkt man – und stutzt wenig später, weil drei Wege nebeneinander ins Tal bzw. ins Land führen. Wir nehmen keine der beschilderten Routen, denn wir wollen (noch) nicht ans andere Ende der Brücke, sondern zum Mörsdorfer Startpunkt. Also folgen wir unserer Teerstraße, die in einer S-Kurve zu Tal führt und landen an einem **Klärwerk,** vor dessen Umzäunung links ein Weg in den Wald führt. An einem Holzpfahl leuchtet das orangerote Logo des Saar-Hunsrück-Steigs, darüber ein Piktogramm der Hängebrücke, das an die Flügel des namengebenden Greifvogels erinnert.

Der Waldweg schlängelt sich schmal und abschüssig zwischen den Bäumen, über Wurzeln, Schieferstücke und Holzplanken. Der Steg überbrückt eine Kluft,

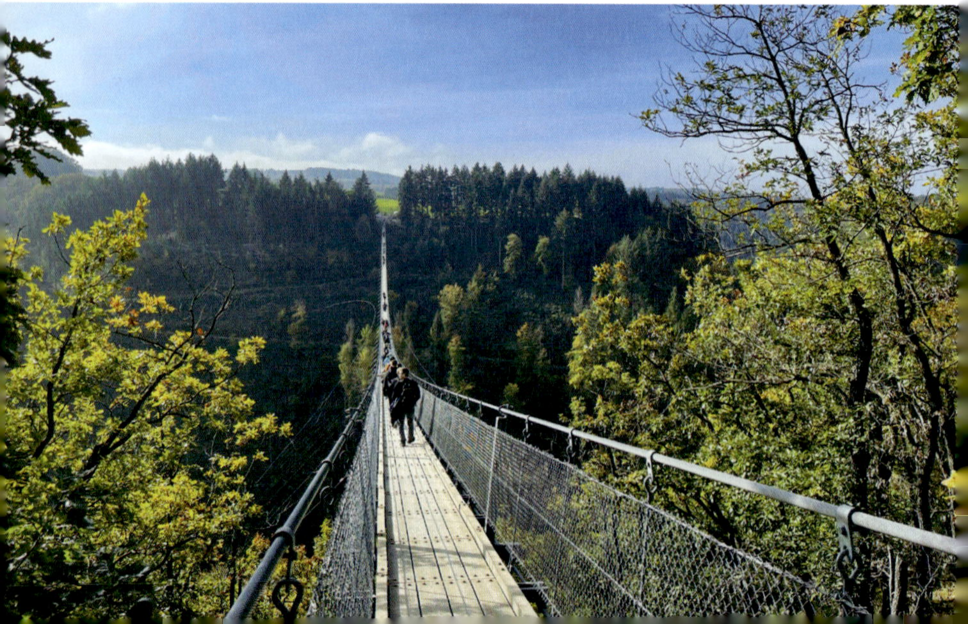

Für die Seele

Über den Baumwipfeln spazieren und die eigenen Grenzen ausloten – oder den anderen entspannt dabei zusehen.

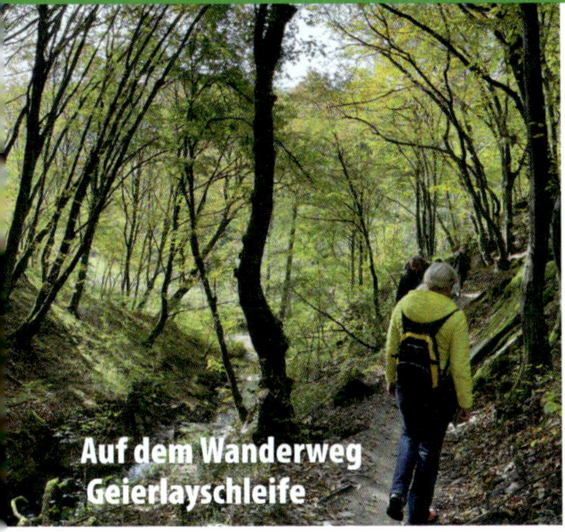

Auf dem Wanderweg Geierlayschleife

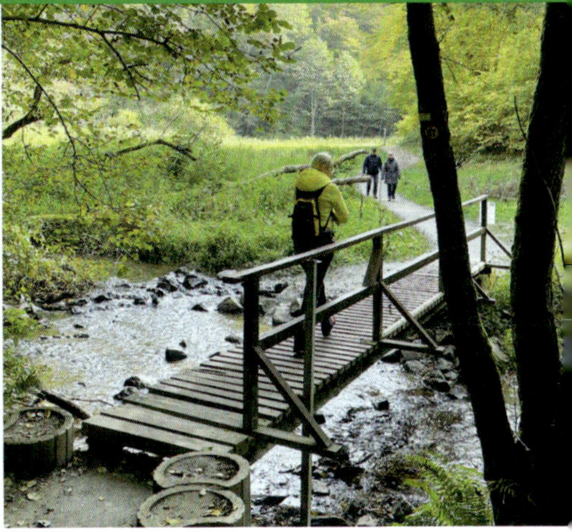

die bei Regen zum Sturzbach werden könnte. Etwa 2 Kilometer sind es vom Besucherzentrum zur Hängebrücke. Vor einer Parkbank treffen sich Zu- und Wanderweg, dann naht der Eingang, wo sich eine kleine Schlange gebildet hat. Wir zeigen unsere Online-Tickets und dürfen schnell passieren. Jetzt schwebt sie vor uns, ein endloser Steg, dessen Ende im Dunst zwischen den waldigen Bergen verschwimmt: die Geierlay-Hängebrücke. Ein hochmodernes Stahlgebilde konstruiert nach nepalesischen Vorbildern. Die Bänke auf dem Felsvorsprung über dem **Brückenkopf 1** sind alle besetzt, also keine Bedenkzeit, sondern rauf auf die Brücke. Der Boden besteht aus festen Brettern, so hat man den Abgrund nicht direkt vor Augen. Doch es kostet Überwindung voranzugehen. Schon nach wenigen Schritten spürt man das Schwanken, ein kleiner Vorgeschmack auf das, was einen in der Mitte der

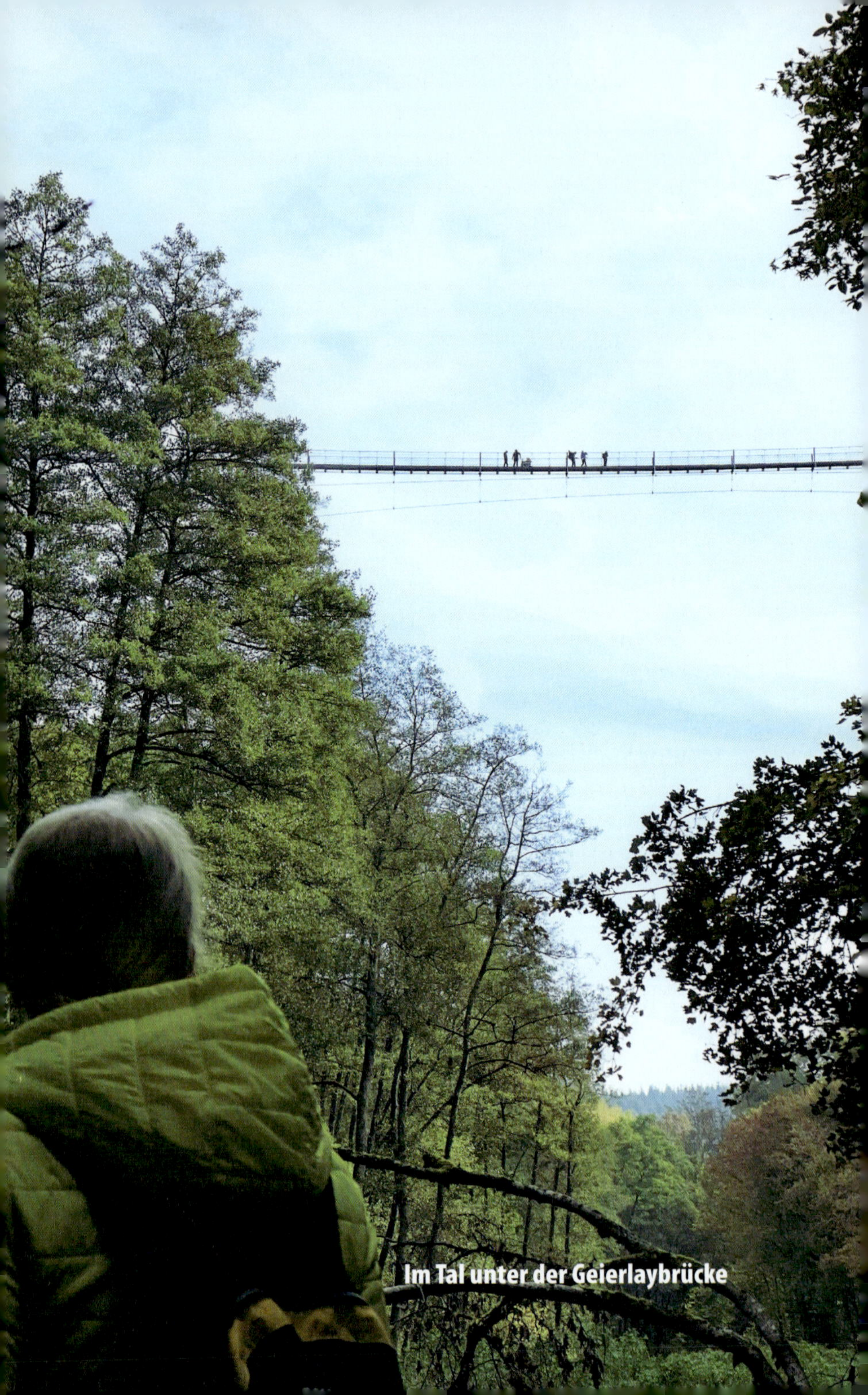

Im Tal unter der Geierlaybrücke

Brücke erwartet. Lieber nicht, entscheidet meine Begleiterin. Also gehen wir gemeinsam zurück, zwei „Geisterfahrer“ im Strom der Entgegenkommenden.

Am **Klärwerk** beginnt auch der zweite Rundweg der Geierlayschleife, ein Teil des **Saar-Hunsrück-Steigs,** der jetzt in Richtung Sosberger Brückenkopf führt. Wir wandern denen entgegen, die die Brücke überquert haben, am späteren Vormittag noch weitgehend ungestört von den Rückkehrern. In stetigem, sanftem Abstieg führt uns der lichte Waldweg ins Tal, begleitet von einem steinigen Bachbett. Wir überqueren eine Holzbrücke, eine offene Wiese und einen Fichtenwald, erreichen dann den **Fünf-Wege-Platz 2 –** ein Knotenpunkt der Wanderwege, den auch die Wanderer erreichen, die die Brücke überqueren und vom **Sosberger Brückenkopf 3** aus weitergehen. Auf einer Bank kann man ausruhen und aufeinander warten, falls man sich bei der Brücke getrennt hat. Wir steigen hinter der Bank den Abhang hinab, denn wir wollen die **Geierlaybrücke** jetzt von unten betrachten. Schon lugt das Brückenband zwischen den Bäumen hervor, doch der Blick ist von den Blättern verstellt. Noch eine Holzbrücke, dann sind wir im **Tal 4,** einem feuchten Biotop mit matschigen Wegen. Vorsichtig gehen wir weiter; der Weg nimmt eine leichte Biegung – und plötzlich ist der Blick frei und da ist sie: die Geierlaybrücke, hoch, schmal und leicht, fast in den Wolken, wie mit der Feder in den Himmel gezeichnet. Von hier unten betrachtet, sehen die Spaziergänger auf der Brücke wie Seiltänzer aus.

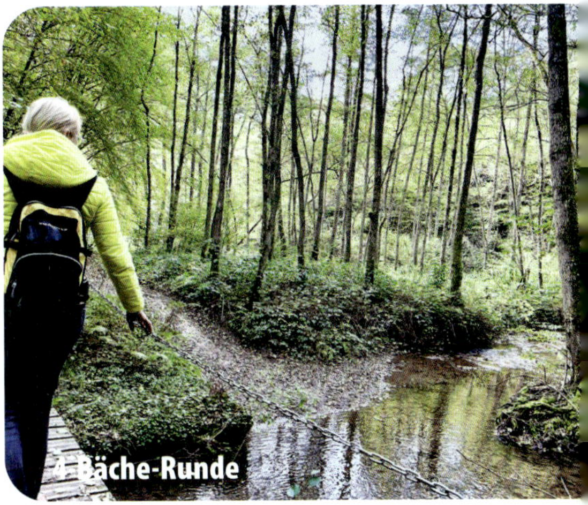
4-Bäche-Runde

Die Nässe im Tal verleitet uns zum Umkehren. Statt den Rundweg zu Ende zu gehen, wandern wir

Auszeittour 5

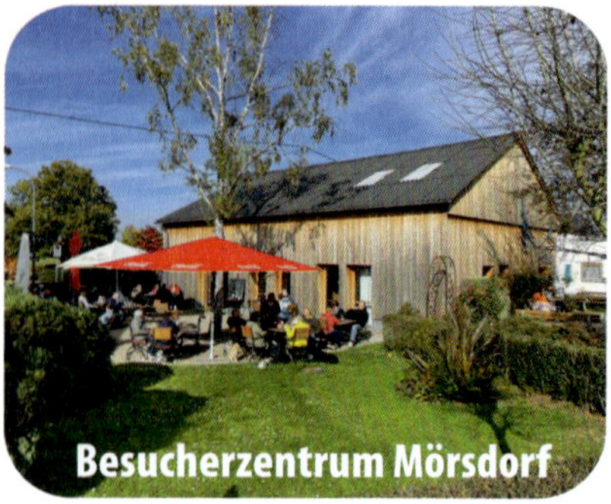

zurück zur Holzbrücke, wo ein Schilderbaum die Wanderwege aufzeigt. Wir wählen die **4-Bäche-Runde** ❺ (ein schwarzweißes Logo mit stilisiertem Flusslauf) und überqueren auf Holzstegen mehrere Wasserläufe. Der **Rückweg nach Mörsdorf** führt uns über breite, befestigte Forstwege, ein sanfter, wenn auch beständiger Anstieg. Wir erreichen Mörsdorf an der Stelle, an der wir den Ort auf dem Weg zur Geierlaybrücke verlassen haben. Das **Restaurant am Besucherzentrum** ❻ ist gut besucht, doch ein Tisch ist noch frei. Zwiebelkuchen und Federweißer, das hört sich gut an!

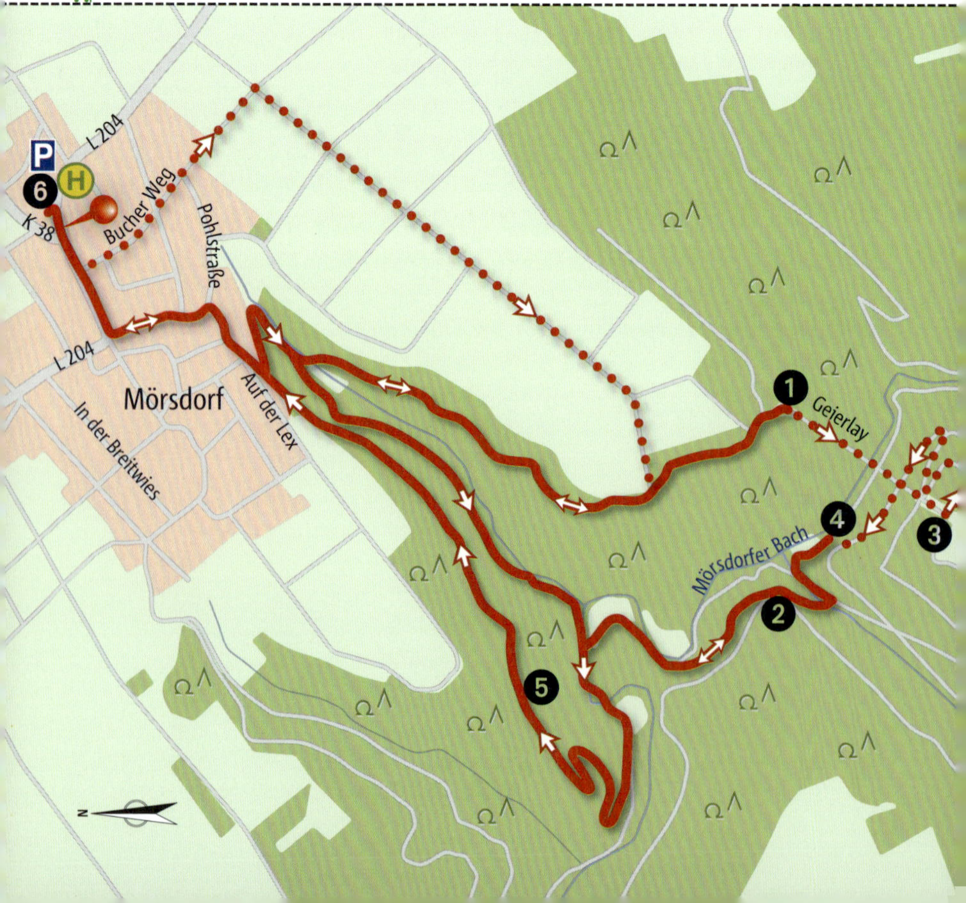

Entspannung ✱✱✱✱✱

Genuss ✱✱✱✱✱

Romantik ✱✱✱✱✱

WIE & WANN:
Vom Besucherzentrum Mörsdorf über einen Waldweg zum Mörsdorfer Brückenkopf und zurück, auf schmalem Waldweg ins Tal unter der Geierlaybrücke (im Tal kann es nach Regentagen sehr matschig sein), Rückweg nach Mörsdorf auf breiten Forstwegen; beste Wanderzeit: ganzjährig

HIN & WEG:
Auto: Parkmöglichkeiten am Besucherzentrum Geierlay in Mörsdorf, Kastellauner Straße 23, 56290 Mörsdorf Tel. (0 67 62) 9 03 40 80, geierlay.de (GPS: 50.10391, 7.34787). Es gibt mehrere gebührenpflichtige Parkplätze: P1 am Besucherzentrum, P2 Windorfer Straße (für PKW und Wohnmobile), P3 Sportplatz (nur PKW). Der Parkplatz P4 Alter Sportplatz ist kostenfrei.
ÖPNV: Bus 632 von Kastellaun bis Haltestelle Geierlay-Besucherzentrum, Mörsdorf

ESSEN & ENTSPANNEN:
Restaurant mit Garten-Terrasse am Besucherzentrum Geierlay in Mörsdorf ❻
Kastellauner Straße 23, 56290 Mörsdorf

ENTDECKEN & ERLEBEN:
Mörsdorfer Brückenkopf mit Blick auf die Geierlay-Hängebrücke ❶
Fünf-Wege-Platz ❷
Sosberger Brückenkopf ❸
Mörsdorfer Bachtal ❹
4-Bäche-Runde ❺

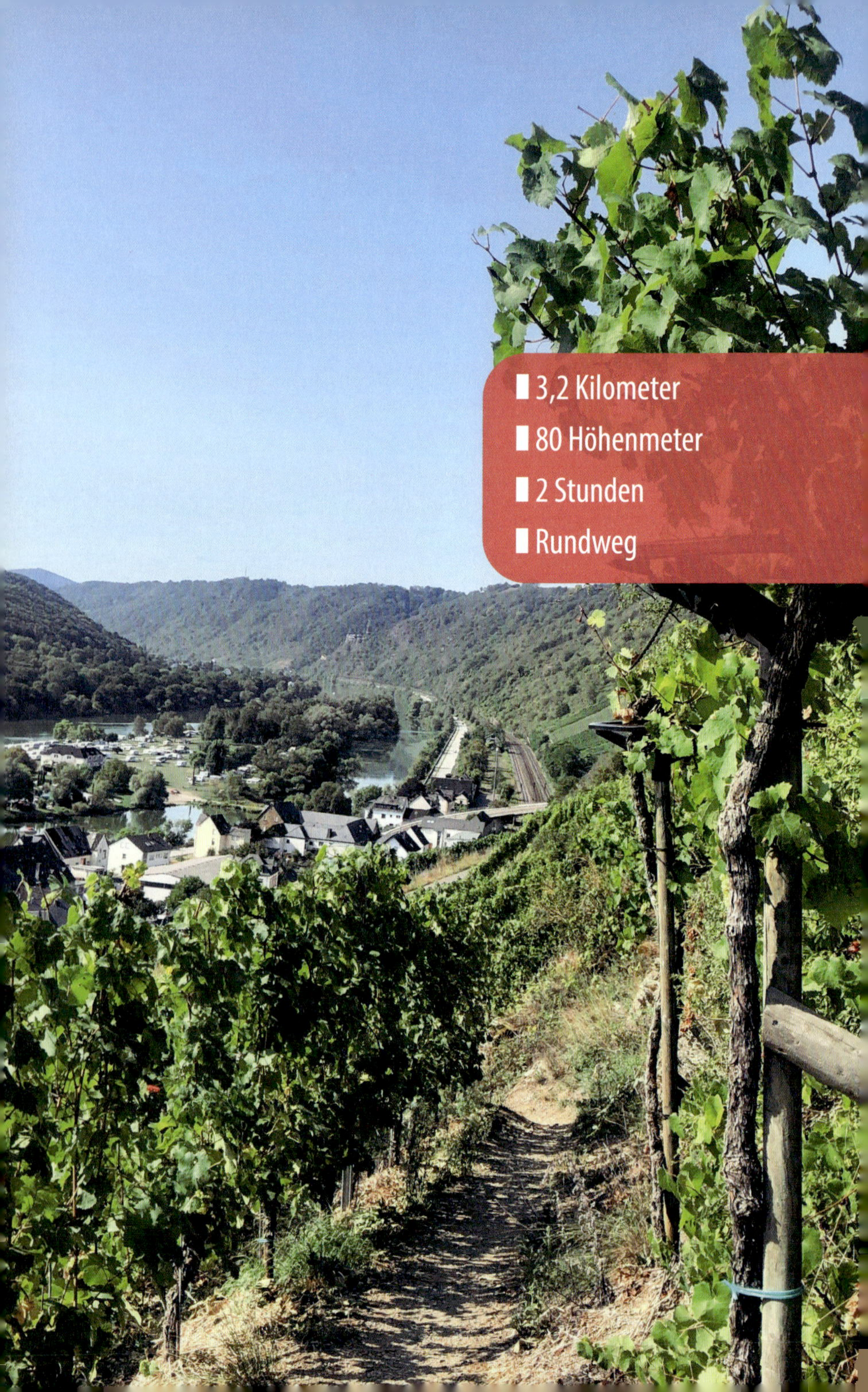

- 3,2 Kilometer
- 80 Höhenmeter
- 2 Stunden
- Rundweg

Das Moseltal ist klimatisch begünstigt und die Terrassenmosel ganz besonders. Die Zahl der Sonnenstunden steigt mit der Nähe zur Moselmündung, die Niederschläge nehmen ab. Wein, Wind und Wetter sind das Thema des Weinwetterwegs, der durch die Weinberge über Hatzenport führt.

Lehrpfad mit Lust

Der Weinwetterweg in Hatzenport

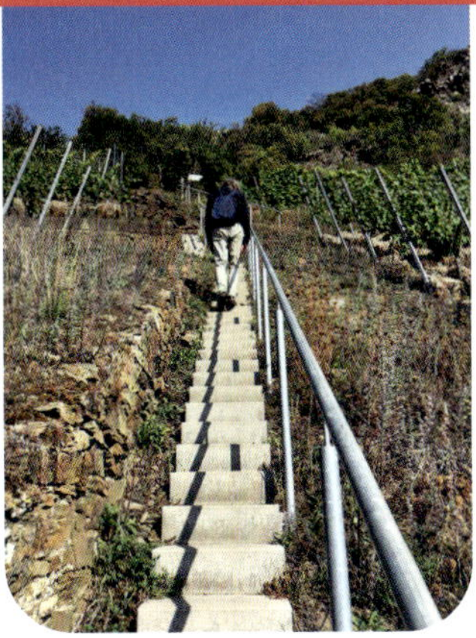

Unsere Wanderung beginnt direkt hinter dem **Bahnhof** von Hatzenport. Wir tauchen unter der Eisenbahnbrücke hindurch, hinter der das Schrumpftal beginnt. Auf der rechten Seite führt eine sandige Spur den Hang hinauf, so schmal, dass man sie für einen namenlosen Trampelpfad halten würde, wären da nicht die kleinen leuchtenden **Wegmarkierungen,** die uns auf der ganzen Wanderung begleiten werden. Im Zickzack geht es hinauf; noch ist kein Weinstock in Sicht, nur Sträucher und Schieferfelsen, aber hinter der nächsten Biegung stehen wir am Rand des Weinbergs, am Fuß einer felsigen Schräge. Eine erste Herausforderung, wenn man nicht trittsicher wie eine Bergziege ist, doch mithilfe eines an der Schieferwand verankerten Drahtseils klettern wir unerwartet leicht hinauf. Ein paar Meter höher treffen wir auf die

*2 Stunden für 3,2 Kilometer? Kein Druckfehler! Es lohnt sich, mit Zeit und Muße die vielen interessanten **Schautafeln** zwischen den Weinreben anzuschauen.*

*A propos Zeit: Der gesamte **Weinwetterweg** ist 11 Kilometer lang und führt von Burg Bischofstein nach Löf. Uns genügt das Filetstück in Hatzenport.*

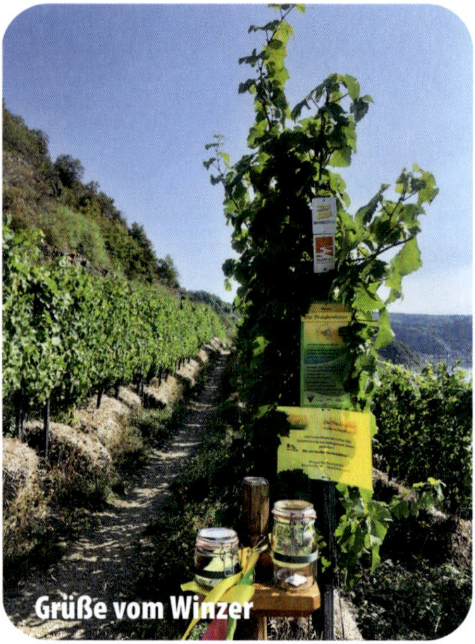

Grüße vom Winzer

Straße– es wäre auch bequemer gegangen, aber dafür mit weniger Adrenalin.

Wir folgen der asphaltierten Straße nach Osten, bis links eine **hohe, weiße Treppe** durch den Weinberg noch oben führt. Ein Schild wirbt für das „Moselprojekt" und seine Artenvielfalt, ein erster Aufruf zur Achtsamkeit gegenüber der besonderen und teilweise einzigartigen Weinbergsflora und -fauna.

Oben angekommen entdeckt man ein eingezäuntes Karree mit Masten und Messinstrumenten, das sich als **Wetterstation 1** entpuppt, eine von 500 über ganz Deutschland verteilten Stationen, die dem TV-Meteorologen Jörg Kachelmann gehören. Seit 20 Jahren werden hier die Hatzenporter Wetterdaten gemessen, die täglich im Südwestrundfunk verkündet werden: Windstärke und -richtung, Boden- und Lufttemperatur sowie spezielle agrarmeteorologische Daten für die Winzer, wie beispielsweise die Blattfeuchte, die es ermöglicht, einen Pilzbefall der Reben frühzeitig zu bekämpfen. Das und vieles mehr erfährt der interessierte Wanderer auf einer **informativen Schautafel,** gepaart mit traditionellen Bauernregeln wie Schafskälte, Eisheilige & Co., die auch das digitale Zeitalter nicht entkräften kann. Beruhigend, es hier bestätigt zu finden. Etwas höher am Hang lockt eine **zweite Tafel,** die über Golfstrom und Wetterphänomene berichtet. Wer hätte gedacht, dass die Terrassenmosel zwischen Koblenz und Cochem zu den niederschlagsärmsten deutschen Regionen gehört!

Unser Weg führt nun zwischen den Weinstöcken entlang, zwischendurch Schieferwände und wärmespeichernde Tockenmauern, wie sie schon die Römer

*In Hatzenport ist das **Klima** besonders mild. Es regnet selten, was dem Treiser Schock geschuldet ist: Der Bergkegel stoppt und teilt die Regenwolken, leitet sie auf Hunsrück und Maifeld um.*

angelegt haben. Der Weinanbau hat in Hatzenport 2000 Jahre Tradition. Noch mehr als die Geschichte beeindruckt der Blick über das Flusstal: die türkisgrün schimmernde Mosel, die braungrauen Häuserwürfel – wie aus dem Spielzeugkasten – und die durchsonnten Weinreben. Man kann sich nicht sattsehen an dieser

Für die Seele

Das Ökosystem Weinberg weckt Bewunderung und Respekt vor der Schöpfung. Smaragdeidechsen und Segelfalter – wo seid ihr?

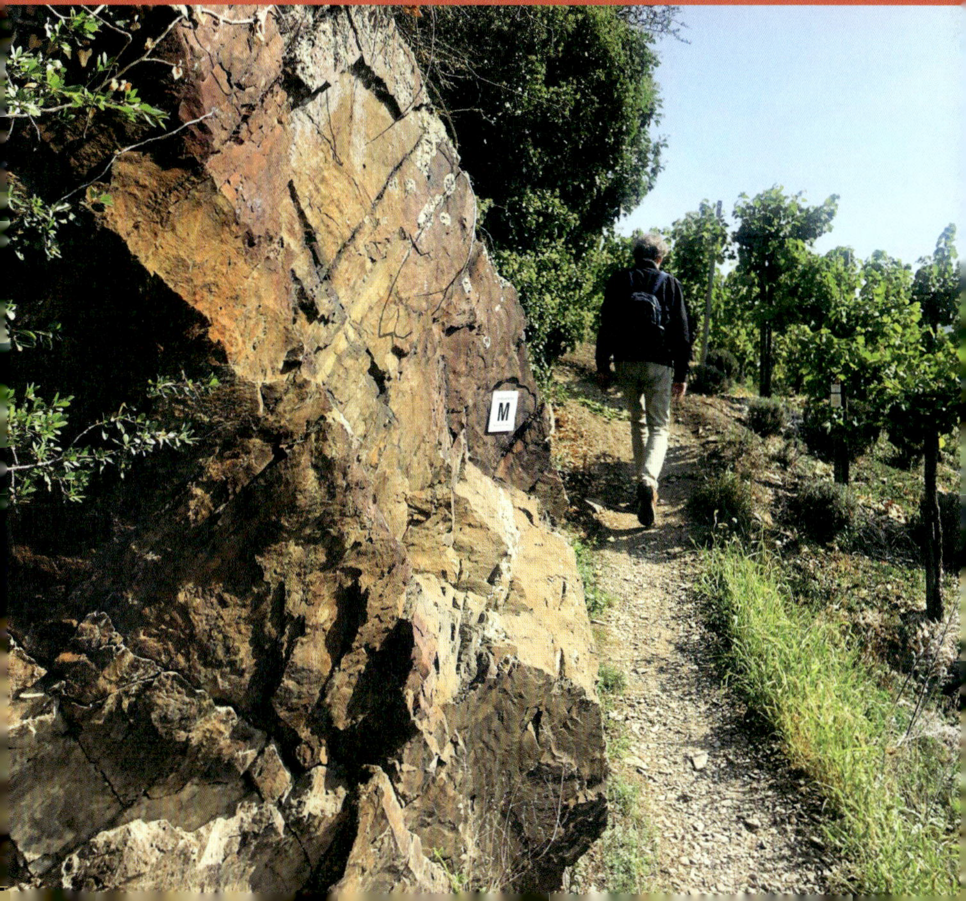

Landschaft! Im September sind die Wurzeln mit Stroh bedeckt, um den Boden vor Austrocknung zu schützen, während die Trauben in der Sonne wichtige Oechsle-Grade hinzugewinnen, also ihren Zuckergehalt in die Höhe schrauben. Winzer grüßen zwischen den Reben mit Hinweisen auf Gästezimmer und Ferienwohnung – vielleicht für die nächste Moseltour! Und immer wieder leuchten Wegmarkierungen an Rebstöcken und Baumstämmen: **Weinwetterweg, Traumpfad, Moselhöhenweg („M") und Moselsteig –** der grandiose Weinbergsweg ist Teil vieler Wanderrouten. Winzige Treppchen aus Schiefersteinen verbinden die Terrassen; man betritt sie mit Bedacht, wenn der Weinberg-Pfad sie kreuzt. Verlockend hängen die prallen Trauben an den Stöcken, doch natürlich verbietet ein ungeschriebenes Gesetz, sie zu pflücken. Die nächste Schautafel erklärt, wie wichtig die

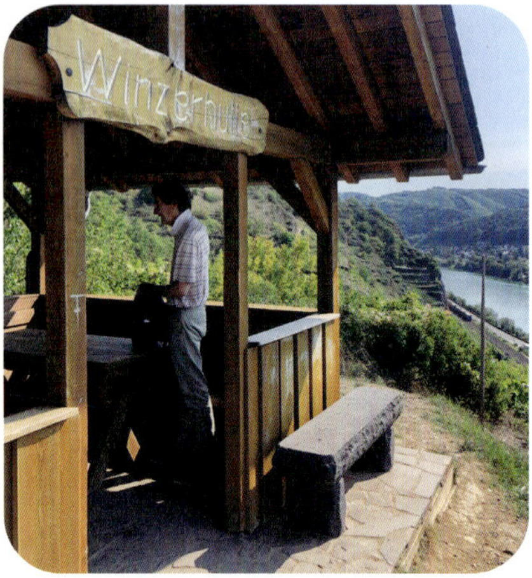

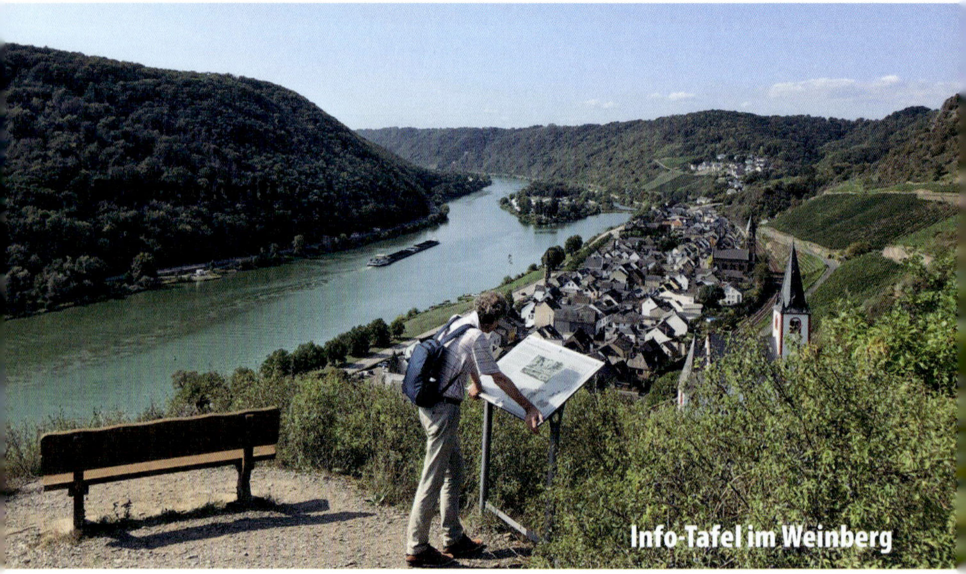

Info-Tafel im Weinberg

naturnahe Bewirtschaftung für den Erhalt des einzigartigen **Ökosystems „Weinberg"** ist und zeigt Fotos seiner schützenswerten Bewohner: die seltene Smaragdeidechse, der wunderschöne Segelfalter und die Steppensattelschrecke, die man gerade vorhin am Wegrand hüpfen sah.

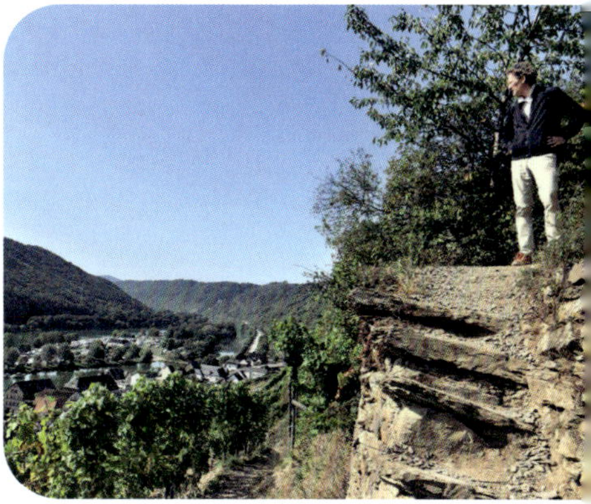

Wir folgen dem Sandweg über einen brach liegenden Hang in einer großen Linkskurve bis zum **Naaf-Graben,** eine natürliche Senke zwischen den Weinbergen, die mit Bruchsteinmauern gefasst und mit Korbweiden bepflanzt wurde, um bei starken Regenfällen das Wasser zu lenken. Hinter dem Holzsteg, unter dem es sachte plätschert, steht ein winziges romantisches **Weinberghäuschen.** Im 19. Jh. aus Bruchsteinen und ohne Mörtel geschichtet, diente es als Schutz- und Materialhütte, unverzichtbar für die Bearbeitung der höheren Steillagen in einer Zeit, in der es nur wenige Wirtschaftswege gab. Kein Zufall, dass in Hatzenport die erste Zwei-Schienen-Bahn der Mosel in Betrieb genommen wurde, im Jahr 1926, um Schieferstein und Trauben mit motorisierten Seilwinden zu befördern.

Jetzt windet sich unser Pfad wieder zur Mosel. Wir passieren ein **weiteres Weinberghäuschen** (eine Hommage an Hermann Schausten, einen Naturkundler und -fotografen) und bewundern von Neuem das malerische Moseltal. Unter uns ein gepflegtes Weinfeld, rechts verwilderte Terrassen, denen wir eine blühende Renaissance wünschen. Über Schiefersteine klettert der Weg ein Stück bergwärts, vorbei an fast künstlerisch schraffierten Bruchsteinmauern. Ein großer Bogen, an dessen Ende ein überdachter Aussichtspavillon mit Picknicktischen zur Pause winkt: die **Winzerhütte ②.** Wir erreichen den Rastplatz und die Tafel „Vom Winde verschont", ein kurzweiliges Lehrstück über Windstärken und -schneisen, Golfstrom

Mit einer Hangneigung von bis zu 70 Prozent profitieren die ***Hatzenporter Steillagen*** *von einer optimalen Sonneneinstrahlung. Dazu wärmespeichernde Felsen und mineralische Böden – beste Wachstumsbedingungen für die Rieslingtraube.*

Viele Winzer schenken ihren Wein in den eigenen Räumen aus. ***Straußwirtschaft*** *heißen die Weingasthöfe nach den Sträußen, die einst am Tor hingen, wenn geöffnet war.*

Für Schwindelfreie ist der ***Rabenlay Klettersteig*** *die kürzeste Verbindung ins Moseltal. Nur 300 Meter, die es in sich haben. Eine Leiter hilft über einen senkrechten Felsabschnitt hinweg, Steilseile sichern die schwierigsten Stellen.*

und Luftglocke. Ganz unten im Weinberg blinken der Kirchturm und die Bahngleise.

Noch 800 Meter bis zum Aussichtspunkt Rabenlay. Auf dem nächsten Abschnitt verdichten sich die Bäume, zahlreiche junge Eichen und Pfirsichbäume: die rosigen Weinbergpfirsiche sind eine wahre Delikatesse!

Weiter geht es am Hang entlang, jetzt ohne Wein, aber mit herrlichem Weitblick. Und schon ist die nächste Bank erreicht, mit traumhafter Aussicht und spannenden Infos zum Weinbauklima der Terrassenmosel: Im nächsten Leben werden wir Winzer!

Das letzte Wegstück vor der Rabenlay ähnelt einem alpinen Steig. Wer nicht ganz schwindelfrei ist, tut gut, sich auf den schmalen Weg zu konzentrieren, denn wie eine Steilwand fällt der Weinberg hier ins Tal hinab. „Vorsicht! Nur für geübte Wanderer geeignet“ warnt ein Schild vor der **Rabenlay-Hütte ❸.** Doch das gilt weniger für das soeben passierte Wegstück als für den steilen Weg ins Tal: den **Rabenlay Klettersteig ❹.**

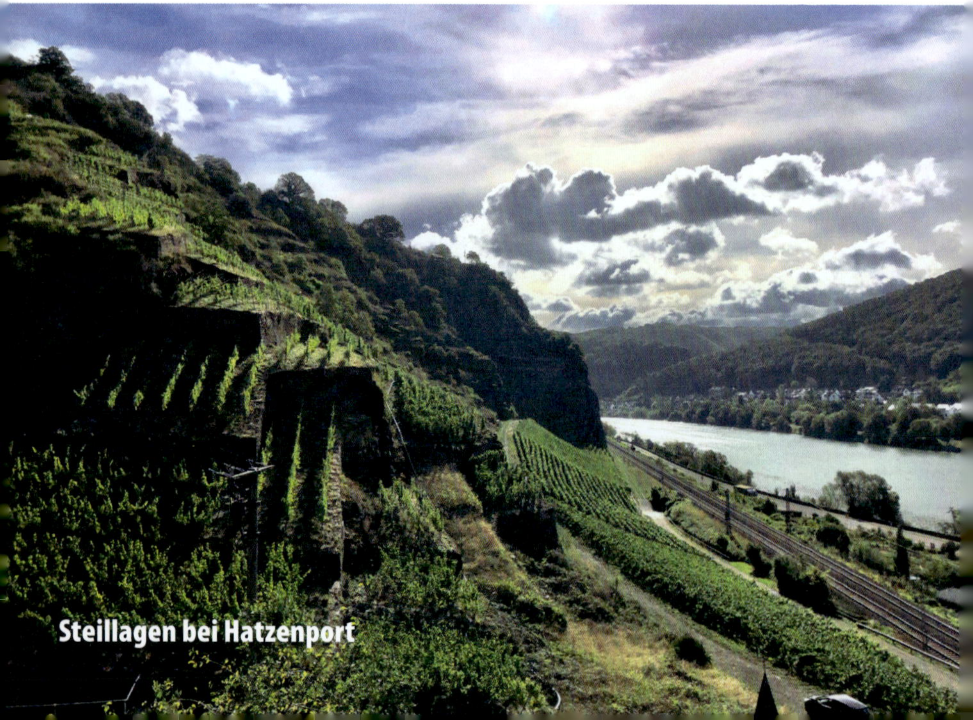

Steillagen bei Hatzenport

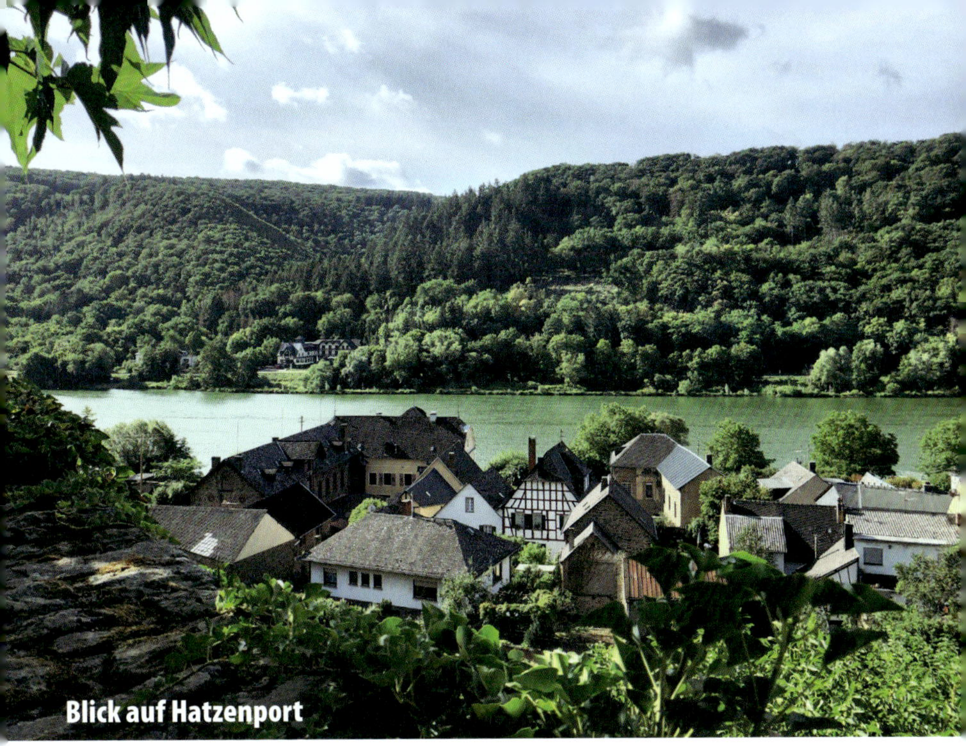

Blick auf Hatzenport

Ein Schilderwald zeigt vielfältige Routen auf. Wir könnten nach Löf wandern oder dem Traumpfad „Hatzenporter Laysteig“ über Felder und Wiesen folgen, doch erfüllt von Natur-Schönheit und Wein-Wissen beschließen wir, zur **Kirche Sankt Johannes** ❺ hinabzusteigen, um von dort zum Winzerdorf zurück zu bummeln. Der Rabenlay Klettersteig ist uns zu steil, wir gehen lieber ein Stück im Weinberg zurück, bis auf der linken Seite ein Pfad abzweigt, der sachte ins Tal und zur Kirche führt. Die spätgotische Bergkirche – Langhaus und Chor von 1480 – liegt hoch über dem Dorf inmitten von Weinbergterrassen, zu Füßen schwindelerregender Steillagen, die von hier unten noch eindrucksvoller wirken. Pittoresk, fast schon anheimelnd wirkt dagegen der alte Friedhof, seit 2008 ein blühender **Kräutergarten,** in

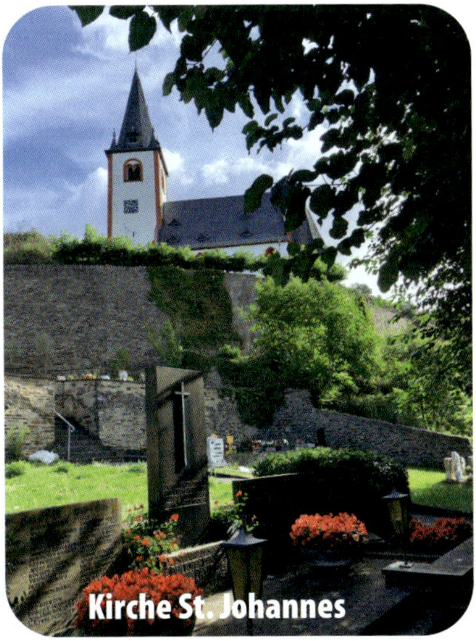

Kirche St. Johannes

Panoramatour 6

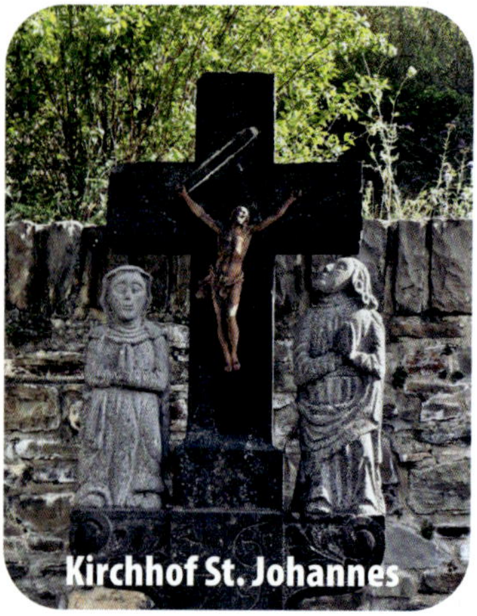

dem traditionelle und mediterrane Heil- und Gewürzpflanzen, Feigen- und Maulbeerbäume gedeihen. Mit dem Segen des milden Hatzenporter Klimas und des Herrn: die Beete ergeben die Form eines Kreuzes. Leider ist die Kirche verschlossen (Besichtigung nur Sonntagnachmittag); dafür wartet jetzt der **Brunnenhof 6** mit seiner lauschigen Straußwirtschaft auf uns. Höchste Zeit, von der Theorie zur Anwendung zu schreiten!

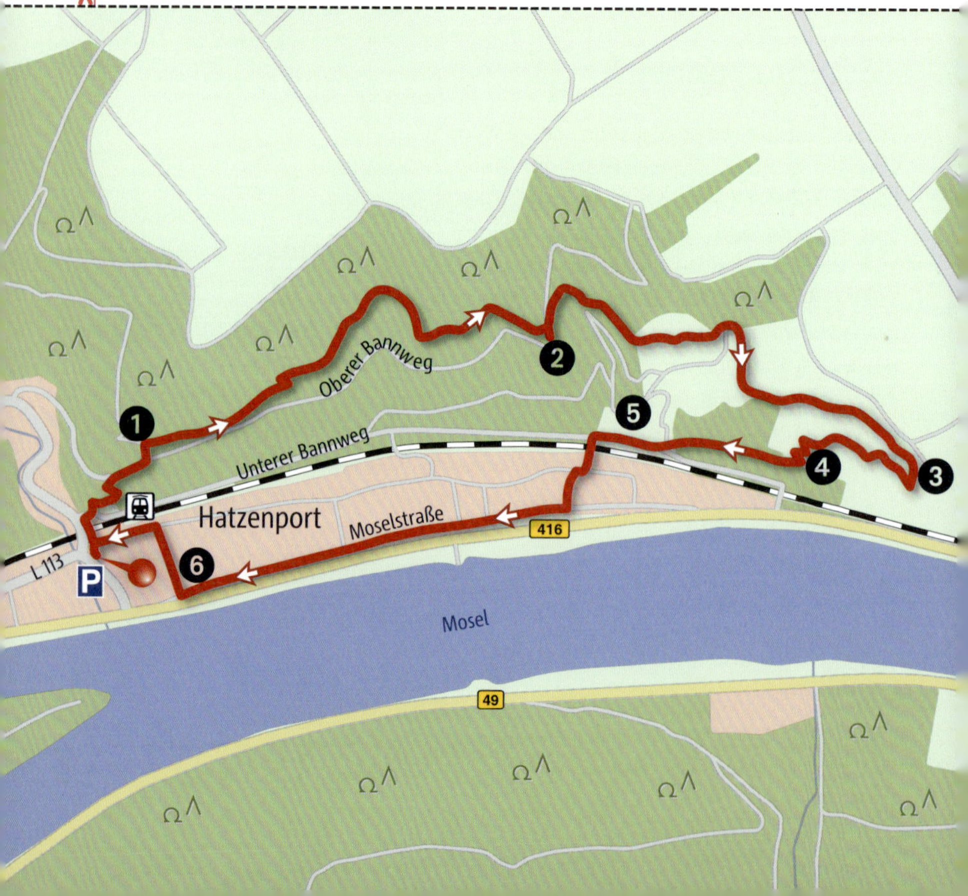

Alles auf einen Blick

WIE & WANN:
Unbefestigte, schmale Weinbergpfade, zwei mit Stahlseilen und einer Leiter gesicherte Kletterpassagen, alternativ: ein bequemer Wanderweg schräg durch den Hang; beste Wanderzeit: ganzjährig

Entspannung ✱✱✱✱✱
Genuss ✱✱✱✱✱
Romantik ✱✱✱✱✱

HIN & WEG:
Auto: Parkplatz an der Moselstraße in 56332 Hatzenport (GPS: 50.22744, 7.41903)
ÖPNV: Bahnhof Hatzenport an der Moselstrecke Koblenz – Trier

ESSEN & ENTSPANNEN:
Brunnenhof ❻ Moselstraße 58, 56332 Hatzenport, Tel. (0 26 05) 95 24 85

ENTDECKEN & ERLEBEN:
Hatzenporter Wetterstation ❶
Winzerhütte ❷
Rabenlay ❸
Rabenlay Klettersteig ❹
Kirche Sankt Johannes ❺

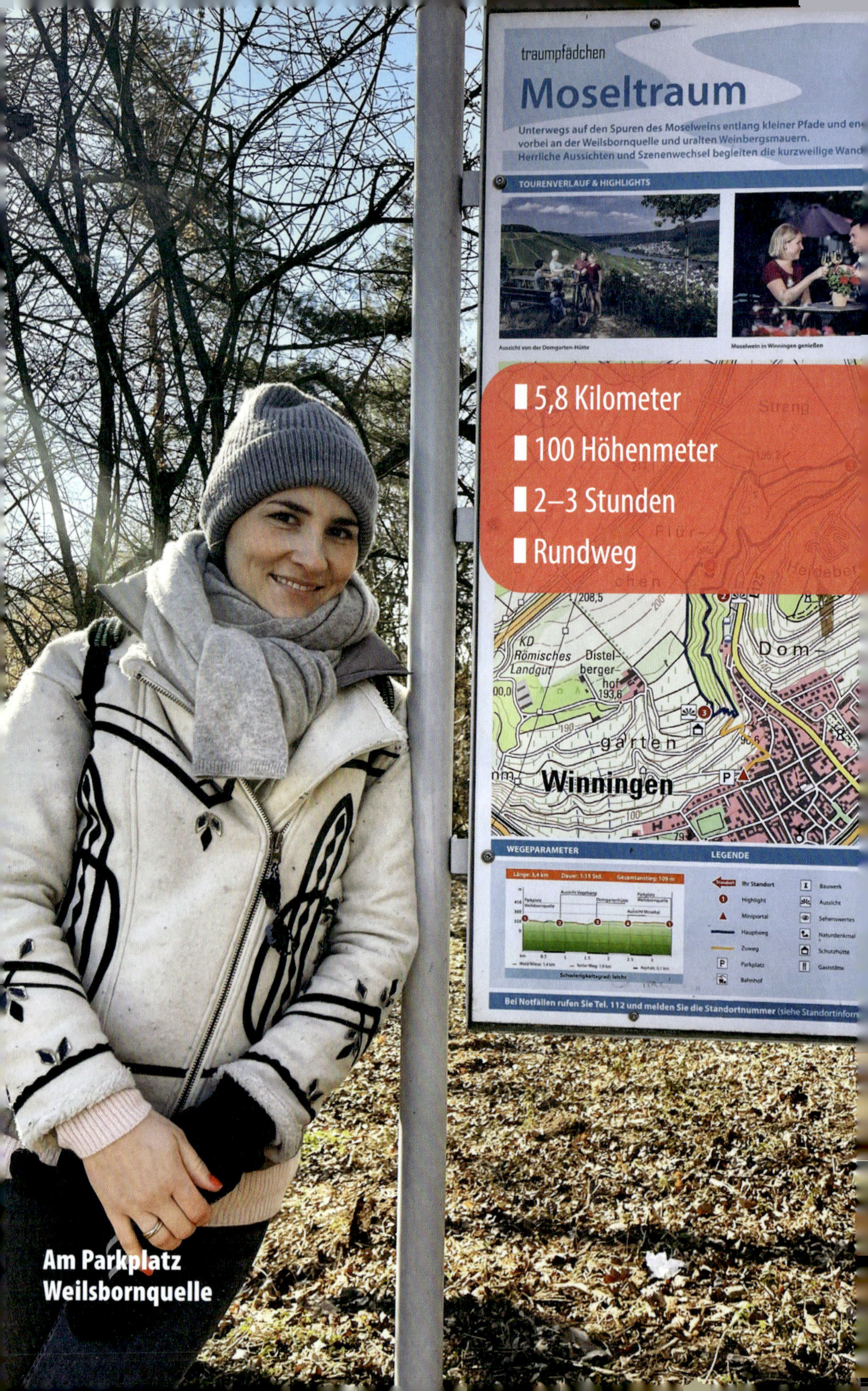

Am Parkplatz
Weilsbornquelle

Moseltraum heißt der hinreißende Wanderweg, der sich hoch über Winningen um den Weinberg schlängelt und immer neue Ausblicke auf die Täler und Berge der Mosel bietet. Er ist der kürzeste unter den Traumpfaden, die der Moseltourismus zum Best-of gekürt hat. Doch verbunden mit Hexenhügel, Sport-

Mit Weitblick

Traumpfade hoch über Winningen

flugplatz, Berggolf und Weinprobe wird daraus schnell ein beglückendes Ganztagsprogramm. Aber immer der Reihe nach.

Die Anreise entscheidet über die Startposition. Wer mit dem Auto kommt, fährt direkt zum **Parkplatz Weilsbornquelle;** Zugfahrer müssen knapp 2 Kilometer Anstieg bewältigen, denn der Bahnhof liegt unten am Flussufer und der Parkplatz ganz oben, unweit des gemütlichen Mosel-Flughafens. Eine Schautafel flankiert den Beginn des Rundgangs, ein willkommener Überblick – appetitanregend wie eine Speisekarte. Hinter dem Schild führt der Weg bergab, der Pfad wird zur Sandstraße, verläuft zwischen Gartenzäunen, Hecken und bemoosten Weinbergmauern. Sträucher wuchern auf den Terrassen; schmale, steile Treppchen führen ins Leere oder ins Dickicht: Wildwuchs statt Weinreben. Wir wandern den Hügel hinauf, durch

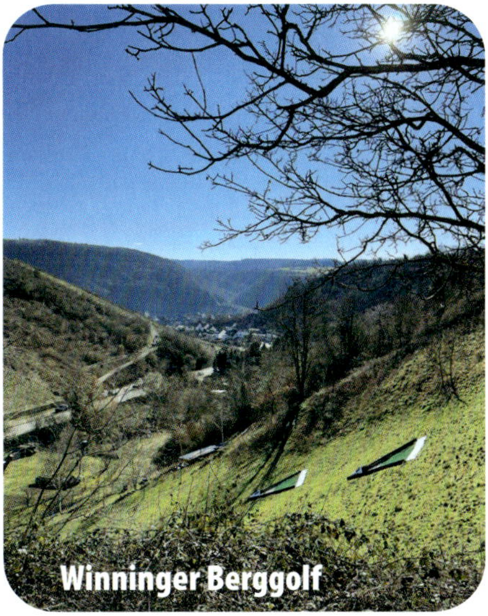
Winninger Berggolf

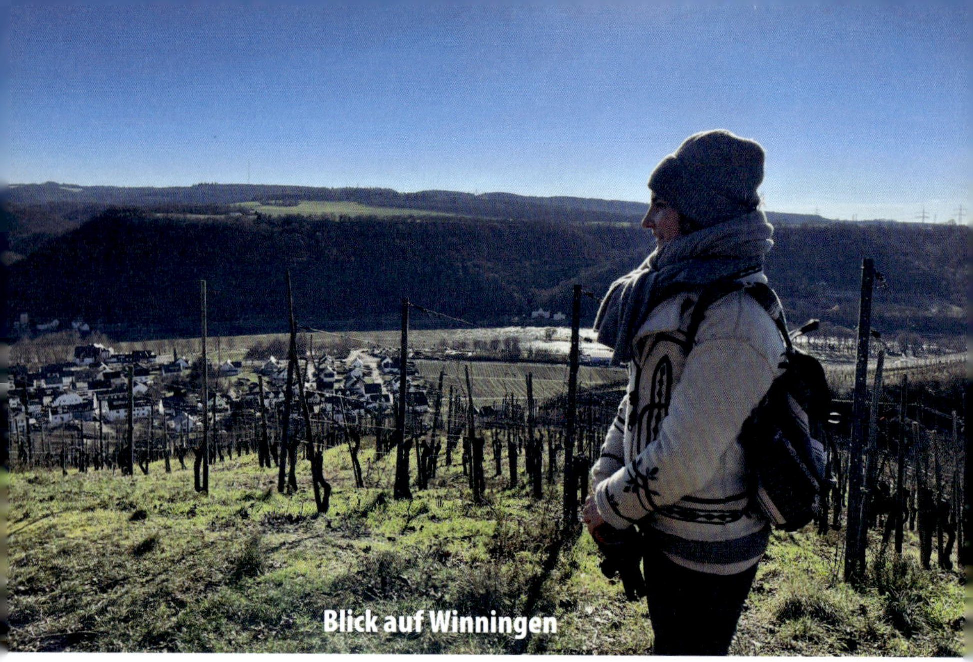

Blick auf Winningen

*Beim **Winninger Berggolf** liegt die Driving Range am Steilhang. An dem ehemaligen Weinberg kann man Abschläge üben und Punkte sammeln. Ein Spaß für alle, die den Golfsport eher spielerisch betreiben.*

*Moseltypische **Pfahlerziehung:** Die langen Triebe werden im frühen Frühjahr gekürzt und gebogen, rund oder herzförmig, damit aus ihnen die neuen Fruchtruten sprießen. Der Rebschnitt steigert den Ertrag und die Qualität der Trauben, da sich die Nährstoffe auf wenige Knospen verteilen.*

ein Waldstück und wieder ins Freie. Links fällt ein Steilhang ab, dunkelgrüne Dreiecke auf hellgrünem Gras: Zieltrichter für Golfbälle. Beim **Winninger Berggolf** ❶ kann jeder Schlag zum Hole-in-One werden; man muss nur treffen. Je höher, desto besser. Die Abschläge liegen im Tal, am Rand der August-Horch-Straße. Eine Herausforderung für Golf-Profis und -Novizen und eine gute Idee für unseren nächsten Besuch im Frühjahr.

Am **Aussichtspunkt Vogelsang** ❷ öffnet sich ein erster Traumblick auf Winningen im Talausschnitt. Eine Bank lädt zum Niedersetzen, die erste von mehreren auf dem nun beginnenden Panoramaweg. Entlang der Bergflanke geht es zum **Aussichtspunkt Winningen** ❸, wo uns das ganze Flusstal zu Füßen liegt. Ein Holzpfeil weist nach oben zur Domgartenhütte; wir steigen durch den verwilderten Weinberg empor bis zur nächsten Terrasse und folgen dem Weg für die Winzerfuhrwerke. Steil und schnurgerade fallen die Reihen der Weinstöcke ins Tal hinab. Bald steigt der Weinbergsweg an, führt auf das Hochplateau und zwischen Weinfeldern und Obstbäumen zurück zur

Domgartenhütte ④ und einer Bank mit herrlicher Aussicht.

Ein steiler Trampelpfad führt hinab ins Tal, doch wir schlagen die Gegenrichtung ein, wandern zwischen Wiesen und Feldern zurück zum Parkplatz. Auf einer Obstwiese flattern Bänder an den Zweigen; ein

Für die Seele

Sich hoch über Winningen frei wie ein Vogel fühlen und die Dinge mit Abstand und Gelassenheit betrachten.

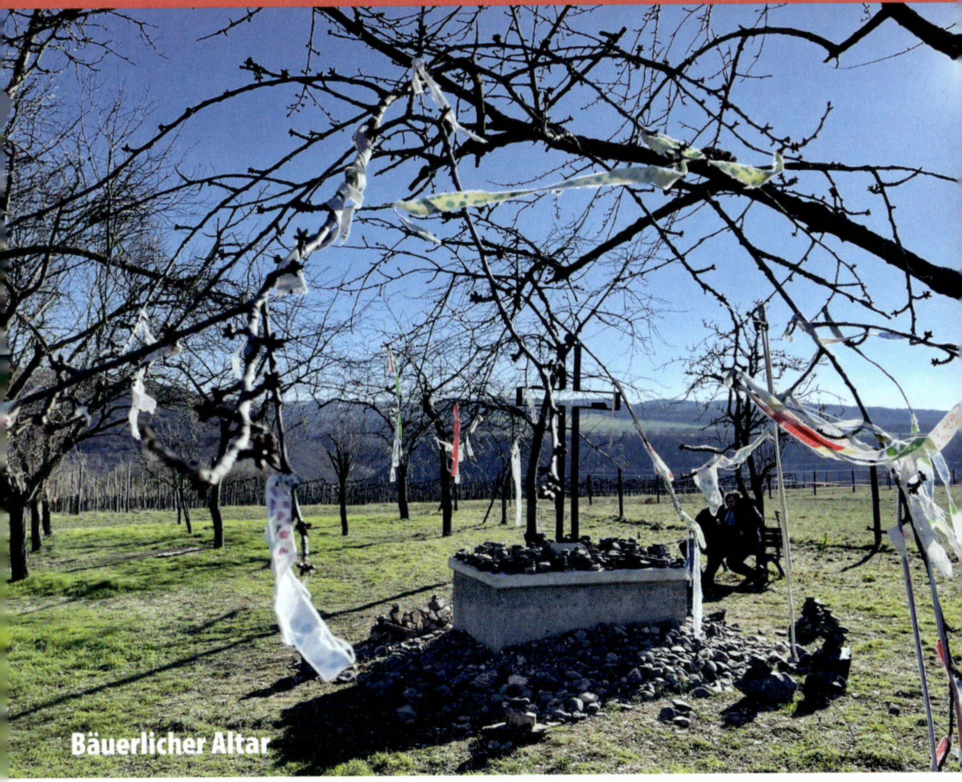

Bäuerlicher Altar

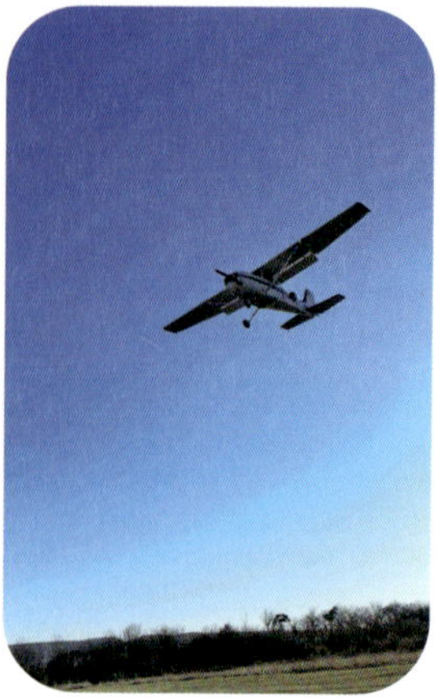

Kreuz ragt in den Himmel auf einer Art **bäuerlichem Altar,** geschmückt mit Feldsteinen und Steinstapeln, Sinnbild für Meditation und inneres Gleichgewicht. Wir lesen die Texttafeln auf dem Altar und sind berührt von diesem privaten Pilgerort und seinem Segensgebet, der schlichten Bitte um Kraft und Hoffnung. Ein letztes Weinfeld begleitet unseren Weg, eine Pferdekoppel, weite Äcker im Winterschlaf, dann stehen wir **oberhalb des Vogelsanger Aussichtspunktes** und sehen abermals Winningen im V-Ausschnitt, der Blick erhöht und ergänzt durch ein Weinfeld im Vordergrund. Noch ein kurzes Wegstück, dann sind wir zurück am **Parkplatz.**

Weiter geht's auf der anderen Seite der Landstraße, doch wir missachten den Hinweis zum Hexenpfad und wandern etwa 300 Meter **auf der Landstraße bergab,** bis auf der linken Seite ein Forstweg (der **Flugplatzweg)** abzweigt. Ihm folgen wir, nun stetig bergauf, bis wir wieder am Saum eines Weinbergs stehen, hoch

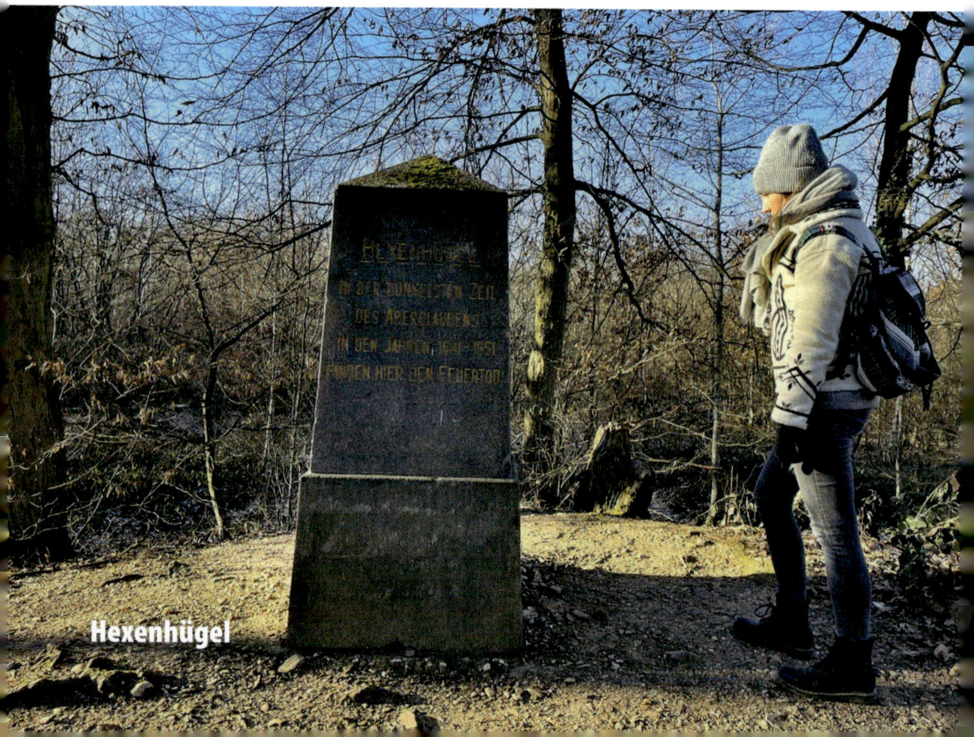

Hexenhügel

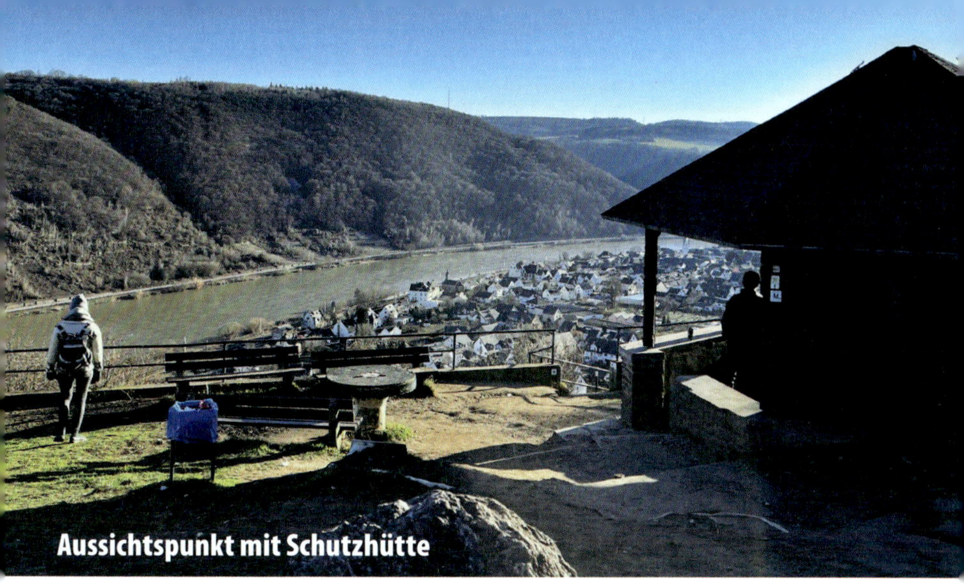

Aussichtspunkt mit Schutzhütte

über dem Moseltal, jetzt auf der linken Seite der Landstraße (L 125), die nach Winningen führt. Zwischen Waldrand und Weinstöcken führt der Weg zum Flugplatz. Das Brummen der Sportflugzeuge ist näher gerückt und mischt sich mit dem Rauschen des Windes. Immer wieder senkt sich ein Riesenvogel herab und verschwindet hinter den Baumwipfeln. Auf halbem Wege zweigt ein schmaler Pfad ab und führt uns in das Waldstück – und mit wenigen Schritten zum **Hexenhügel ⑤,** wo im 17. Jh. der Scheiterhaufen brannte. Ein bemooster Gedenkstein erinnert an die Opfer. „In der dunkelsten Zeit des Aberglaubens in den Jahren 1641 bis 1651 fanden (sie) hier den Feuertod", liest man mit Schaudern.

Nach 400 Metern stehen wir an einem weiteren **Aussichtspunkt mit Schutzhütte ⑥** und grandiosem Panorama, nur wenige Schritte vom **Flugplatz ⑦** entfernt. Hinter uns schweben die Sportvögel ein, zum Greifen nah. Die Faszination des Fliegens. Wie schön muss es sein, das Moseltal aus der Luft zu bewundern! Am Flughafenzaun entlang laufen wir zum Parkplatz, werfen mit anderen Neugierigen einen Blick auf die Start- und Landebahn, wo ein winziges Propellerflugzeug auf die Erlaubnis wartet abzuheben. Wir dagegen sind froh, mit festen Beinen auf der Erde zu stehen –

!

*Wer gerne mal als (Co-) Pilot den Steuerknüppel in die Hand nehmen würde, der kann es in Winningen ausprobieren. Rundflug, Kunstflug oder Schulungsflug – am **Flughafen Koblenz-Winningen** kommen Mutige ganz hoch hinaus!*

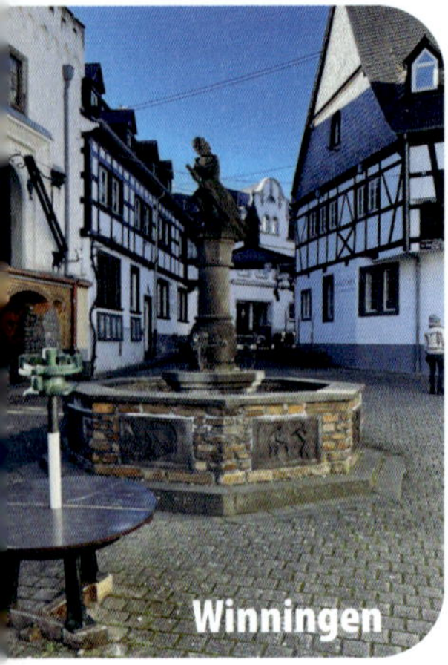

viel schöner kann der Blick von dort oben gar nicht sein als von diesem Platz auf dem Hochplateau.

Nun geht es ins Tal. In der August-Horch-Straße 24 (der Autopionier wurde in Winningen geboren) halten wir am **Weingut Knebel 8.** Eine der Spitzenadressen für Moselrieslinge, die wir jetzt verkosten wollen. Wo, wenn nicht hier!? Zum Dessert erwartet uns die Fachwerkromantik im Ortskern von Winningen, und ein Tisch in der **Gutsschänke Schaaf 9.** Die Gassen und Plätze leuchten im Winterlicht friedvoll und still. Wir bewundern am Weinhof die malerischen Fassaden, das Glockentürmchen und den Wein- oder Hexenbrunnen, lebhafter Mittelpunkt des jährlichen Weinfestes.

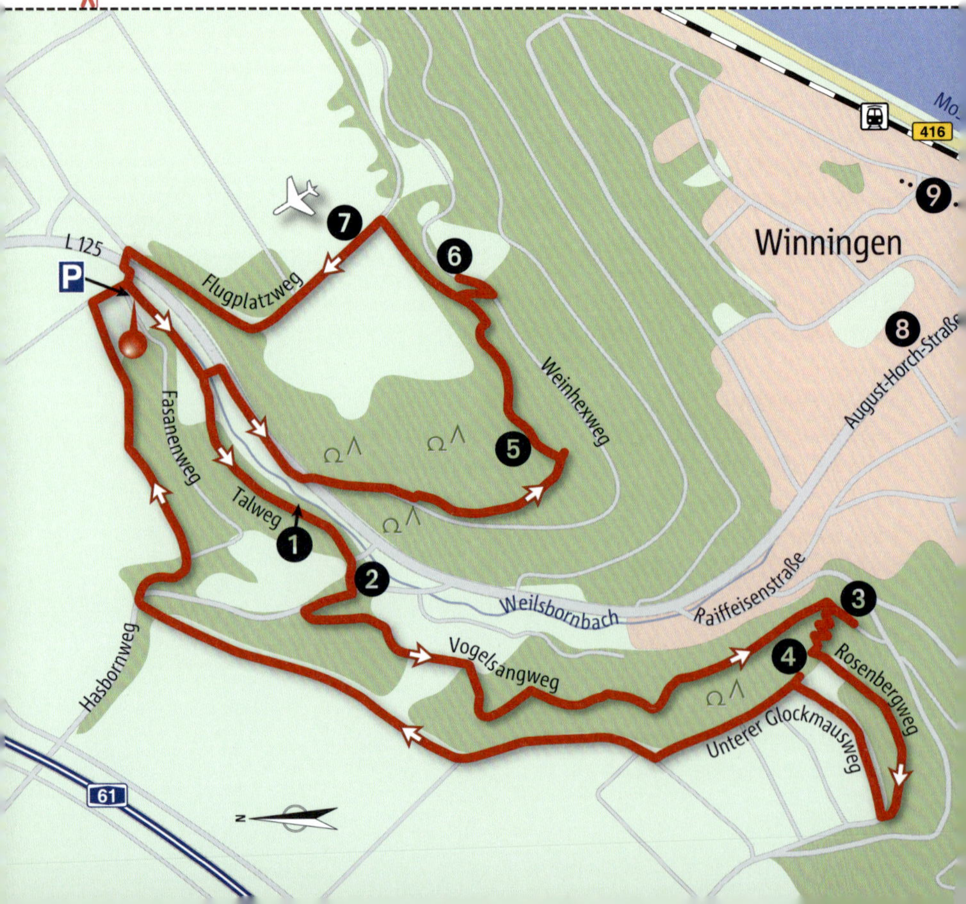

Alles auf einen Blick

WIE & WANN:
Teils asphaltierte Wald-, Feld- und Weinbergswege, dazwischen ein Stück Landstraße; beste Wanderzeit: ganzjährig

HIN & WEG:
Auto: Parkplatz Weilsbornquelle an der L125 in 56333 Winningen (GPS: 50.32487, 7.52009)

Entspannung ✱✱✱✱✱
Genuss ✱✱✱✱✱
Romantik ✱✱✱✱✱

ÖPNV: Mit dem Zug zum Bahnhof Winningen, ab dort 2 Kilometer Fußweg, teilweise entlang der Landstraße

ESSEN & ENTSPANNEN:
Weingut Knebel ❽ August-Horch-Straße 24, 56333 Winningen, Tel. (0 26 06) 26 31
Gutsschänke Schaaf ❾ Fährstraße 6, 56333 Winningen, Tel. (0 26 06) 5 97

ENTDECKEN & ERLEBEN:
Winninger Berggolf ❶
Aussichtspunkt Vogelsang ❷
Aussichtspunkt Winningen ❸
Domgartenhütte ❹
Hexenhügel ❺
Aussichtspunkt mit Schutzhütte ❻
Flugplatz Koblenz-Winningen ❼ 56333 Winningen, Tel. (0 26 06) 8 66, www.rhein-mosel-flug.de

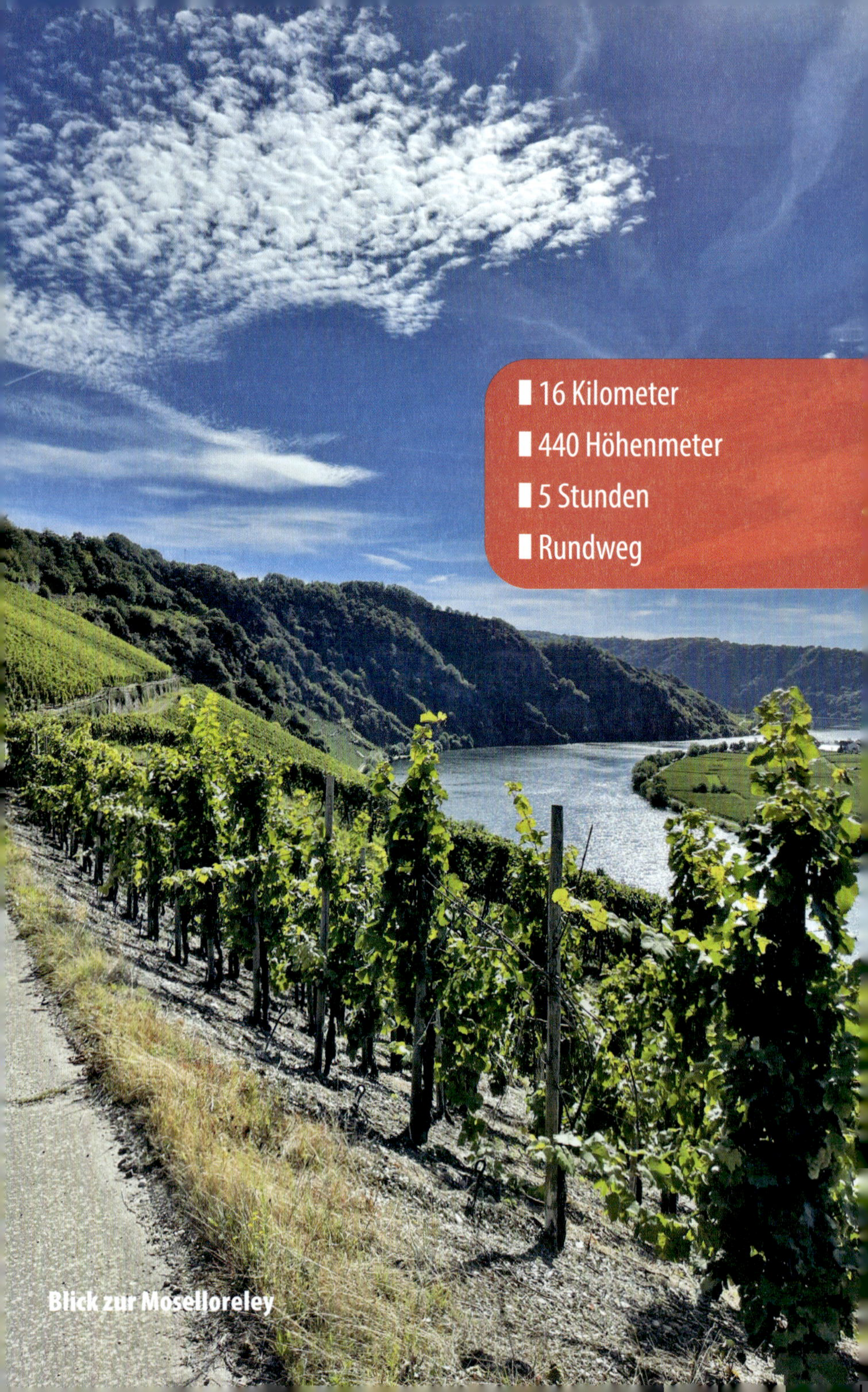

Blick zur Mosselloreley

Unter allen malerischen Moseldörfern ist Piesport das mit der längsten Geschichte, der filmreifsten Lage und der größten Weinanbaufläche. Der größere und neuere Ortsteil Niederemmel breitet sich innerhalb des Flussbogens aus, der alte Dorfkern kauert am anderen Moselufer unter den Steilhängen. „Piesporter Goldtröpfchen“ steht weithin sichtbar auf dem himmelhohen Weinberg, eine traditionsreiche und weltberühmte Lage, die schon Ian Fleming inspirierte: James Bond verkostet den Moselriesling in „Goldfinger“.

Wirklich sagenhaft!

Die Moselloreley bei Piesport

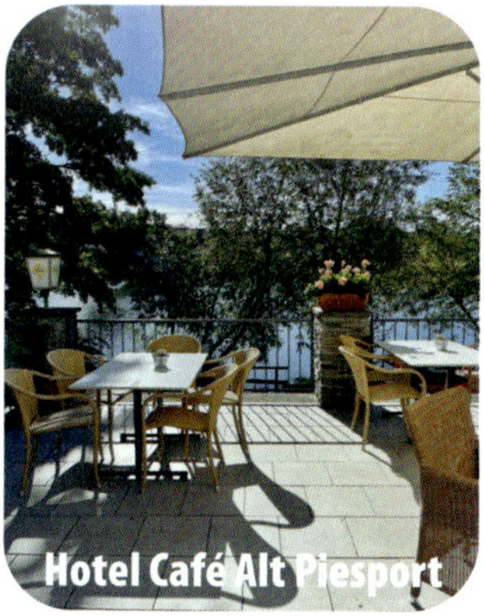
Hotel Café Alt Piesport

Startpunkt unserer Wanderung ist Alt-Piesport. Kleine Stärkung zum Auftakt: Frühstück oder Flammkuchen? Auf der Terrasse des **Hotel Café Alt Piesport** ❶ hat man Brücke, Kirchplatz und Fluss im Blick und höchstens ein Problem: sich wieder loszureißen. Immerhin warten 16 Kilometer Rundweg und 440 Höhenmeter mit wiederholtem Auf und Ab auf uns. Bevor es in die Weinberge geht, noch ein bewundernder Blick zum „Piesporter Himmel“, dem Deckengewölbe der alten **Sankt Michaelkirche** ❷, das 1778 vom Trierer Künstler Johann Peter Weber ausgemalt wurde. Ein bezauberndes und beflügelndes Kunstwerk!

*Das prachtvolle Deckengewölbe der **Rokokokirche Sankt Michael** zeigt Mariä Himmelfahrt, den Kampf des Erzengels Michael mit dem Satan und eine Predigt des heiligen Franz Xaver.*

Physisch und psychisch gestärkt durchqueren wir das kleine Moseldorf auf der St. Michaelstraße, die

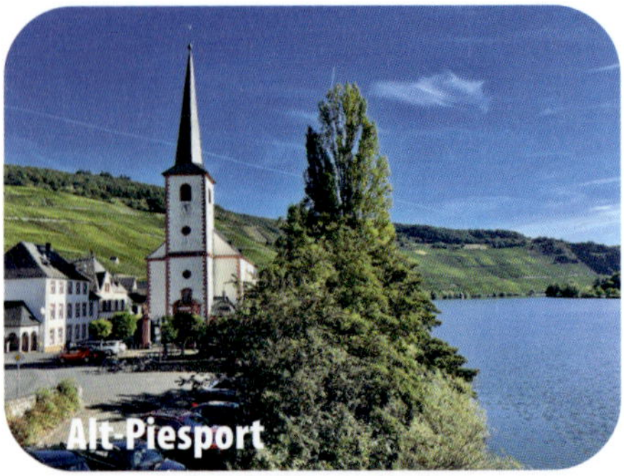

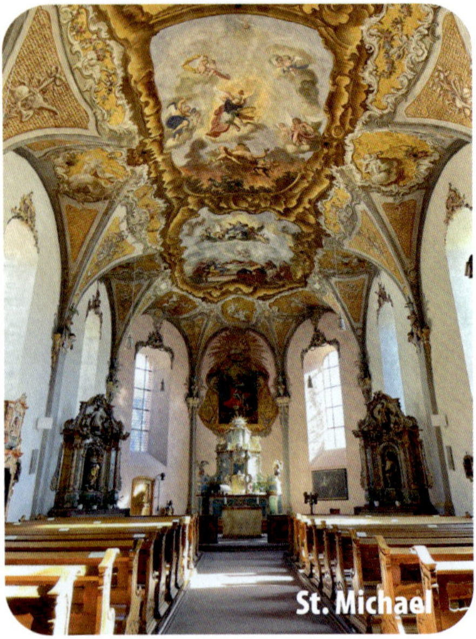

neben der Kirche beginnt und schnurgerade in die Weinberge führt. Proper und anheimelnd wirken die blumengeschmückten Fassaden am „Haus der Weinkönigin“ und am Weingut Joh. Haart, dessen (Wein-)Manufaktur wir gerade passiert haben. Ab jetzt verläuft die Teerstraße zwischen üppigen Weinstöcken, schwer von Trauben im späten Sommer. Hinter einem Rosenstock eine versteckte Bank in Ultramarin, dahinter, an einer Weinbergmauer, ein tönernes, schon verwittertes Heiligenbild: Jesus mit dem Kreuz auf der Schulter. Man ahnt die Bedeutung des Glaubens in dieser naturverbundenen Region. Weiter geradeaus den Hang hinauf. An einer Gabelung halten wir inne, um eine Info-Tafel zu studieren. Sie verweist auf eine **römische Kelteranlage** aus dem 2. Jh., die 1992 im Zuge der Flurbereinigung entdeckt wurde. Der Abzweig führt hinunter zur Mosel, vorbei an einem verwunschen wirkenden, mit rotem Wein überwucherten Gebäude. Dahinter ragt der Rest einer Brücke wie ein Sprungbrett über den Fluss.

Unser Weg führt zur Moselloreley, einem steilen Felsmassiv, das vor uns im mittäglichen Halbschatten liegt, dunkel, mystisch und lockend wie die rheinische Namensgeberin. Dort wollen wir hin, also folgen wir der ansteigenden Weinbergstraße und halten Kurs, als auf der linken Seite ein Abzweig zurück in die Hänge über Piesport führt. Immer wieder bleiben wir stehen, um die Schönheit des Flussbogens und seiner Bergkulisse in uns aufzunehmen, machen gefühlt 100 Fotos, denn nach jedem Wegstück scheint

*Abgesägt: Nur zwei Brückenköpfe erinnern an die **Müsterter Brücke.** Nachdem sie zweimal von Schiffen gerammt wurde, entschieden sich die Bürger für den Abriss und gegen die Kosten einer Renovierung.*

der Blick noch schöner, höher, weiter, die Mosel noch blauer und der Weinberg noch grüner. In mehreren Windungen erreichen wir die Höhe und die **Panoramastraße –** eine Traumstraße für Autofahrer mit grandiosem Aussichts-Parkplatz oberhalb von Piesport. Wir folgen der Landstraße ein Stück bergab um die Kurve,

Für die Seele

Von Alt-Piesport zur Moselloreley aufsteigen und in jeder Himmelsrichtung ein neues Flusstal entdecken.

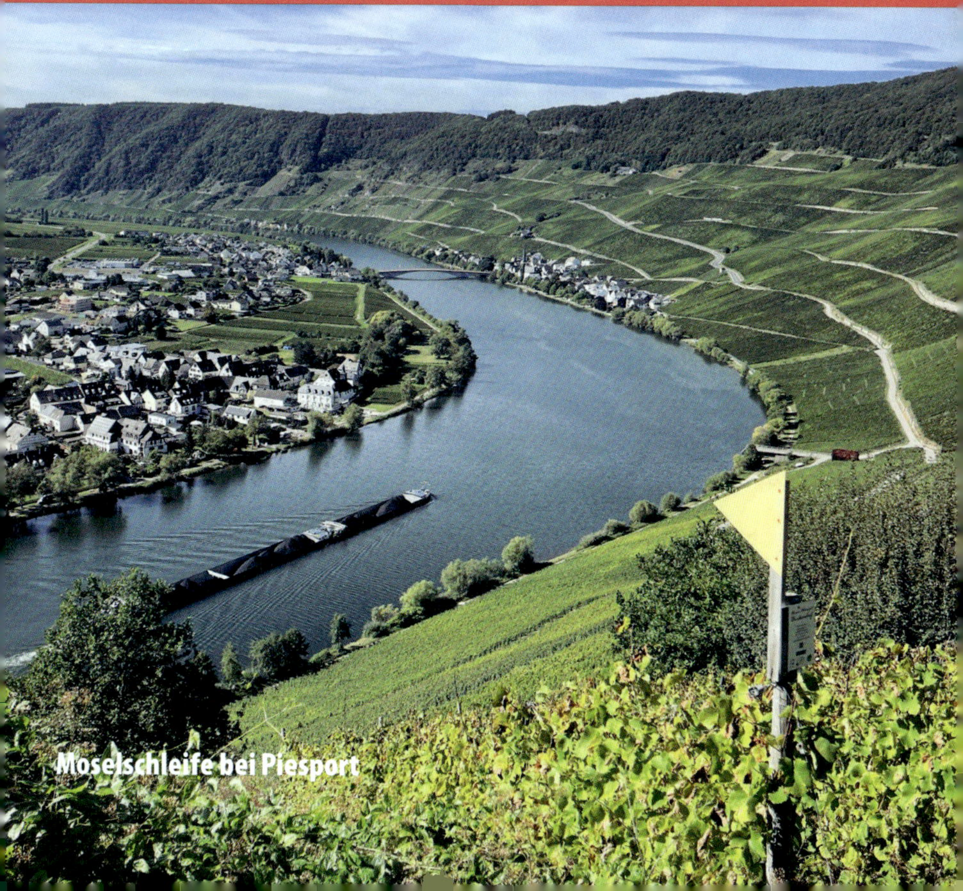

Moselschleife bei Piesport

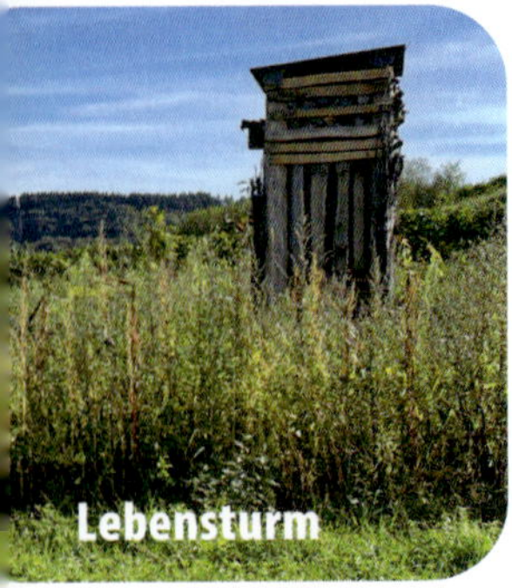

Lebensturm

100 **Lebenstürme** sind in der Weinbauregion Mosel entstanden, seit sich die Initiative „Faszination Mosel" den Erhalt der moseltypischen Artenvielfalt in Flora und Fauna auf die Fahnen geschrieben hat.

bis ein Weinbergweg kreuzt; dort gehen wir rechts und entdecken am Wegrand ein Plakat des Minheimer Winzers Kreuz-Bauer, das für Biodiversität und Quessant-Schafe im Weinberg wirbt. Daneben ein hölzerner **„Lebensturm"**, der Wildbienen, Käfern, Eidechsen und vielen anderen wertvollen Kleinstlebewesen Unterschlupf bietet.

Der asphaltierte Weg mutiert zum Grasweg und führt uns von Buschwerk begleitet auf den Kopf der Loreley. **„Römersteig Minheim"** verkündet ein Wegweiser an der letzten Biegung. Dann sind wir ganz oben und dort, mitten im dichten Buschwerk, öffnet sich ein unerwartetes, doch ersehntes Aussichtsfenster: nur ein Loch in den Zweigen, groß genug, um hineinzuschlüpfen und einen ersten Blick in die Tiefe zu werfen. Ganz langsam und vorsichtig, denn senkrecht stürzt der Fels ins Moseltal herab. Der offizielle Ausguck ist noch ein ganzes Stück entfernt. Zwischen Büschen und Weinreben geht es auf dem Kamm entlang,

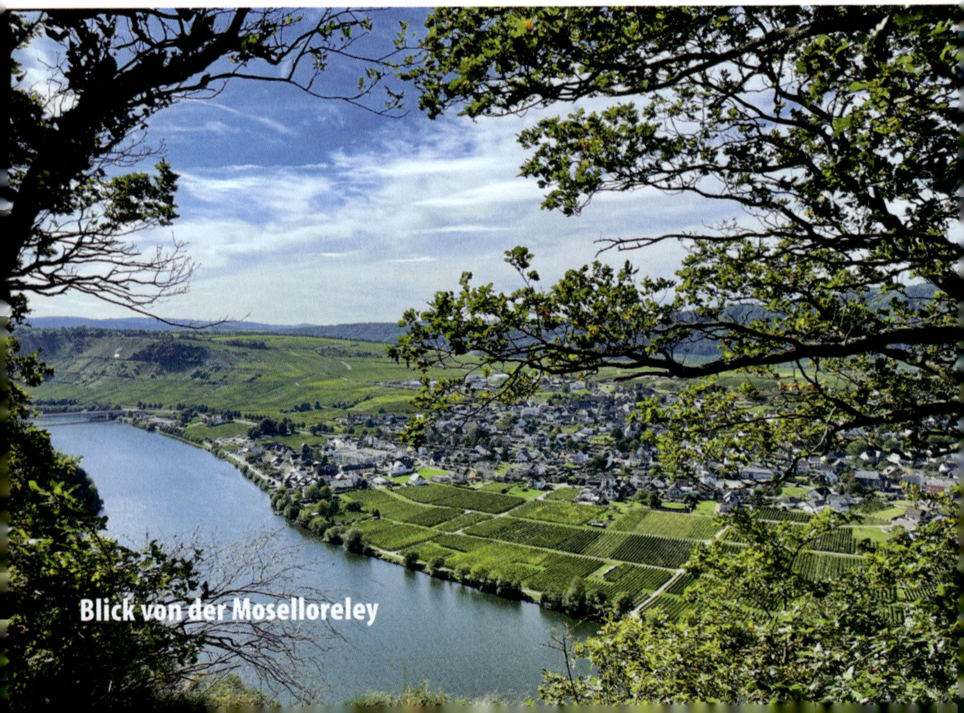

Blick von der Moselloreley

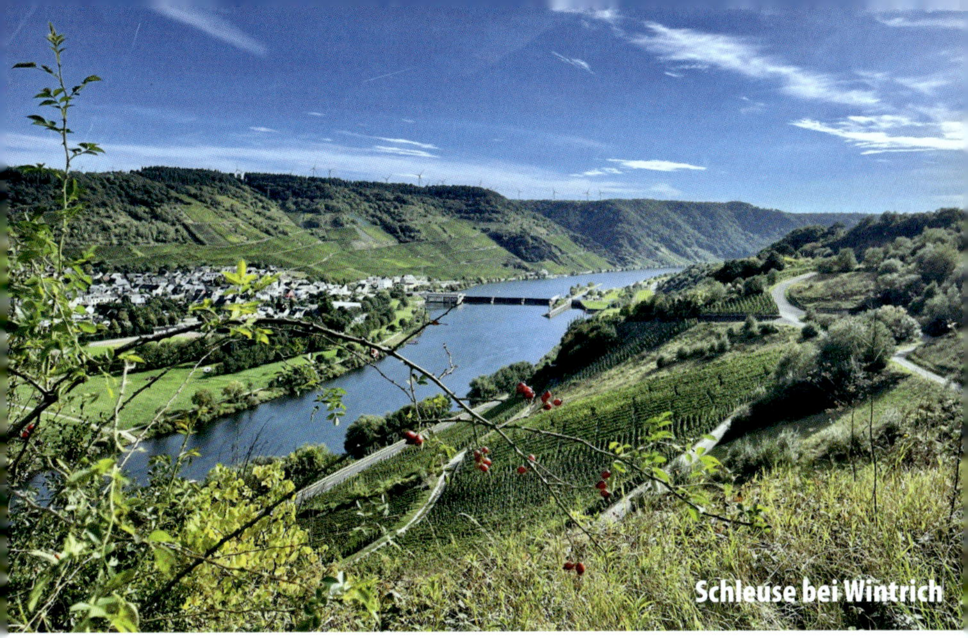

vorbei an einem **Funkmast** und immer geradeaus, bis zum **Aussichtspunkt Moselloreley ❸**, wo über einem Picknicktisch die blaue Europaflagge weht – unsere erste Zielfahne an diesem sonnigen Spätsommertag. Minheim und Niederemmel liegen uns zu Füßen, aber es gibt noch mehr Moseldörfer, die auf der anderen Seite der Panoramastraße auf uns warten. Wir gehen den gleichen Weg zurück, jetzt am Sendemast rechts und dann wieder links, quasi die anderen Seiten eines Carrées, das sich an der Landstraße schließt, wo unser Abstecher zur Loreley begann. Rechts fällt der Blick in das weite, von Dörfern gesprenkelte Flusstal. Eine Schautafel verweist auf eine frühere römische Befestigung auf dem gegenüberliegenden Hügel: Burglay ist der Weinberg auf dem Foto beschriftet. Dass die Moselhöhen von den Römern für Signalstationen genutzt wurden, ist nicht überraschend – bei diesem Weitblick! Ein ratterndes Gefährt kommt uns entgegen und entpuppt sich beim Hinterherschauen als fahrende Weinprobe mit 25 km/h und sieben gutgelaunten Fahrgästen.

Jetzt überqueren wir die Landstraße und nähern uns wieder der Mosel, nämlich dem Teil, der sich hin-

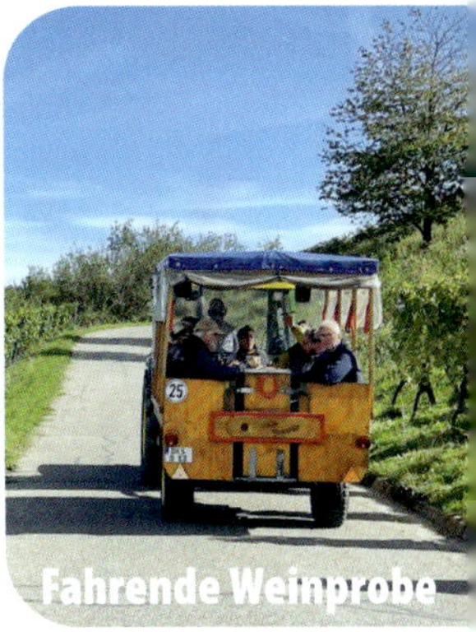

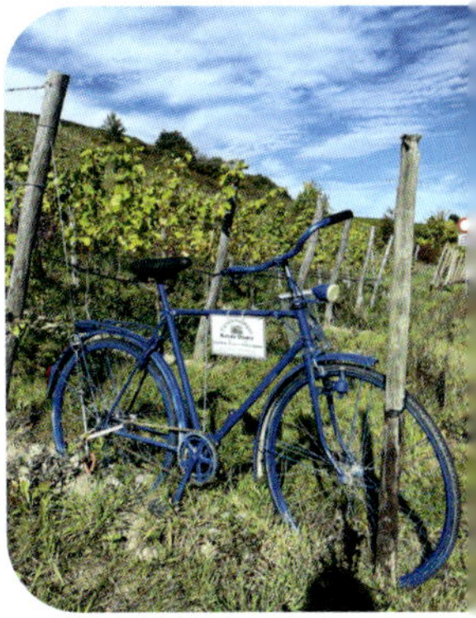

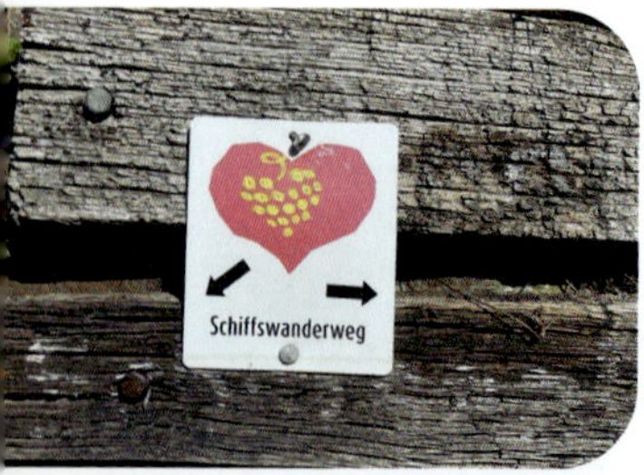

ter den Weinbergen von Piesport verbirgt. Zwischen den Rebstöcken lehnt an einem Holzpfahl ein **kobaltblaues Fahrzeug** und wirbt um Feriengäste und Nachhaltigkeit. „Ecovin" bestätigt ein Logo ganz in der Nähe: der Winzer Kreuz-Bauer ist Mitglied im Bundesverband ökologischer Weinbauern. Nun verzweigt sich der Wanderweg: die asphaltierte Straße führt zu Tal, unsere Route geradeaus – ein Feldweg mit zwei sandigen Furchen. Neben uns fällt der Berg steil zur Mosel ab, überwuchert mit Sträuchern und niedrigen Büschen, die zum Glück nicht den Blick auf die herrliche Landschaft verstellen. Die Weinfelder sind jetzt ganz unten im Tal, hier oben ist Wildnis. Nur hin und wieder säumt ein Weinberg den Wanderweg, und nicht jeder scheint noch im Saft zu stehen. Wieder eine Gabelung: hinter einer Holzbank führt links ein Weg in den Wald, doch wir bleiben auf dem **„Schiffswanderweg"**, der – 1988 eröffnet und mit Herz und Traube gekennzeichnet – über dem Tal entlangführt, nun geteert, zum noch bequemeren Gehen.

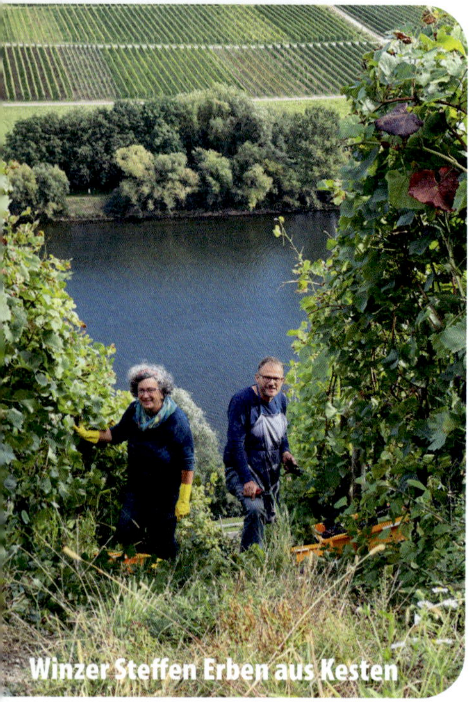
Winzer Steffen Erben aus Kesten

Zwei moseltypische „Sehenswürdigkeiten" werden dem interessierten Spaziergänger quasi im Vorübergehen vorgestellt: die Schiefer-Trocken-Mauer und der Schiefer-Fels. Jeder Hinweis verführt zum genaueren Hinsehen, ein Gewinn! Noch eine Bank an einer Wegkreuzung, die auch ein großer Baum markiert. Wir folgen dem Hang, gehen weiter geradeaus, bis auf der rechten Seite Weinstöcke auftauchen, dazwischen gebückte Menschen – die Weinlese ist in vollem Gange, eine halsbrecherische Arbeit in diesem Steilhang. Der

*In Piesport gibt es gleich zwei **Kelteranlagen** aus der Römerzeit. Beim jährlichen Kelterfest Anfang Oktober werden die Trauben wie damals mit Füßen gepresst.*

Name des Winzers steht wie immer an einem der Rebenpflöcke: Steffen Erben aus Kesten. Den Riesling müssen wir mal probieren!

Hinter dem Weinberg biegt die Straße in den Wald. Drei Wegmarkierungen winken uns zu, darunter zwei rote Herzen, eines für den Schiffswanderweg. Auf der rechten Seite führt parallel zur Forststraße ein Pfad in den Wald, so schmal und unscheinbar, dass man ihn kaum als Wanderweg erkennt, aber wir folgen ihm, denn er führt uns nach kurzem Spaziergang zum **Römischen Sauerbrunnen 4** im Dreisbachtal. Ein gemauertes Becken, in dem rostbraunes Wasser quillt und gurgelt. Kein einladender Anblick, doch was giftig wirkt, soll ausgesprochen gesund sein. Schon die Römer schwörten auf die verdauungsfördernde, den Kreislauf anregende Wirkung des kohlensäurehaltigen Wassers.

__Sauerbrunnen__ sind typisch für erzreiche Böden. Wer sich traut, einen Finger in die blubbernde rote Brühe zu tauchen, schmeckt den hohen Eisengehalt sofort. Von der Römerzeit bis ins 19. Jh. wurden in der Vulkaneifel Eisen, Kupfer, Blei und Silber abgebaut.

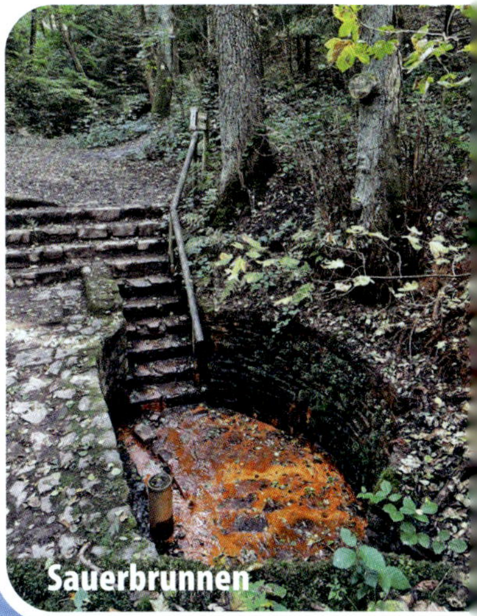
Sauerbrunnen

Hinter der Quelle öffnet sich der Wald zu einer weiten Lichtung, auf der ein großes, mit Holzgeländern unterteiltes **Becken zum Wassertreten 5** einlädt. Sebastian Kneipp lässt grüßen. An heißen Sommertagen kommen die Kestener hier herauf, um sich die Füße (und mehr) zu kühlen.

Hinter der Lichtung beginnt der anstrengende, 2 Kilometer lange Aufstieg durch den Wald zur **Minheimer Schutzhütte 6**, eine lange Gerade, dann mehrere Biegungen, bis wir die Höhe und am Ende einer weiten Wiese die Schutzhütte erreichen, eine kleine Kapelle mit gemauerten Sitzbänken und winzigem Altar. Von hier aus geht es nur noch bergab. Unser Wander-

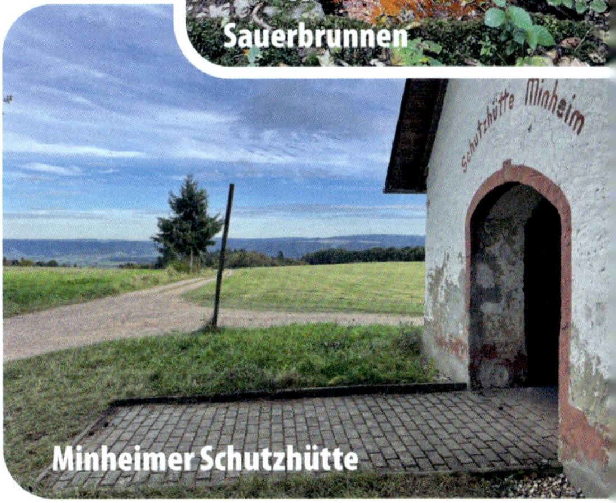

Minheimer Schutzhütte

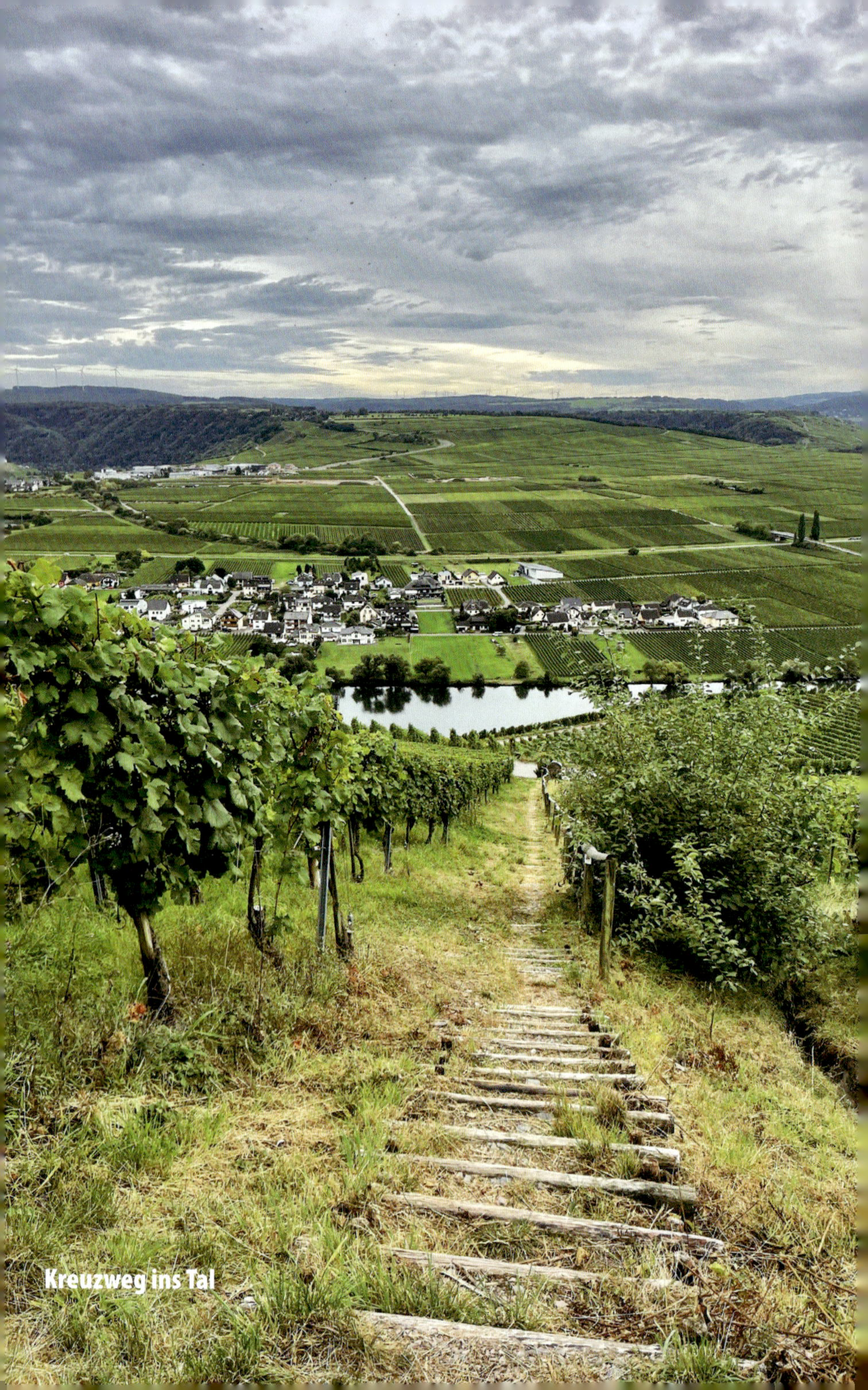

Kreuzweg ins Tal

weg führt links der Kapelle am Waldrand zu Tal, ein breiter Forstweg, begleitet von Wiesen, Wäldern und Weiden mit herrlicher Fernsicht. An einem Baumstamm leuchtet das „M" des Moselhöhenwegs, darunter zwei rote Herzen: „Piesporter Berg" und „Wein-Wallfahrtsweg" – passend zum **Piesporter Heiligenhaus 7,** das direkt dahinter am Wegrand steht. Auch eine offene Kapelle, hier mit Walmdach statt Spitzdach. Wir überqueren die Landstraße und nehmen den Waldweg, der parallel zur Fahrstraße ins Tal führt. Es dauert nicht lange, bis wir die dritte Kapelle erreichen: die **Spoarkapelle 8,** auch Pestkapelle genannt.

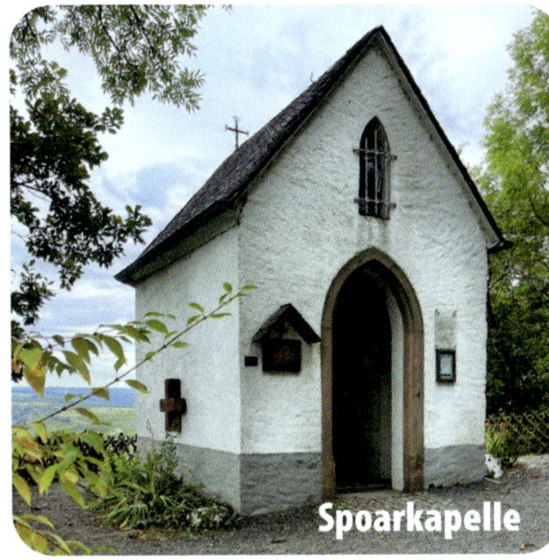

Spoarkapelle

Neben der Eingangstür entdecken wir ein modernes Bronze-Relief, das den auferstandenen Jesus zeigt – die letzte und 15. Station des **Kreuzwegs 9,** der von Piesport hier heraufführt. Für uns ein hilfreicher und stimmungsvoller Leitfaden auf dem Weg ins Tal (Teil des „Moselsteig"). Die letzten Kreuzweg-Stationen sind in bemooste Schieferwände eingelassen, die anderen stecken in gemauerten Bildstöcken. Vor der 10. Kreuzwegstation steht eine Holzbank, vor der eine steile Treppe durch den Weinberg schnurgerade nach unten führt. Doch bevor wir hinabsteigen, gehen wir links der Bank am Weinberg entlang und landen beim **Hotel Moselpanorama 10,** das seinem Namen alle Ehre macht. Auf der Terrasse liegt uns die Piesporter Moselschleife zu Füßen. Zum berauschenden Bergpanorama gibt's Federweißer mit Zwiebelkuchen. Danach geht es über zahlreiche Stufen und Absätze hinab: Gras-Treppe, Weinbergweg, Gras-Treppe, Weinbergweg, Gras-Treppe – der

*Die **Spoarkapelle** erinnert an die 1506–1508 in Piesport wütende Lungenpest, die 82 Opfer forderte, fünf Sechstel der Dorfbewohner! Um die Seuche einzudämmen, wurde das Dorf abgeriegelt. Wer den Bürgern Essen brachte, musste es an der Sperre (Spoar) abstellen.*

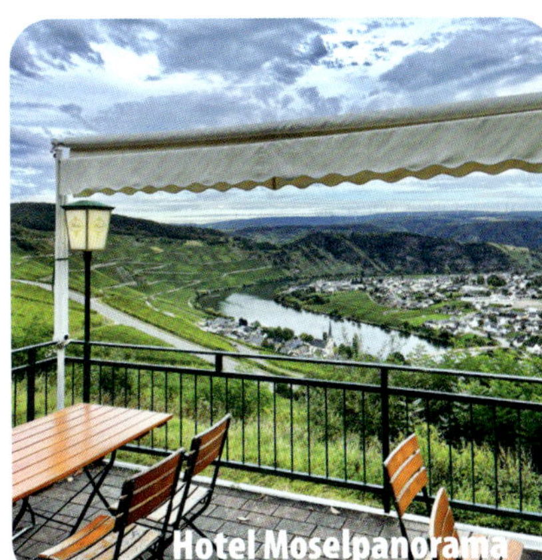

Hotel Moselpanorama

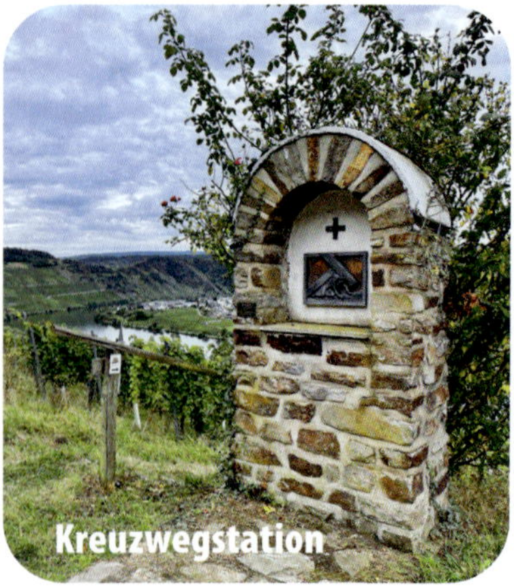

dritte Einstieg zum Abstieg liegt hinter der 7. Kreuzwegstation („gefallen"), ein „Zuweg zum Moselsteig". Am Fuß des Weinbergs geht es noch einmal links, bis nach kurzem Wegstück eine gemauerte Treppe neben einer Abfangmauer ins Dorf führt. Wer jetzt seine Knie spürt, hat ein Eisengeländer zum Festhalten. Am Zuckerberg entlang erreichen wir den Kirchplatz, wo im **Hotel Piesporter Goldtröpfchen** ⓫ der prominenteste Wein auf die Verkostung wartet.

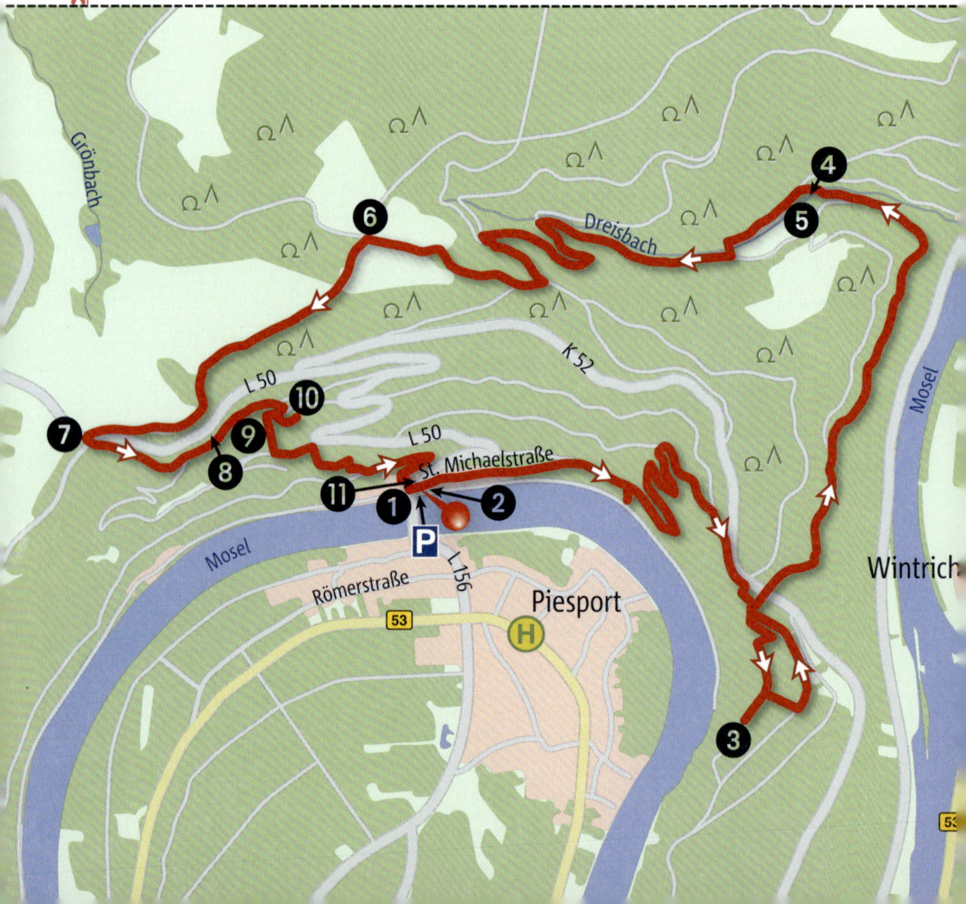

Alles auf einen Blick

WIE & WANN:
Asphaltierte Weinbergwege, Feld- und Waldwege, steiler Anstieg im Wald und langer, steiler Abstieg durch Waldwege und Weinbergtreppen;
beste Wanderzeit: Mai bis Oktober

Entspannung ★★★★☆
Genuss ★★★☆☆
Romantik ★★★★★

HIN & WEG:
Auto: Parkplatz am Moselufer vor der Kirche St. Michael, Am Domhof, 54498 Piesport (GPS: 49.88612, 6.91660)
ÖPNV: Bus 330 ab Bernkastel-Kues oder Bus 333 ab Trier bis Haltestelle Tourist-Info, Piesport

ESSEN & ENTSPANNEN:
Hotel Café Alt Piesport ❶ Ausoniusufer 1, 54498 Piesport, Tel. (0 65 07) 65 06, www.hotel-alt-piesport.de
Restaurant mit Panoramaterrasse im Hotel Moselpanorama ❿ Am Berg 1, 54498 Piesport, Tel. (0 65 07) 51 30
Weingutshotel Piesporter Goldtröpfchen ⓫ Am Domhof 5, 54498 Piesport, Tel. (0 65 07) 24 42, www.weingut-hain.de

ENTDECKEN & ERLEBEN:
Sankt Michaelkirche ❷ **Piesporter Moselloreley** ❸
Römischer Sauerbrunnen ❹ **Wassertretbecken** ❺
Minheimer Schutzhütte ❻ **Piesporter Heiligenhaus** ❼
Spoarkapelle ❽ **Kreuzweg** ❾

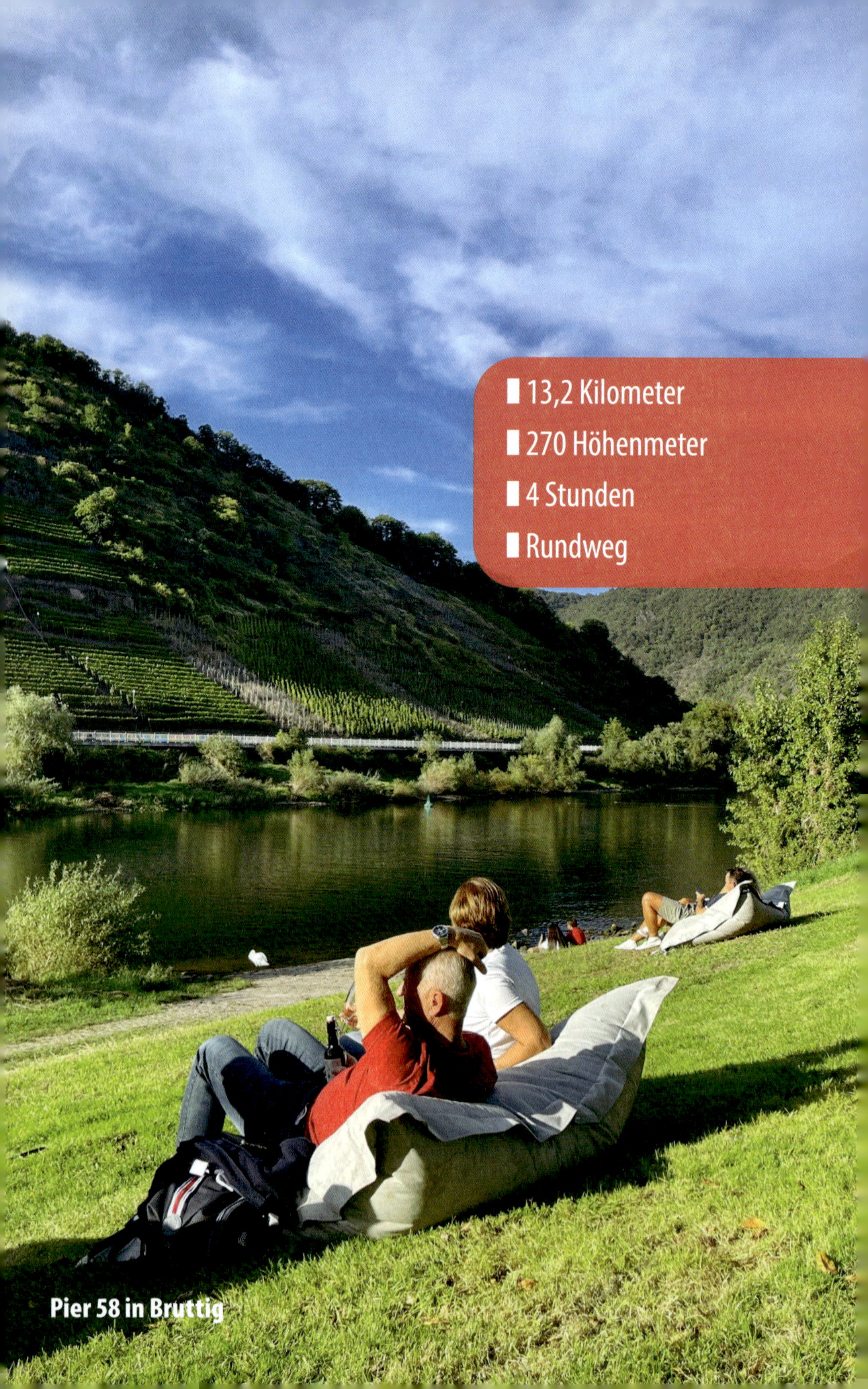

Pier 58 in Bruttig

Zwei miteinander verbundene Moselschleifen und vier hübsche Moseldörfer sind die Zutaten des Erlebniswegs „Moselkrampen“: Ernst, Bruttig-Fankel, Beilstein und Ellenz-Poltersdorf liegen im Umkreis von wenigen Kilometern auf beide Moselufer verteilt; mit Brücke und Fähre wird ein charmanter Rundkurs da-

Die Moselkrampen

Von Beilstein nach Bruttig

raus. Das schönste und bekannteste Dorf im Quartett – und eines der reizvollsten im ganzen Moseltal – ist Beilstein, auch „Dornröschen der Mosel“ genannt. Dabei sind die schmalen Fachwerkgassen und der pittoreske Marktplatz alles andere als verschlafen. Die Schöne wird täglich hundertmal wachgeküsst.

Start und Ziel unserer Rundtour ist **Bruttig,** denn uns lockt als entspannter Ausklang am Ende des Erlebniswegs ein „Sundowner“ am hiesigen Moselufer. Das **Alte Rathaus** ❶ steht gleich daneben, einer von mehreren möglichen Ausgangspunkten; hier gibt es Parkplätze und schräg gegenüber einen Anleger für Ausflugsschiffe, die im Sommerhalbjahr die Bahn ersetzen. Am Rathausbrunnen studieren wir die Infotafel zum Rundweg „Moselkrampen“. Wenn wir auf den Abstecher nach Ernst verzichten, dauert die Wanderung nach Beilstein nur gut eine Stunde. Man überquert ein Stück moselabwärts die **Brücke in Bruttig,** wandert über Waldwege und Dorfstraßen **Richtung Ellenz** und am Rande der Moselweinstraße zum **Fähranleger in Ellenz** ❷. Gedacht, getan. Die Überfahrt ist ein erstes Highlight. Alle 5 bis 10 Minuten legt die Fähre

*Wer die Rundwanderung abkürzen und es noch bequemer angehen will, besteigt in Bruttig das **Ausflugsschiff** und legt 15 Minuten später in Beilstein an.*

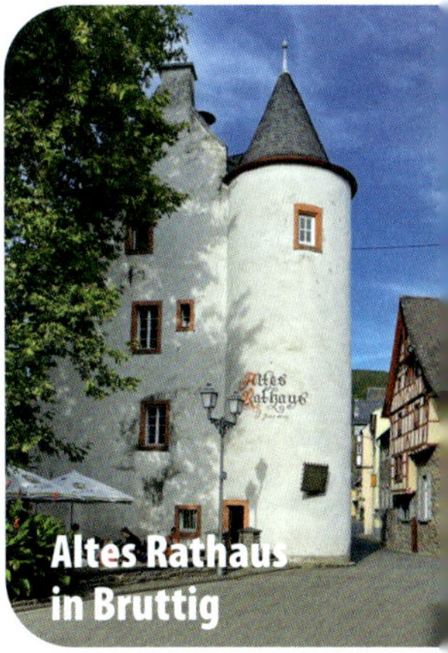

Altes Rathaus in Bruttig

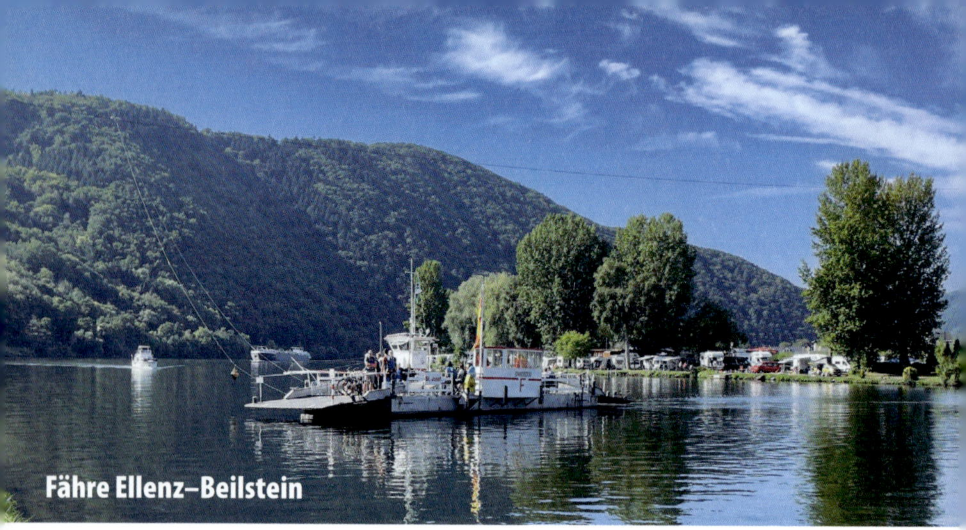

Fähre Ellenz–Beilstein

*Der Bergfried der **Beilsteiner Burgruine** stammt aus dem 14. Jh. Herren der Festung waren die Winneburger aus Cochem, nach 1637 die österreichische Familie Metternich. 1689 ließ Ludwig XIV. die Burg zerstören.*

ab, mit Postkartenbildern auf beiden Ufern. Großes Vergnügen für kleines Geld: 1,50 Euro, mit Fahrrad 2,00 Euro. Wie gut, dass es keine Brücke gibt!

Wir genießen die Ouvertüre; Beilstein ist große Oper. Selbst die Fülle der Bewunderer kann den Zauber der Bilderbuchkulisse nicht zerstören.

Schon die Terrasse am **Alten Zollhaus** 3 ist so einladend, dass man sich sofort niederlassen möchte. Wir bummeln über den romantischen **Marktplatz** 4, erklimmen die 108 Stufen der berühmten Klostertreppe, verehren die Schwarze Madonna in der **Karmeliterkirche** und steigen zur **Burg Metternich** 5 hinauf, um den grandiosen Ausblick zu bewundern. Bergauf Richtung Südwesten erreichen wir den **Alten Jüdischen Friedhof** 6: verwitterte stelenförmige Grabsteine hinter einem niedrigen Holzzaun; dahinter, schon auf dem Rückweg zur Burg die Kapelle „Zu den drei Kreuzen". Unser Weg führt jetzt hoch über der Mosel am Waldrand entlang, dann sachte zur Burg hinab und – kurz davor – auf der rechten Seite über einen Treppenweg bergab und dem Moselsteig folgend zurück ins Tal. Wir passieren abermals den Zugang zur Burg (mit dem Tickethäuschen), gehen auf der anderen Talseite die Klosterstraße hinauf, am **Hotel Lipmann** und

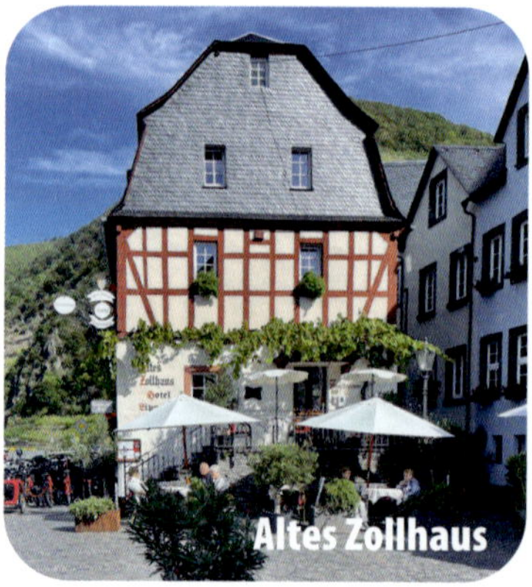

Altes Zollhaus

der Rückseite der Karmeliterkirche vorbei nach rechts, wo wir die Alte Wehrstraße erreichen, die von der Mosel kommend in die Berge führt. Schräg gegenüber zweigt der **Moselhöhenweg** ab, schnurgerade in den Wald hinein. Wir folgen ihm etwa 100 Meter, biegen dann **links in den**

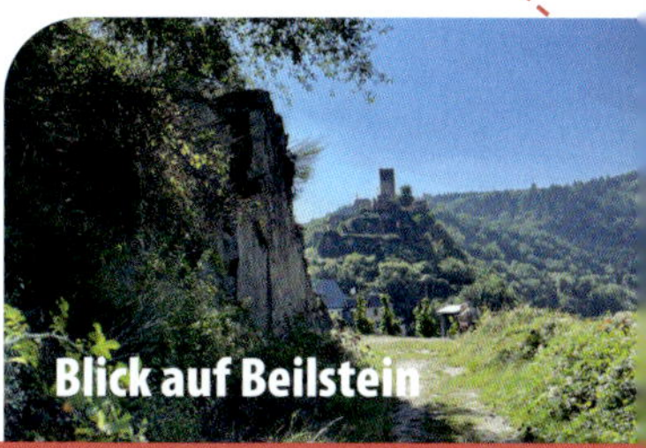

Blick auf Beilstein

Für die Seele

Den Steilhang zwischen Beilstein und Bruttig bezwingen und danach am Moselufer beim Sundowner entspannen.

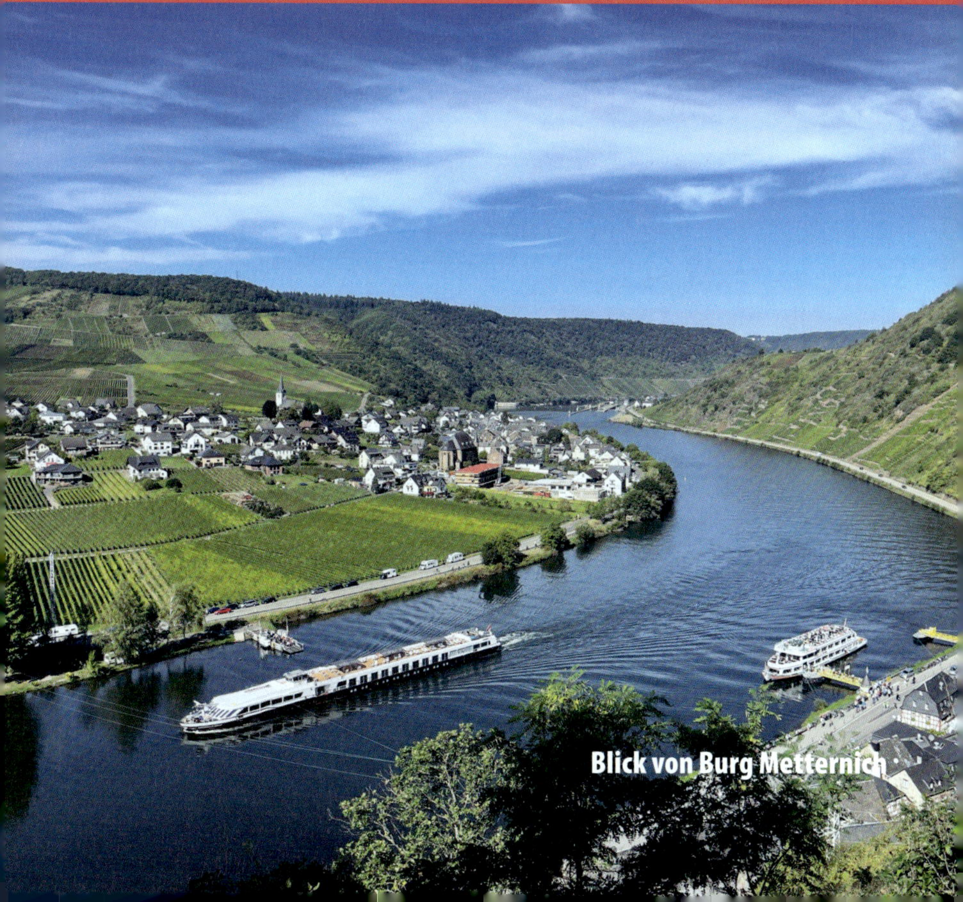

Blick von Burg Metternich

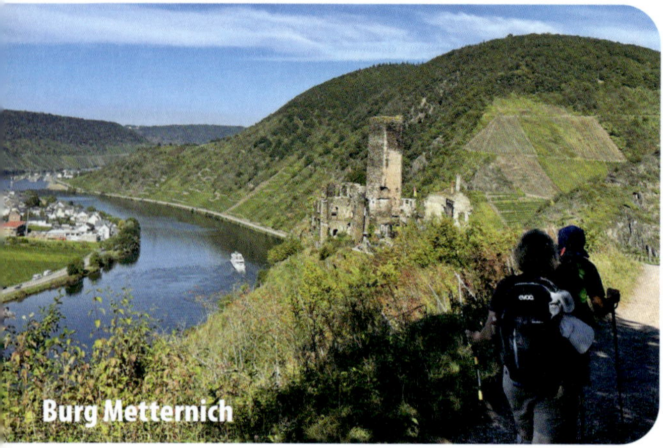
Burg Metternich

Wanderweg, der nun an der Seite des Berges sachte bergauf führt, mit herrlichen Blicken auf die Dächer von Beilstein, Kloster und Burgruine. Zwei Biegungen, dann stehen wir an der Kante des Weinbergs, wo uns das ganze Flusstal zu Füßen liegt. Erst mal hinsetzen und den fantastischen **Ausblick** genießen – falls dieser Premium-Platz noch frei ist.

Jetzt wartet das **anspruchsvollste Wegstück** auf uns: ein steiler, mit Gestrüpp überwucherter Berghang, der auf den ersten Blick fast unwegsam scheint. Nach wenigen Schritten taucht am Wegrand ein **Warnschild** auf. „Achtung", ruft es: „Begehen auf eigene Gefahr". Hier braucht es festes Schuhwerk, Schwindelfreiheit und Trittsicherheit, prophezeit die Tafel – und der Blick nach vorn. Wer unsicher ist, geht freiwillig zurück und wandert bequem an der Mosel entlang. Wir sind gespannt und gerüstet. Schon nach wenigen Metern wird der breite Grasweg zur schmalen Spur, die sich zwischen Felsen und Büschen nach vorne tastet und an einigen Stellen zum **Klettersteig** wird. Fast senkrecht scheint der Hang zur Mosel abzufallen, nur die Büsche bremsen den Blick. Immerhin, das hilft! Man konzentriert sich auf den von Sträuchern, Felsen und Bruchsteinmauern gesäumten Weg, schaut zielstrebig nach vorne und beim Gehen nicht in die Tiefe. Doch immer wieder halten wir an, um die überwältigende Aussicht zu genießen; schwer zu sagen, ob das Herzklopfen

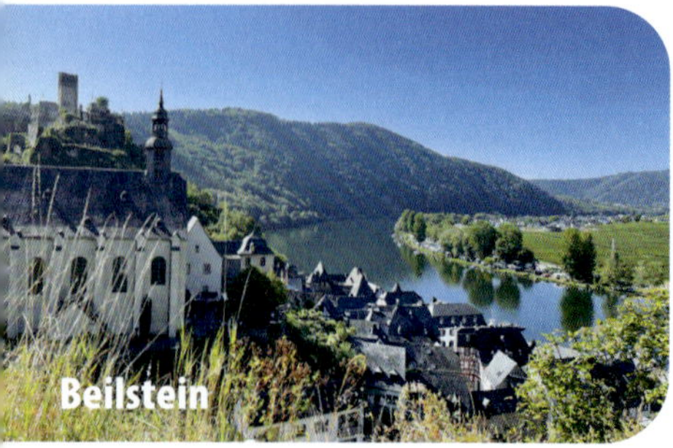
Beilstein

vom Steilhang-Pfad oder vom Panorama kommt. Eine Gittertür versperrt den Weg – so scheint es zunächst, doch sie öffnet sich leicht. Der Pfad wird zum Weg, wird bequem und gefällig, dann naht eine Bank mit dem Blick auf Beilstein. Wir schauen zurück und nehmen den dicht bewachsenen Hang genau ins Visier – doch der Wanderweg lässt sich nicht entdecken, so, als habe ihn der Berg hinter uns verschluckt.

Wir folgen dem Weinbergsweg zu Tal, passieren den **Rastplatz am Plaatskopf 7**, mehrere Aussichtsbänke und Info-Tafeln, die uns die schwimmende Mehlmühle und die Rolle der Franken an der Mosel erklären. Grabbeigaben deuten darauf hin, dass auch Fankel schon im 7. oder 8. Jh. besiedelt war. Die **Fachwerkhäuser an der Brunnenstraße in Fankel 8** stammen aus dem 15. bis 19. Jh. und zählen zu den schönsten ihrer Art, daher lohnt ein Umweg über die Dorfstraße. Wir gehen „Am Alten Spritzenhaus“ hinunter und die Brunnenstraße entlang, legen immer wieder den Kopf in den Nacken, um keinen der historischen Giebel zu verpassen. Dann biegt die Brunnenstraße nach rechts, taucht unter einem Haus hindurch und führt an der Kirche vorbei wieder hoch zu den Weinbergen. Am

*Nach dem Zusammenbruch des Römischen Reiches übernahmen die **Franken** den Weinbau an der Mosel, betrieben Landwirtschaft und Viehzucht. Viele der heutigen Moseldörfer sind aus fränkischen Siedlungen hervorgegangen.*

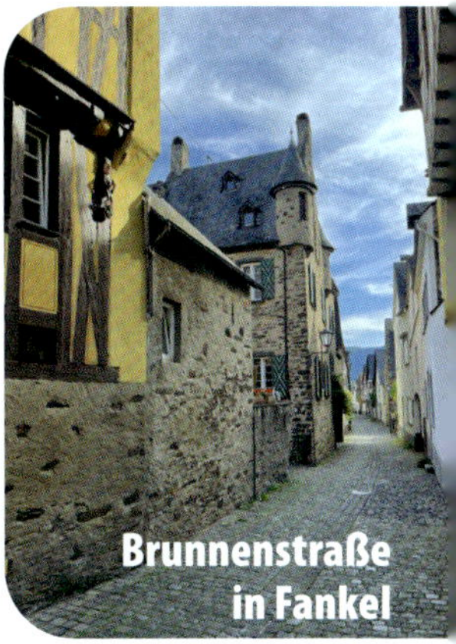
Brunnenstraße in Fankel

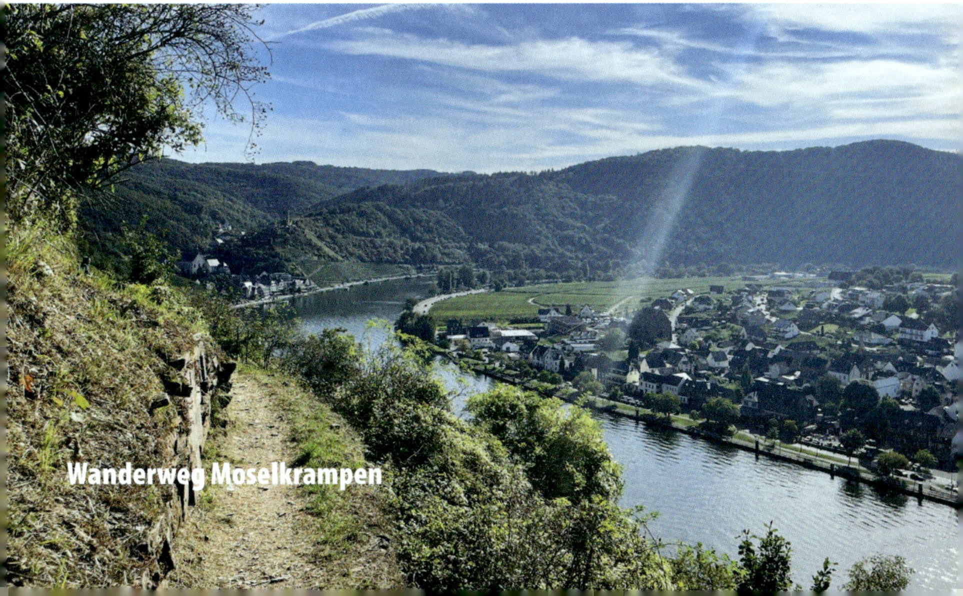
Wanderweg Moselkrampen

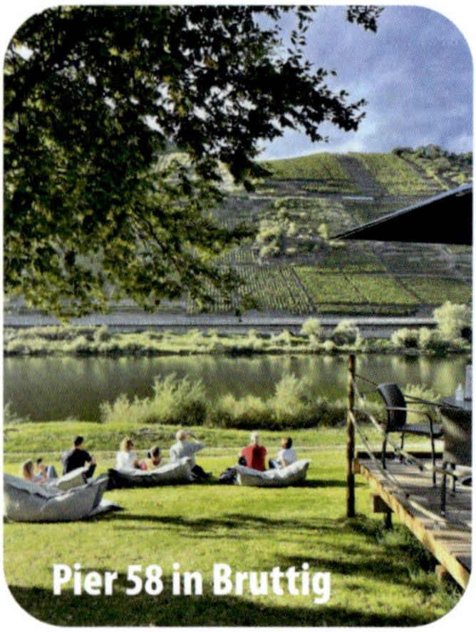
Pier 58 in Bruttig

Straßenende geht es links – rechts – links über Weinbergwege nach Bruttig, jetzt wieder auf dem Moselsteig, den wir für den Abstecher ins Dorf verlassen hatten. An der nächsten Wegkreuzung folgen wir linker Hand dem Bruttiger Kreuzweg bis zur **Jakobs-Kapelle** und erreichen über die Kirchstraße das Moselufer. Am **Pier 58 ⑨,** Bar & Grill auf einer Wiese am Moselufer, spielt die Musik – im echten und übertragenen Sinn. Mit dem Glas in der Hand in den Sitzkissen versinken, zum Weinberg Bruttiger Götterlay aufschauen und die Mosel in der Nachmittagssonne glitzern sehen: mehr geht nicht.

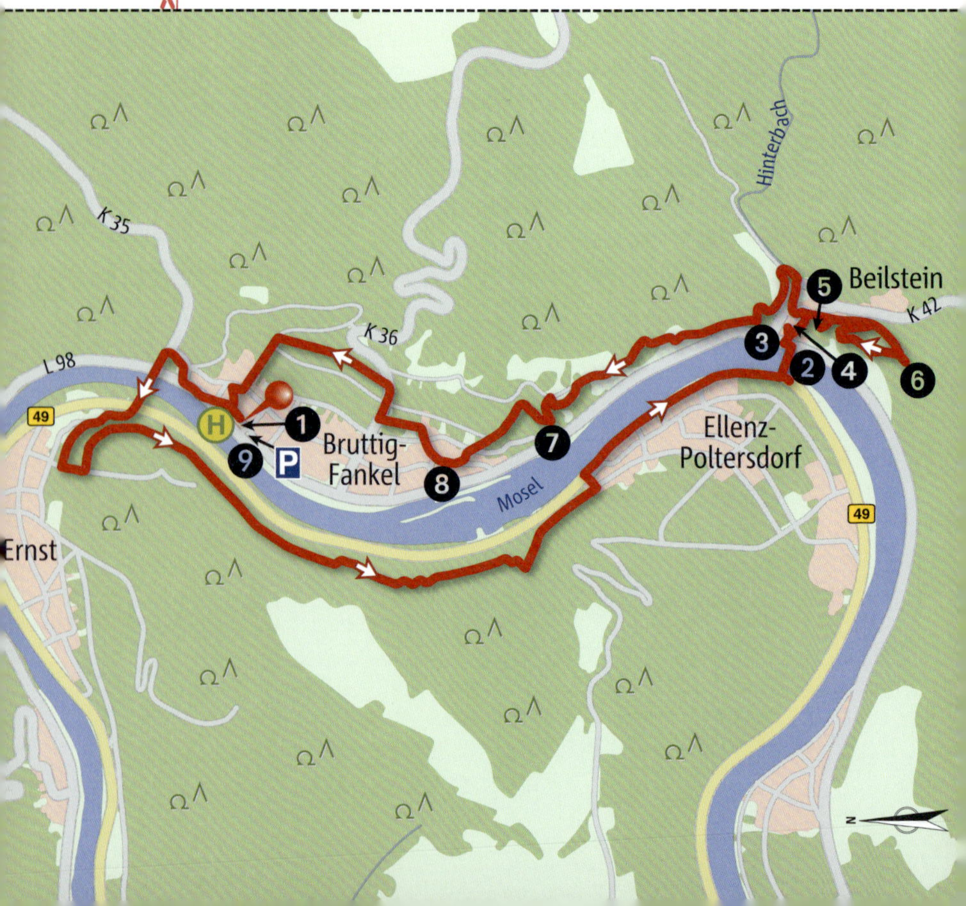

Alles auf einen Blick

WIE & WANN:
Wald- und Weinbergswege. Der felsige Steilhang zwischen Beilstein und Bruttig ist nur für trittsichere, schwindelfreie Wanderer empfehlenswert. Alternativ kann man dem Moselufer folgen. Beste Wanderzeit: April bis Oktober

Entspannung *****
Genuss *****
Romantik *****

HIN & WEG:
Auto: Parkplatz an der L98 in 56814 Bruttig-Fankel (GPS: 50.13393, 7.23220)
ÖPNV: Mit der Moseltalbahn nach Cochem oder Senheim, von dort mit Bus 716 nach Bruttig, Haltestelle Am Moselufer, oder Beilstein; zwischen Juli und Oktober täglich fünf Schiffsverbindungen zwischen Cochem, Ernst, Bruttig und Beilstein; von Ostern bis Oktober täglich zwischen 9 und 18 Uhr Fährverbindung Ellenz-Poltersdorf – Beilstein

ESSEN & ENTSPANNEN:
Altes Zollhaus Anno 1634 ❸ Moselstraße 26, 56814 Beilstein, Tel. (0 26 73) 18 50
Pier 58 ❾ L98 17, 56814 Bruttig-Fankel (schräg gegenüber vom Alten Rathaus)

ENTDECKEN & ERLEBEN:
Altes Rathaus in Bruttig ❶
Fähre Ellenz-Poltersdorf – Beilstein ❷
Marktplatz Beilstein ❹
Burg Metternich ❺
Alter Jüdischer Friedhof ❻
Rastplatz am Plaatskopf ❼
Fachwerkhäuser an der Brunnenstraße in Fankel ❽

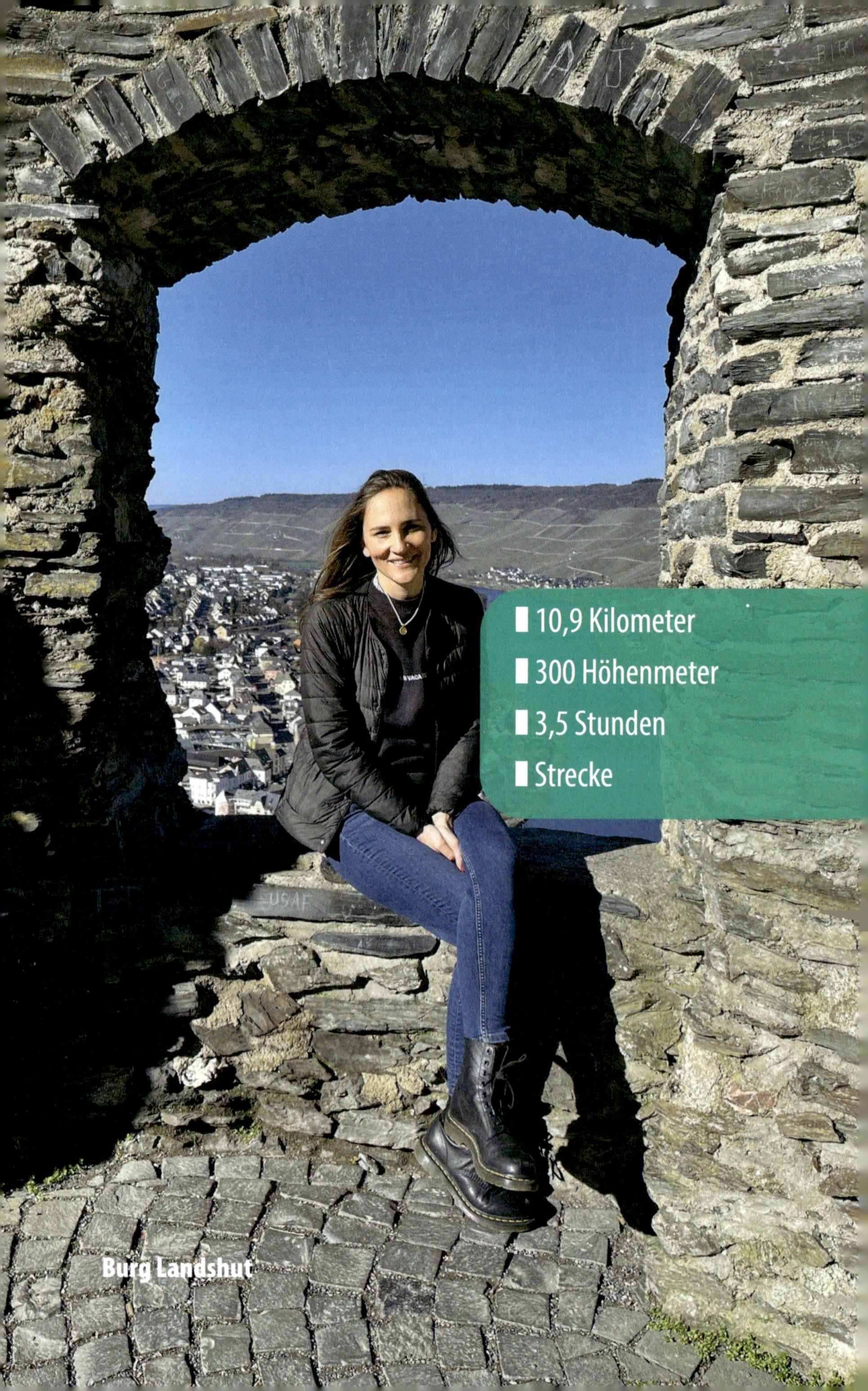

- 10,9 Kilometer
- 300 Höhenmeter
- 3,5 Stunden
- Strecke

Burg Landshut

Kein anderer Fluss ist so mit dem Weinbau verbunden wie die Mosel. Was liegt näher, als eine Wanderung durch die Weinberge mit einer Weinprobe zu krönen – oder sie zwischendurch einzuschieben? Vom nächsten Winzerort geht es dann beschwingt mit dem Schiff zurück. Natürlich funktioniert das auch umgekehrt: erst aufs Wasser, dann auf den Wanderweg. Entspannter lässt sich eine Rundtour nicht gestalten!

Wir starten in **Zeltingen,** einem verträumten Winzerort, der erst mit dem Bau der **Hochmoselbrücke** 1 in die Schlagzeilen geriet. Eine zweifelhafte Berühmtheit, auf die viele Zeltinger gerne verzichtet hätten. Zu groß, zu teuer, am falschen Ort, murrten die Gegner. Doch der jahrelange Protest konnte das spektakuläre

*Seit die **Moselbahn**, mit Kosenamen „Saufbähnchen", Ende 1962 den Betrieb einstellte, sind Schiff und Auto die schnellsten Verbindungen an der Mittelmosel.*

Im Himmelreich

Von Bernkastel nach Zeltingen

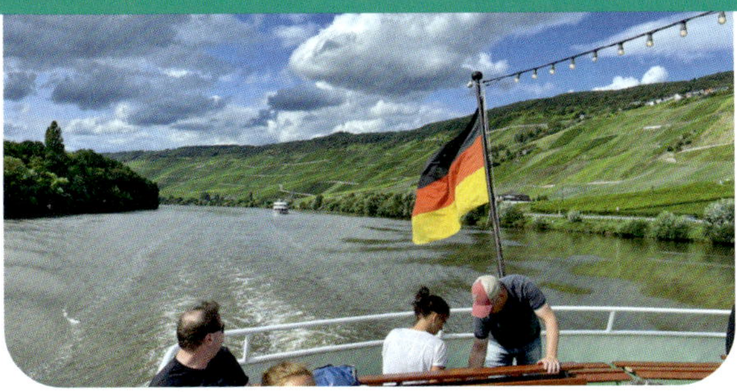

Projekt nicht verhindern. 2019 wurde die Hochmoselverbindung zwischen Eifel und Hunsrück eingeweiht, Deutschlands zweithöchste Brücke. Einen guten Blick auf die Brücke, die von hier aus wie ein schmaler Strich durch den Himmel wirkt, hat man vom **Kloster Machern** 2 am anderen Ufer von Zeltingen. Hier kann

*Das Tickethaus des **Schiffsanlegers** ist mobil, damit es bei Hochwasser weichen kann. Falls es nicht besetzt ist, stellt man sich an den Anleger und wedelt mit den Armen, damit der Kapitän weiß, dass er anlegen soll. Schiff kommt laut Fahrplan. Bezahlt wird an Bord.*

*Vorläufer der **Burg Landshut** war ein römisches Kastell. Im 14. und 15. Jh. war die im 13. Jh. neu errichtete Burg die Sommerresidenz der Trierer Kurfürsten, bis sie 1692 durch ein Feuer zerstört wurde.*

*Der **„Bernkasteler Doctor"** ist eine der berühmtesten Lagen der Welt. Zu schön ist die Legende vom kranken Trierer Erzbischof, der durch den Doktor Riesling geheilt wurde. Auch der englische König Edward VII. soll ihn als Medizin getrunken haben. Kanzler Adenauer übergab ihn als Gastgeschenk.*

man sich im Weinbistro und Brauhaus stärken und am Moselufer das Schiff nach Bernkastel besteigen. Eine von **drei Anlegestellen in Zeltingen-Rachtig 3**.

50 Minuten fährt die „Moselperle" flussaufwärts bis Bernkastel, inklusive einer Staustufe und drei Haltestellen. Dieses schöne Gefühl, alles an sich vorüberziehen zu lassen. Wir bewundern die Steillagen zwischen Zeltingen und Graach und stellen uns vor, wie wir wenig später dort oben entlanglaufen werden. Die Burg Landshut kommt näher; am Moselufer dreht sich ein Riesenrad. Unweit des Alten Bahnhofs von Bernkastel steigen wir aus, nehmen die Moselstraße links der Pfarrkirche und landen nach wenigen Schritten am **Markt 4**.

Man möchte sich die Augen reiben, so hinreißend ist der quadratische Platz mit den pittoresken Fachwerkfassaden aus dem 16. und 17. Jahrhundert. Hinter dem Michaelsbrunnen, zwischen Renaissance-Rathaus und „Spitzhäuschen" führt eine schmale Straße hoch zur **Burg Landshut 5**. 850 Meter Aufstieg mit herrlichen Ausblicken – egal, in welcher Jahreszeit! Auf der anderen Seite der Burg geht es wieder steil hinab und am Fuß des Bergkegels zurück zur Stadt.

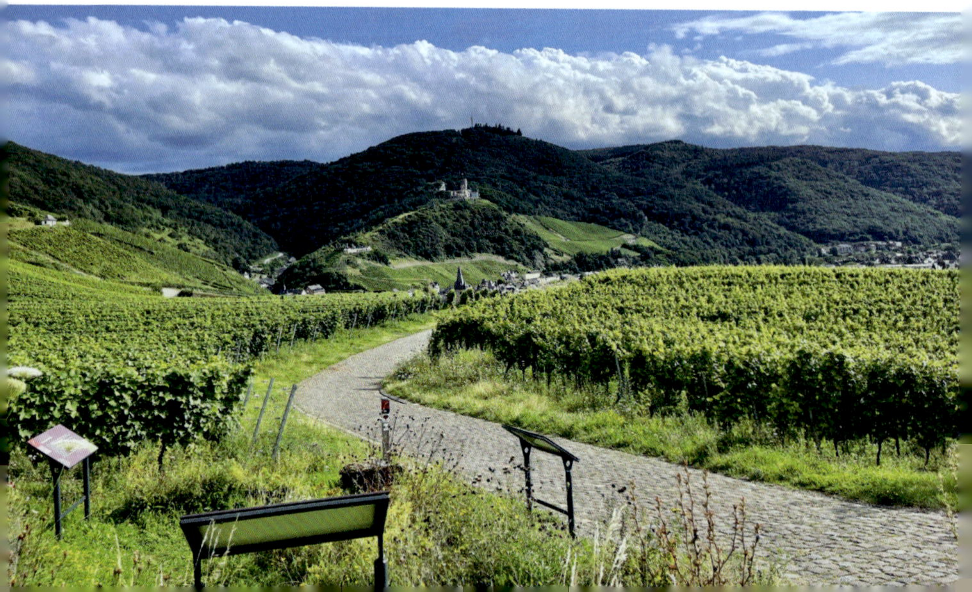

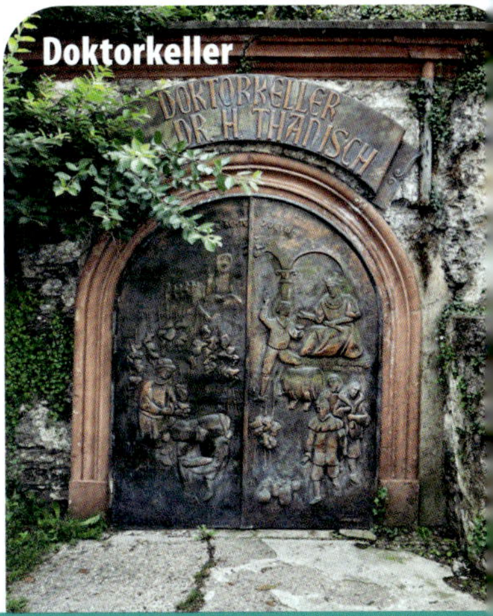

Wieder am Markt bummeln wir über die Römerstraße bis zum Gasthaus Burkard und biegen jetzt zweimal links in die Straße „Hinterm Graben", die am Fuß des Doctorbergs entlangführt, dem teuersten und bekanntesten Weinberg der Mosel. Vor dem **„Doktorkeller" 6** bleiben wir stehen und bewundern die reich verzierte Tür aus getriebenem Kupfer, hinter der jede Menge Weinraritäten lagern.

An der Schiefersteinmauer entlang geht es sachte hinauf in den Weinberg, begleitet von violetten Schildern mit Daten und Fakten zur weinverbundenen Ortsgeschichte, angefangen

Für die Seele

Vom Himmel verwöhnt, vom Schiefer gewärmt, vom Winzer veredelt. Die Graacher Reben gehören zu den besten.

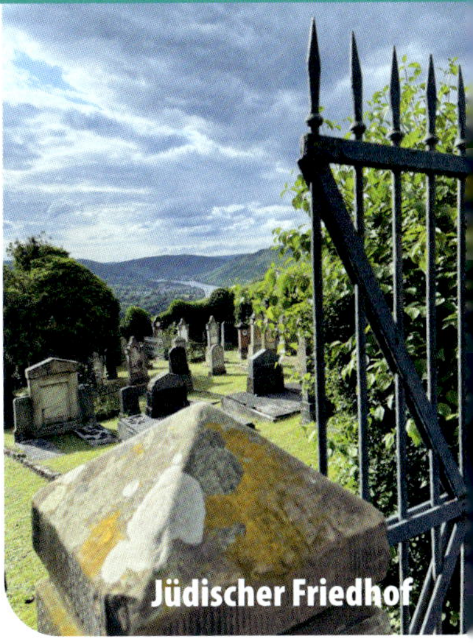

von der Wunderheilung des Erzbischofs (1356) bis zum Winzeraufstand gegen die Weinsteuer (1926) und der modernen Flurbereinigung (2018). Der Sandweg zwischen den Weinstöcken lenkt uns zielstrebig geradeaus, vorbei an einem winzigen Weinberghäuschen auf die Teerstraße zwischen den Abfangmauern. Auf einem blühenden Wiesenstück entdecken wir eine Wetterstation, die zum **Versuchsweingut Bernkastel 7** gehört. Wer sich für Weinbau interessiert, kann sich den rundum platzierten Tafeln widmen. Sie berichten über die Erprobung neuer Techniken, die Vorzüge der Flurbereinigung, den Wert biologischer Vielfalt

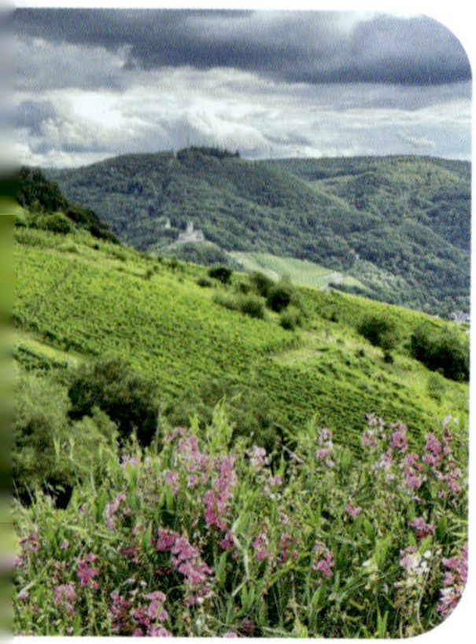

und die Züchtung klimaresistenter Rebsorten. Gut, dass wir Zeit haben!

Hinter der Wiese verzweigt sich der Weg in viele Richtungen, führt zu Tal und auf die Höhe. Wir lassen den Maria-Zill-Panoramaweg rechts liegen und wandern geradeaus, Richtung „Waldschenke" in leichtem Bogen den Weinberg hinauf. Dann kommt ein großes überdachtes Weinfass in Sicht: ein weiterer Wegweiser „Zur Eisernen Weinkarte". Links liegt der verträumte **jüdische Friedhof 8.**

An der Mosel liegen die alten **jüdischen Friedhöfe** oft idyllisch auf den Bergen, denn das Gesetz der Landesherren verbot die Bestattung jüdischer Mitbürger in den Städten.

Weinstöcke und Wiesenblumen begleiten uns auf dem Weg zur **Graacher Schäferei.** Schafgarbe, Wasserdost, Weidenröschen und blaue Natternköpfe. Pinkfarbene Platterbsen leuchten im Grün, die Blüten geformt wie Schmetterlinge und von diesen häufig besucht. (Immer wieder zücken wir das Smartphone, um per App eine Pflanze zu bestimmen. Schöne neue Welt!)

Wir überqueren den Schadbach und erreichen die Schäferei, biegen links ab und folgen der Panoramastraße vorbei an der Feuerwehr, einem parkenden Traktor und kleinen verschlafenen Häusern.

Hinter dem Abzweig „Zum Weingarten" flattern hohe weiße Fahnen; das **Weingut Philipps-Eckstein 9** grüßt mit Wintergarten und Terrasse. Wir haben Glück: Ein Männerstammtisch macht Weinprobe und wir dürfen einkehren, obwohl heute Montag und die Winzerwirtschaft nur am Wochenende geöffnet ist. Eigentlich schade, denn gibt es etwas Schöneres als eine Weinprobe

Weingut Philipps Eckstein

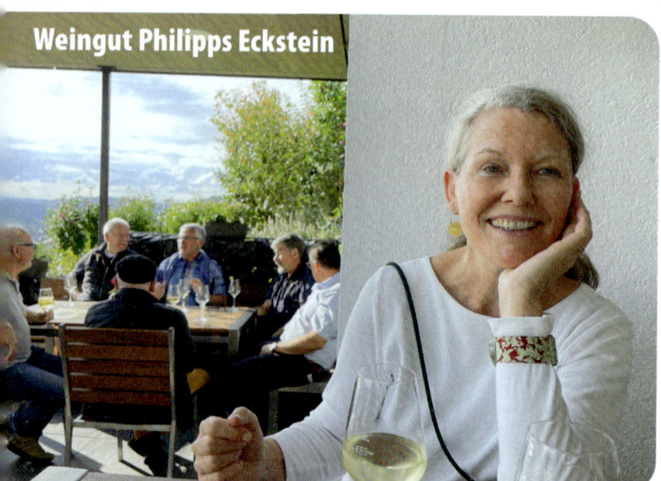

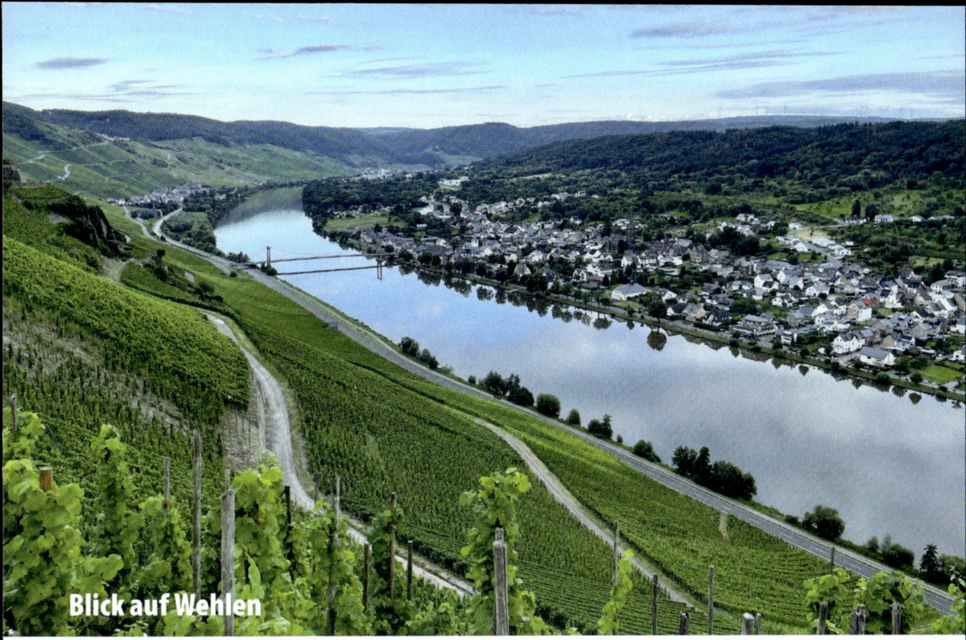

Blick auf Wehlen

hoch in den Weinbergen!? Neben der Theke sind die Staatsehrenpreise aufgereiht. Abtsberg, Domprobst und Himmelreich heißen die drei berühmtesten Graacher Lagen, denn bis ins 18. Jh. lagen Weinbau und -herstellung primär in den Händen der Kirchen und Klöster. Wir studieren die Weinkarte; es gibt was zu tun.

Wir testen mit Maß, schließlich liegt noch der Weg nach Zeltingen vor uns. Der Wein wird bestellt und nach Hause geschickt. Am Ortsausgang springt uns die Mitfahrerbank ins Auge, eine von mehreren, welche die Moselgemeinden aufgestellt haben, um Fahrgemeinschaften zu fördern. Wir sind begeistert, auch wenn wir laufen wollen. Die kleine geflügelte Bank – das sympathische Logo – sollte sich überall durchsetzen! Wir gehen auf dem Bürgersteig neben der Landstraße, bis rechts ein Weinbergweg nach oben führt. An der nächsten Gabelung wählen wir wieder den höheren Weg, landen schließlich an einem Weinbergkreuz, das hoch über uns aufragt. Zeltingen liegt vor uns, noch unsichtbar, aber verlaufen kann man sich nicht. Wir gehen langsam und bleiben immer wieder stehen, um das malerische Panorama in uns aufzu-

Schon im Mittelalter ließen wohlsituierte Graacher Bürger hier ihre ***Schafhirten*** *wohnen, da die Herden auf dem Top weideten. Trinkwasser musste vom Tal heraufgebracht werden. Die Legende sagt, dass ein Feuer statt mit Wasser mit Jauche gelöscht wurde.*

Verwöhntour 10

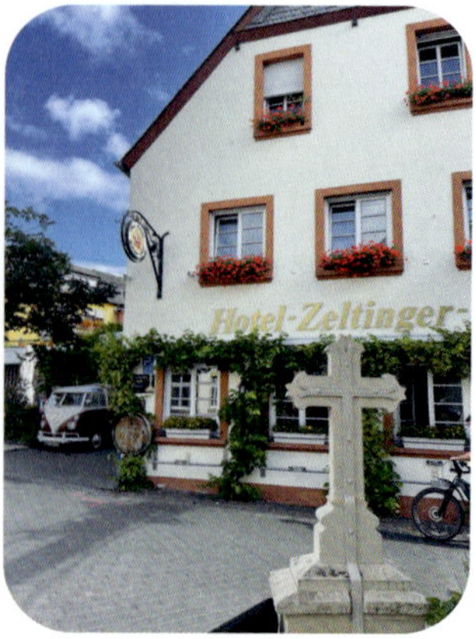

nehmen: die dunkelgrüne Kette der Berge, die schier unendlichen Weinberghänge, die hellgrauen Schieferhäuschen und der stille Fluss, in dessen unbewegtem Blau sich die Wolken spiegeln. Unwirklich schön.

Als wir den **Zeltinger Hof** ⑩ erreichen, dämmert es schon. Wir freuen uns auf das romantische Zimmer im alten Winzerhaus, einen Riesling von **Selbach-Oster** ⑪ und die kreative Moselküche im „Haus des Rieslings". Vielleicht ein Fassdaubenschmaus oder Thaibratwurst mit Koriander? Geheimtipp für Hochzeitstage: die Spa Suite Moselsteig im Dachgeschoss eines denkmalgeschützten Fachwerkhauses, das zum Zeltinger Hof gehört.

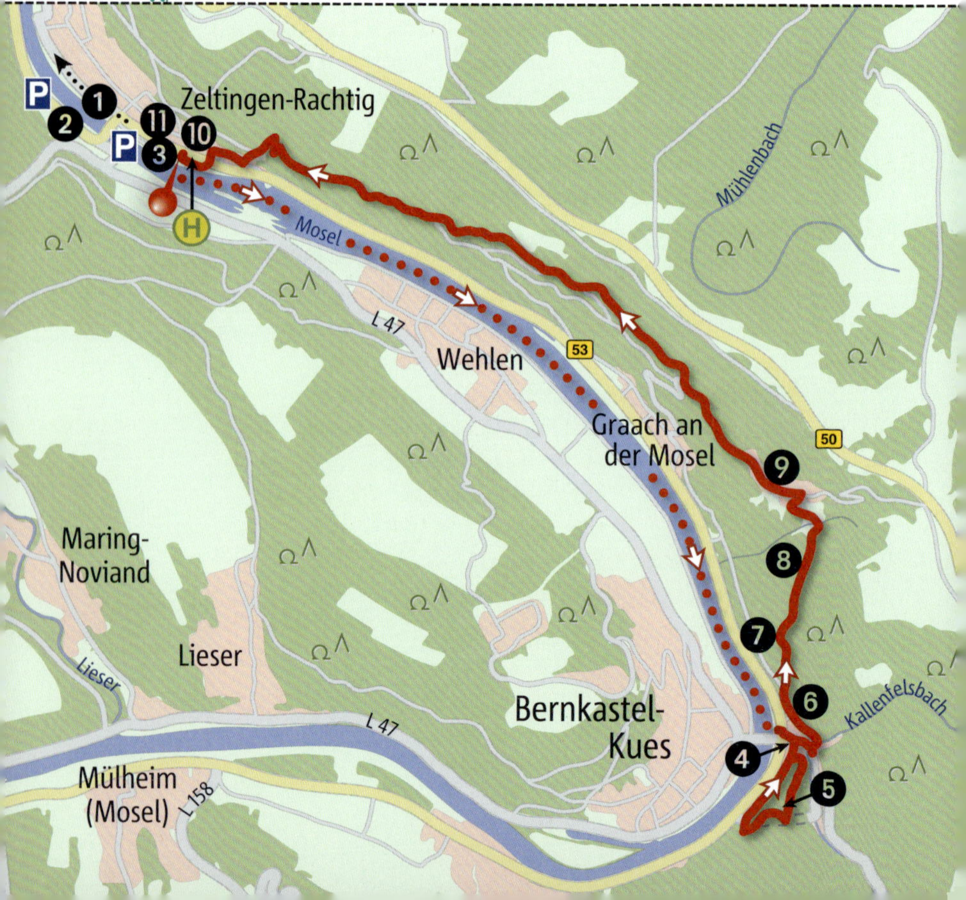

Alles auf einen Blick

WIE & WANN:
Auf teils unbefestigten Pfaden hoch zur Burg Landshut, bequeme, asphaltierte Weinwirtschaftswege auf dem Weg von Bernkastel nach Graach; beste Wanderzeit: ganzjährig

HIN & WEG:
Auto: Parkplatz an der Uferallee in 54492 Zeltingen-Rachtig (GPS: 49.95430, 7.01077) oder Parkplatz vor dem Kloster Machern, An der Zeltinger Brücke, 54470 Bernkastel-Kues (GPS: 49.95637, 6.99982)
ÖPNV: Anreise per Bahn & Bus via Wittlich bis Haltestelle Touristinformation, Zeltingen-Rachtig; mit dem Schiff zum Startpunkt der Wanderung in Bernkastel: von Mai bis Oktober täglich mehrere Schiffsverbindungen zwischen Traben-Trarbach und Bernkastel-Kues: www.moselrundfahrten.de, Anlegestellen in Zeltingen, Rachtig und Kloster Machern

Entspannung *****
Genuss *****
Romantik ****

ESSEN & ENTSPANNEN:
Kloster Machern ❷ An der Zeltinger Brücke, 54470 Bernkastel-Kues, Tel. (0 65 32) 9 53 99 90
Weingut Philipps-Eckstein ❾ Panoramastraße 11, 54470 Graach an der Mosel, Tel. (0 65 31) 65 42, www.weingut-philipps-eckstein.de (nur 1. Mai bis Ende Oktober)
Hotel Zeltinger Hof – Gasthaus des Rieslings ❿ Kurfürstenstraße 76, 544492 Zeltingen-Rachtig, Tel. (0 65 32) 9 38 20, www.zeltinger-hof.de
Weingut Selbach-Oster ⓫ Uferallee 23, 54492 Zeltingen-Rachtig, www.selbach-oster.de

ENTDECKEN & ERLEBEN:
Hochmoselbrücke ❶ **Schiffsanlegestelle in Zeltingen-Rachtig** ❸
Markt in Bernkastel-Kues ❹ **Burg Landshut** ❺ **Doktorkeller** ❻
Versuchsweingut Bernkastel ❼ **Alter Jüdischer Friedhof** ❽

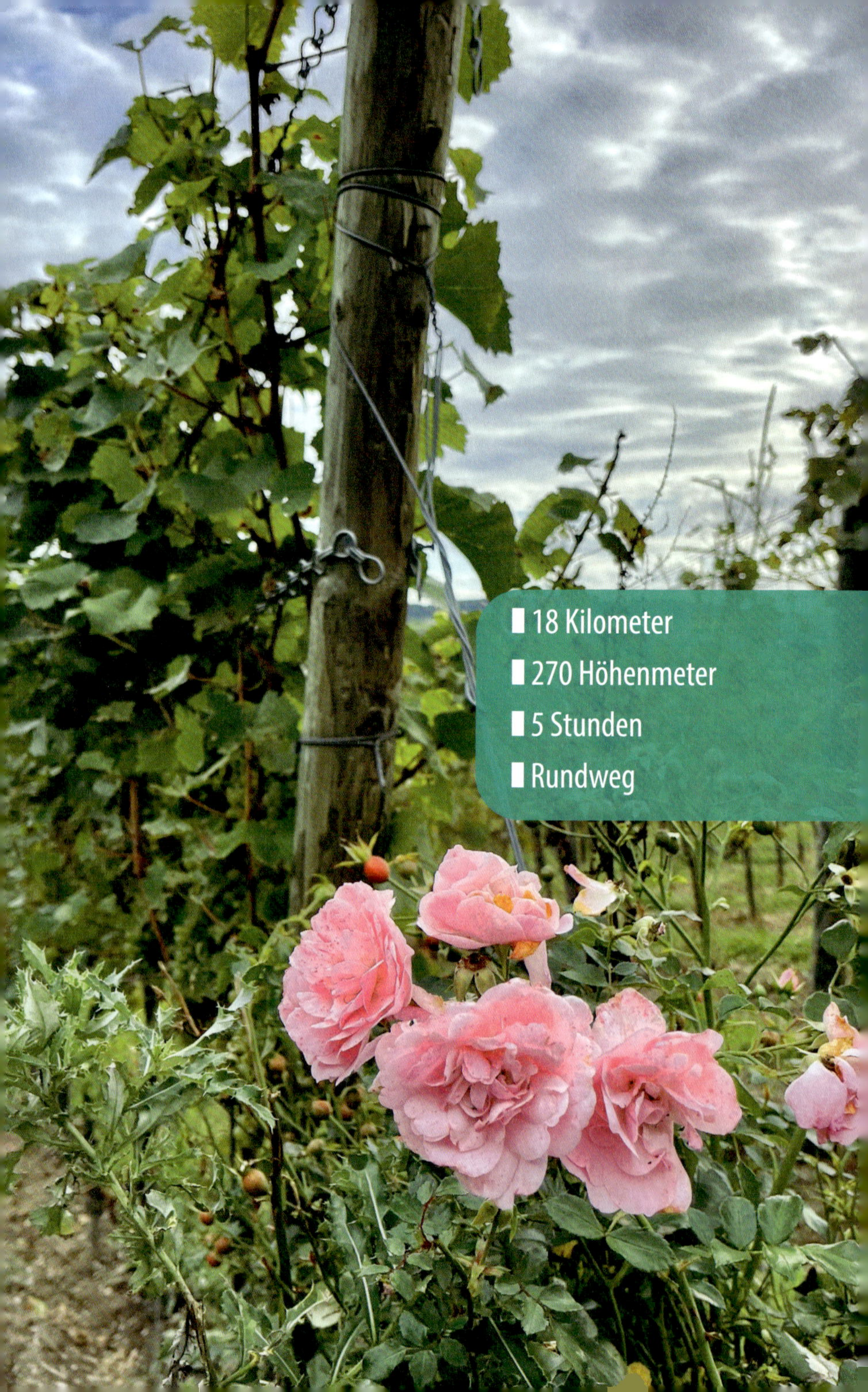

- 18 Kilometer
- 270 Höhenmeter
- 5 Stunden
- Rundweg

Wundern Sie sich nicht, wenn Sie beim Wandern in den Weinbergen immer wieder auf Rosen treffen. Sie mögen die gleichen Böden und dasselbe Klima wie unsere Rebstöcke. Doch es gibt auch einen praktischen Grund, warum Winzer gerne Rosen pflanzen: Die empfindsamen Blumen reagieren schneller auf Schädlinge und Pilze wie den Mehltau – eine Art Frühwarnsystem für Pflanzenkrankheiten.

Im kleinen Städtchen Lieser wird sich die Königin der Blumen besonders wohl fühlen, denn hier treffen endlose Weinberge auf feinste Schlossatmosphäre. „Die Kunst des Lebens" überschreibt das herrschaftliche Luxushotel **Schloss Lieser** seinen hohen Anspruch an das Wohlbefinden der Gäste. Schon beim Anblick

Kunst des Lebens

Lieser, die schönste Weinsicht 2020

der Terrasse steht für uns fest: Hier möchten wir Platz nehmen.

Zunächst aber sind wir im **Winzerdorf Kues,** der stilleren Hälfte von Bernkastel-Kues, auch wenn hier das berühmte **Cusanusstift** liegt, ein Pilgerort für die Weintrinker dank Moselweinmuseum und Vinothek. Unsere Wanderung beginnt an der bezaubernden Barockkirche **St. Briktius** ❶. Nach einem Erlass von Papst Pius II. war der Pfarrer dieser Kirche stets auch Rektor des Cusanusstifts, eine Regelung, die bis 1909 galt. Wir werfen einen Blick ins Kirchenschiff und spazieren über den Friedhof, der sich am

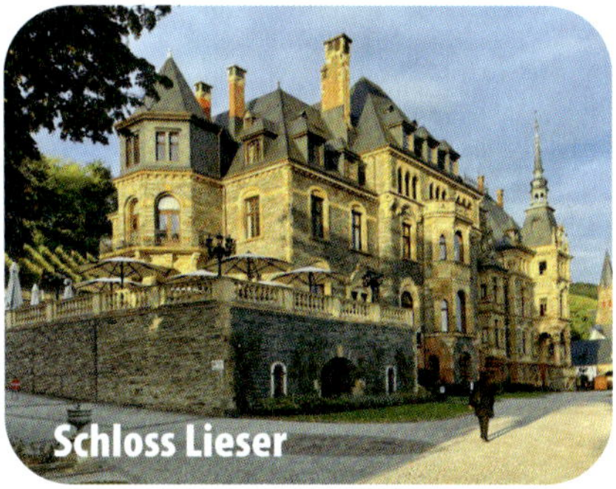
Schloss Lieser

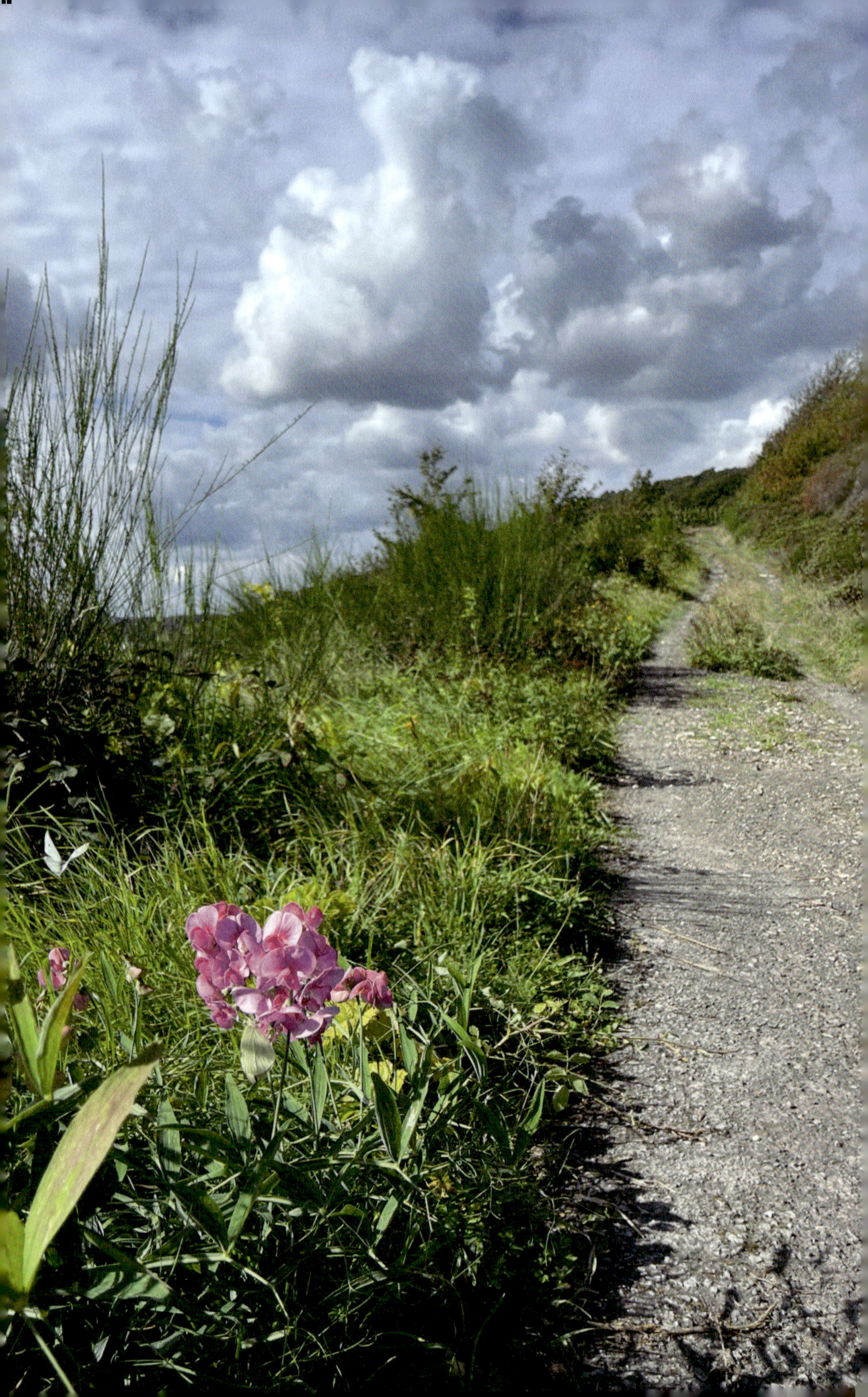

Hang bis zu den Weinbergen erstreckt. Hinter der Friedhofsmauer und einer alten Weinpresse führt eine steile **Treppe durch die Weinberge** zum Kueser Plateau, einem Kurpark mit Kurgastzentrum und Rehakliniken. Wir steigen nicht bis ganz nach oben, sondern biegen nach links in den dritten der kreuzenden Weinbergwege ein, wo eine grüne Tafel über „Bodenbearbeitung und Düngung" informiert. „Steil ist geil" steht an einem Holzpfahl mit der Ortsbezeichnung Lieser, obwohl im Hintergrund die Burg Landshut aufragt. Die Ortsgrenzen sind fließend. Man sieht den Stöcken nicht an, wohin sie ge-

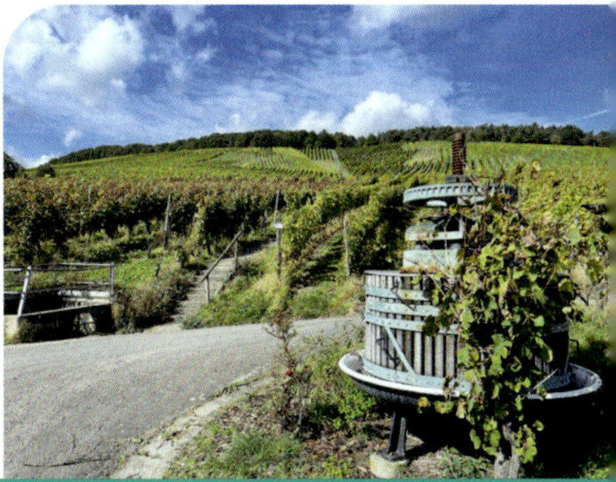

Für die Seele

Es schläft ein Lied in allen Dingen … mit Eichendorff träumen, den Schmetterlingen nachsehen und in den Wolken über Lieser eine Bärenfamilie entdecken.

hören: Kues oder Lieser. 97 Prozent sind Rieslingreben, 3 Prozent Spätburgunder.

Zweimal gabelt sich der Weg und wir wählen den höheren, folgen Krümmungen des Weinbergs in aussichtsreicher Höhe. Als die Teerstraße nach rechts biegt und zum Plateau hinaufführt, gehen wir weiter geradeaus, jetzt auf Gras und Sand, begleitet von Sträuchern und Wiesenblumen.

Nur 3 Kilometer liegen zwischen Kues und Lieser. Wäre die Mosel nicht so kurvenreich, könnte man von hier oben die beiden Orte sehen. So erschafft jede Biegung des Flusses ein neues Tal. Bei Lieser weitet es sich auf beiden Seiten. Links von uns, am rechten Moselufer, liegt der Weinort Mühlheim. Feinschmecker

In Kues wurde 1401 der Theologe und Philosoph ***Nikolaus von Kues*** *(lat. Cusanus) geboren. Schon zu Lebzeiten war der Universalgelehrte, Kardinal und Papstgesandte berühmt und einflussreich. Als toleranter und weltoffener Humanist verfolgte er das Ideal der Einheit und die Auflösung aller Gegensätze.*

Verwöhntour 11

Seit 2012 zeichnet das Deutsche Weininstitut die schönsten ***Aussichtspunkte*** *der 13 deutschen Weinregionen aus. Die Siegerorte der Online-Abstimmung erhalten eine handgefertigte Stele des Künstlers Ulrich Schreiber: eine riesige Weintraube aus Corten-Stahl.*

kennen ihn dank des **Weinromantikhotels Richtershof ❷,** eine Gourmetadresse. Ein Traktor parkt am Wegrand, daneben ein Anhänger voller Trauben; die Weinlese ist in vollem Gange. Vor uns taucht ein Buttenträger aus dem Steilhang auf. Wie schwer muss der Korb auf dem Rücken lasten! Rechts führt ein Weg durch den Wald zum Kurpark; wir bleiben bei den Weinbergen und treffen wieder auf pflückende Winzer: Rudi Kiesgen aus Lieser. Den Namen merken wir uns für die nächste Weinprobe! Dann gabelt sich der Weg; wir folgen dem grünen Pfeil zur „Hambuchhütte Heldensicht“ und stehen nach wenigen Schritten vor einem prämierten Picknickplatz: der **Schönsten Weinsicht 2020 ❸.** Wie aus dem Bilderbuch!

Zurück zu den Weinbergen in Richtung Lieser, den Traumblick immer vor Augen. An einer Wegkreuzung müssen wir uns entscheiden: Wandern wir direkt zur Paulskirche oder machen wir vorher einen Abstecher zum **Walderlebnisweg Lieser ❹?** Wir sind neugierig und biegen ab. Der 3 Kilometer lange Rundweg entpuppt sich als Carré und **botanische Lehrstunde.** Eiche, Buche, Linde, Speierling und Vogelbirne – was wir schon immer über Bäume wissen wollten, hier steht es in Augenhöhe auf überdachten Holztafeln vor den entsprechenden Gewächsen, gepflanzt am Rand einer großen Wiese. Biologie zum Anfassen. Die nächste Wegstrecke ist dem „Baum des Jahres“ gewidmet: die Sieger werden in kleinen Gruppen gezogen, dann geht es um die Ecke und am Waldrand entlang,

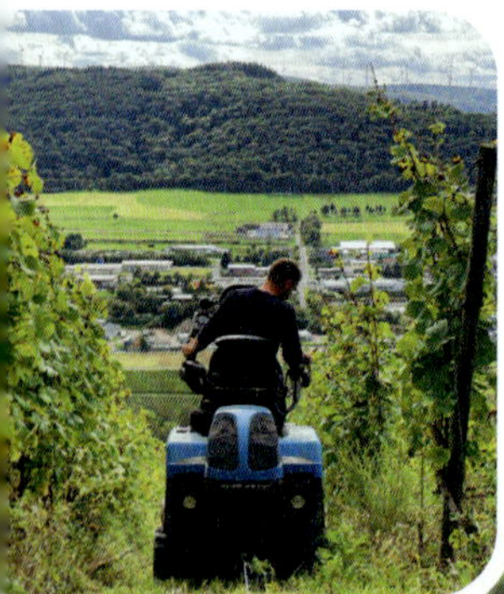

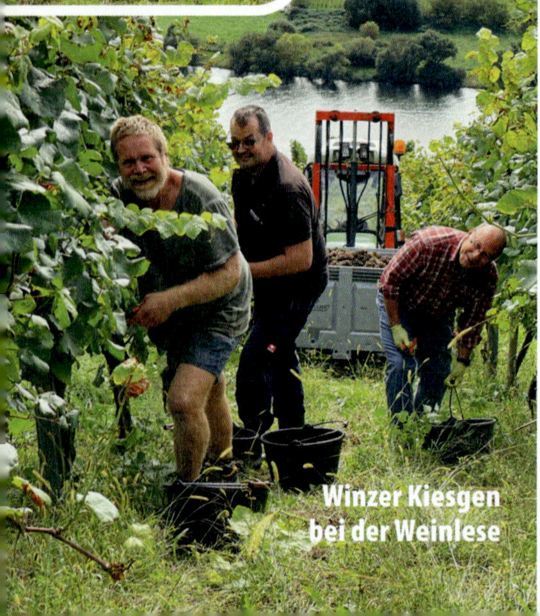

Winzer Kiesgen bei der Weinlese

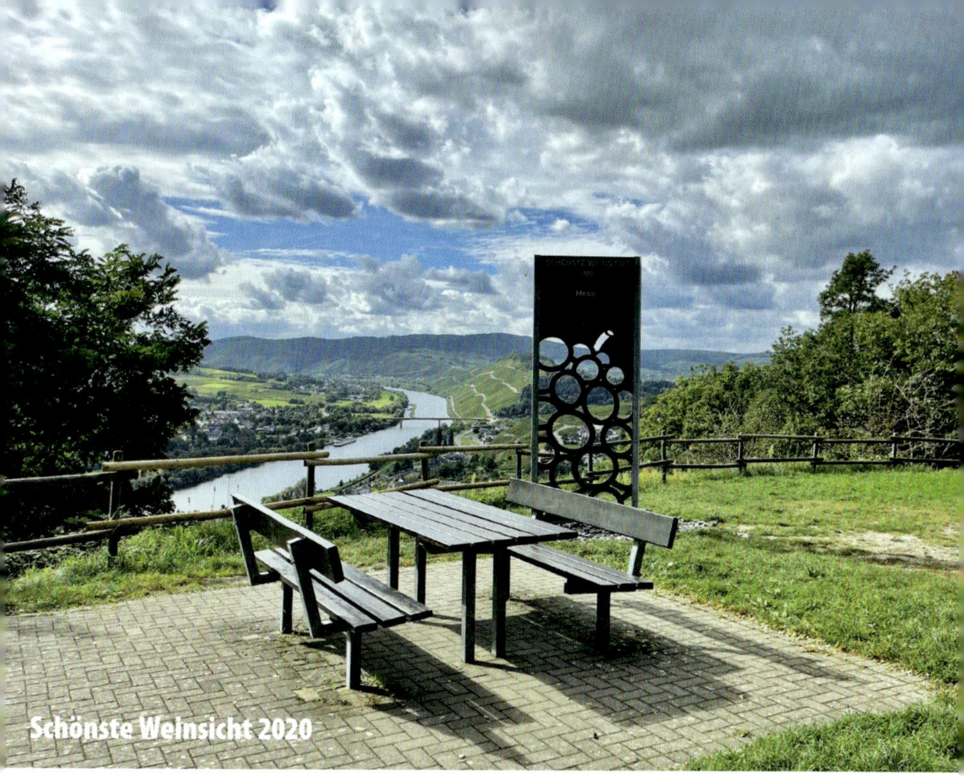

Schönste Weinsicht 2020

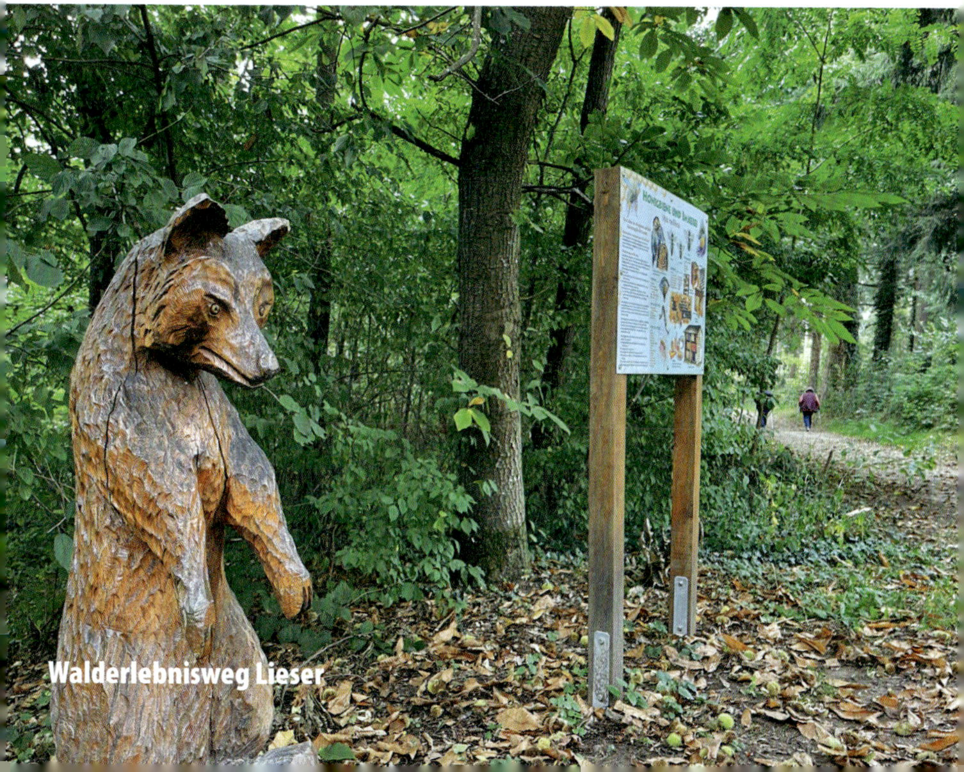

Walderlebnisweg Lieser

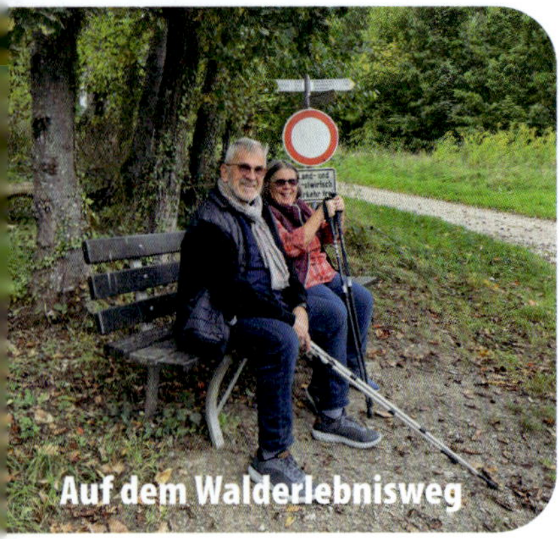

Auf dem Walderlebnisweg

vorbei am Ruheforst Mittelmosel. An der nächsten Ecke biegen wir in ein lichtes Waldstück, den „Mitgliederwald" einer Raiffeisenbank. 5000 klimaresistente Bäume, 2011 gepflanzt, um die Verheerungen des Sturmtiefs Xynthia (März 2010) auszugleichen.

Wir folgen dem Spazierweg, bewundern eine Holzstele, aus der ein bärtiges Gesicht hervorstarrt, und passieren einen Duftgarten, verwildert wie der später folgende Barfußfühlpfad. Entlang der Route gibt es reichlich **Lesestoff:** detaillierte Info-Schilder zu Klimawandel, Honigbienen und Waldameisen. In der Natur lernt es sich leichter. Noch drei ausdrucksstarke **Holzskulpturen:** Fuchs, Eule und Specht, dann sind wir wieder am Startpunkt des Erlebnispfads.

*Die **Paulskirche** ist eine der ältesten Kirchen der Region. In den revolutionären Wirren um 1848 war sie Zufluchtsort und Schutzraum für die Moselbauern.*

Ein Schilderbaum weist uns die Richtung zur Paulskirche. Die Teerstraße führt am Rand der Weinberge entlang, umrundet eine Sitzgruppe mit Holzkreuz und folgt als steiniger Grasweg der Hügelkette, die sich in weitem Bogen bis **Maring-Noviand** zieht. Vor Tausenden von Jahren hat die Mosel diesen Ring gegraben, ein Flusstal ohne Fluss, sieht man von der kleinen Lieser ab, die auf dem Weg zur Mosel das Tal durchkreuzt. Die **Paulskirche** ❺ leuchtet uns entgegen, ein weißer Punkt im grünen Kranz der Weinberge. Noch eine Kreuzigungsgruppe am Wegrand, dann ein weiteres Kreuz und schließlich die Kirche. Verschlossen, aber das hatten wir schon erwartet.

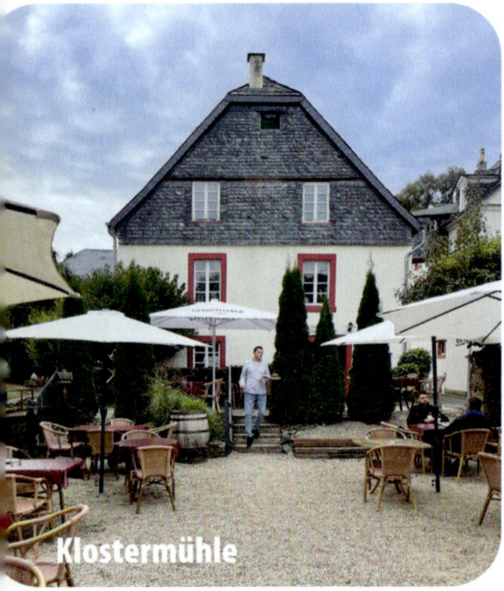

Klostermühle

Unser nächstes Ziel ist das **Kloster Siebenborn** ❻, knapp drei Kilometer sanfter Abstieg durch Weinberge, Wiesen und Felder. In der Klostermühle kehren wir ein und studieren erfreut die Karte: italienische Kochkunst, frische Kräuter aus dem

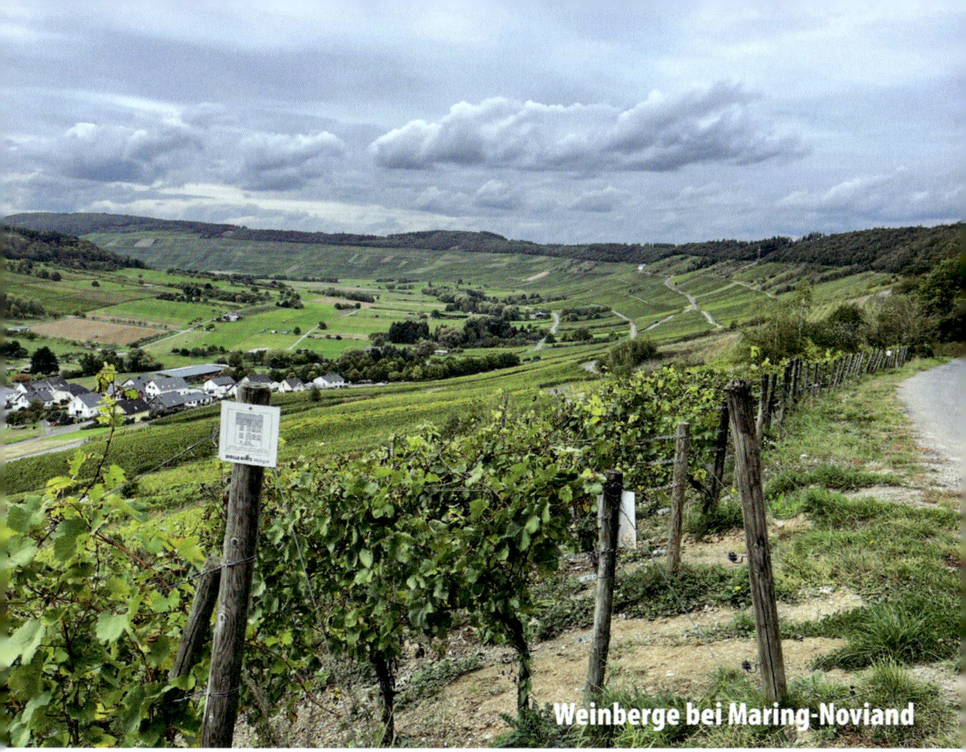
Weinberge bei Maring-Noviand

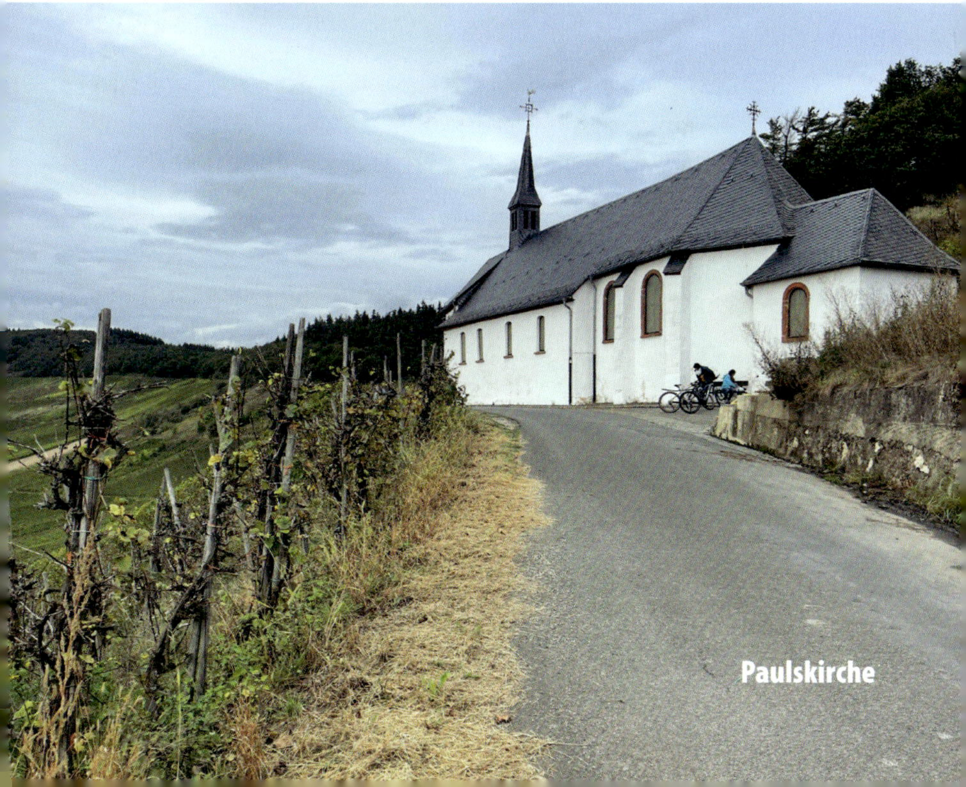
Paulskirche

Klostergarten, Wildspezialitäten im Herbst – hört sich gut an!

Zurück nach Lieser führt uns der **Eifel-Pilger-Radweg,** quasi der letzte Zipfel dieses 46 Kilometer langen Radwegs, der vom Kloster Himmerod über zahlreiche Kirchen nach Siebenborn führt. Ein breiter, bequemer Fahr- und Spazierweg, der an den Baumstämmen eines Sägewerks, an Wiesen und Weiden und den Ufern der plätschernden Lieser entlangführt, zwischen Wohnhäusern und Schrebergärten. Eine Kläranlage markiert den Ortsrand von Maring-Noviand. Vor uns liegt die Mosel, links der Ortskern von Lieser und viele Lieblingsplätze. An erster Stelle: das **Weingut Hugo Hower** 7 mit gemütlicher Gutsschänke und Terrasse so-

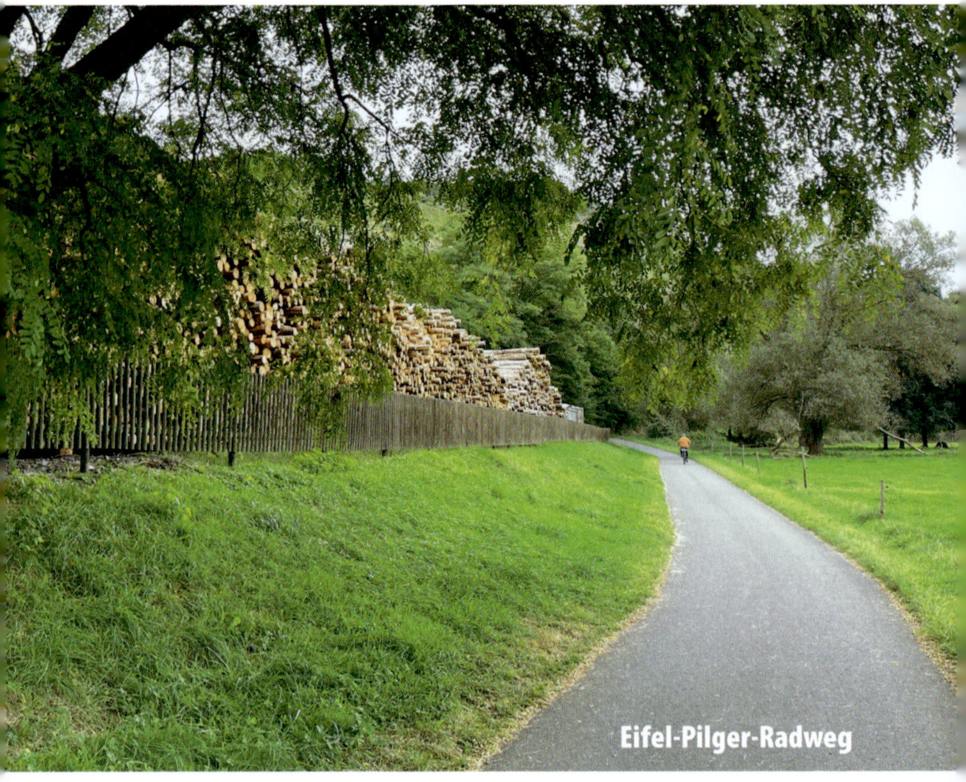

Eifel-Pilger-Radweg

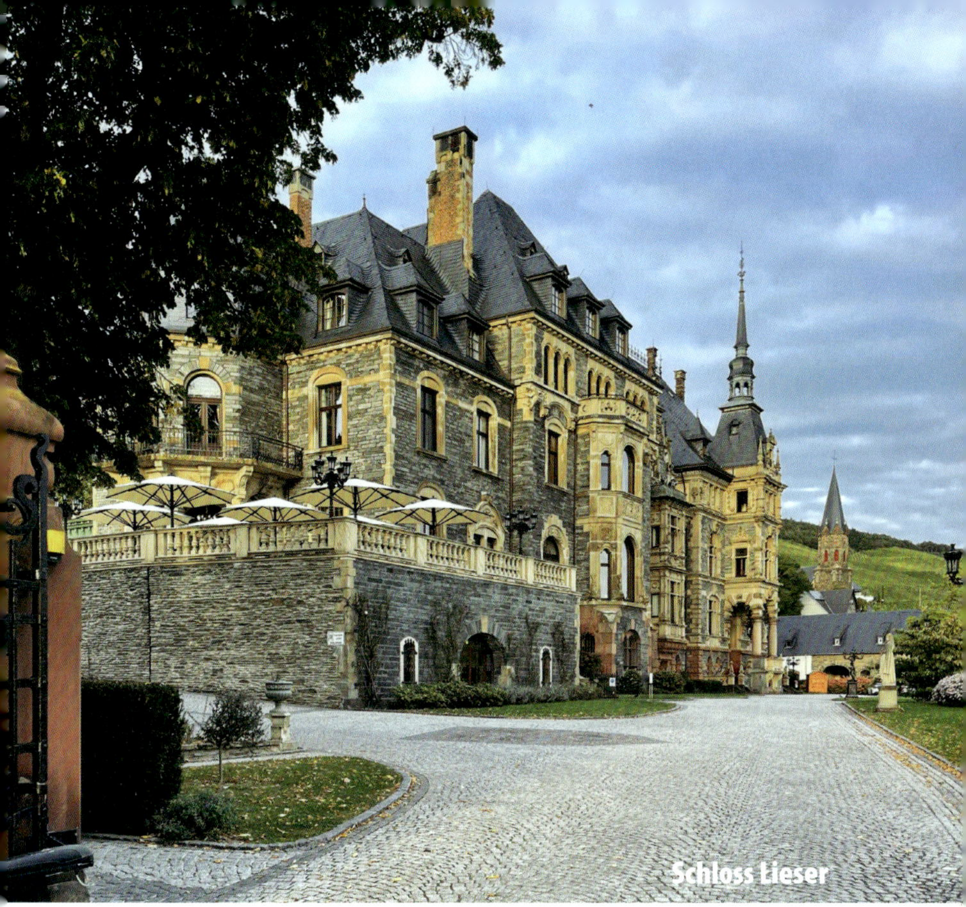

Schloss Lieser

wie unser Tagesziel, das märchenhafte **Schloss Lieser** 8. Ein königlicher Platz für den Sundowner oder ein gepflegtes Abendessen. Manchmal darf man sich etwas gönnen. Wir nehmen auf der prachtvollen Terrasse Platz und genießen den Moselwein und den Blick über den Fluss. Über den Rückweg wollen wir spontan entscheiden. Im Sommer ist es herrlich, mit den letzten Sonnenstrahlen durch die Weinberge nach Kues zurückzuwandern, eine knappe Stunde auf geteerten Wegen. Aber im Herbst wird es früher dunkel; wir könnten auch ein Taxi rufen. Es ist ja nicht weit und das **Restaurant Ochs im Burgblickhotel** 9 lockt uns sehr. Hier werden moseltypische Spezialitäten wie Zander auf Gräwes (ein Mix aus Kartoffelpüree, Sauerkraut und Speck) in frischer, junger Atmosphäre serviert.

***Schloss Lieser** entstand um 1885 im Stil der Neorenaissance als Familiensitz von Eduard Puricelli. Die Tochter des rheinischen Industriellen und ihr Mann, Clemens Freiherr von Schorlemer-Lieser, bauten es 1905 um und empfingen hier die feine Gesellschaft, auch Kaiser Wilhelm II.*

Verwöhntour 11

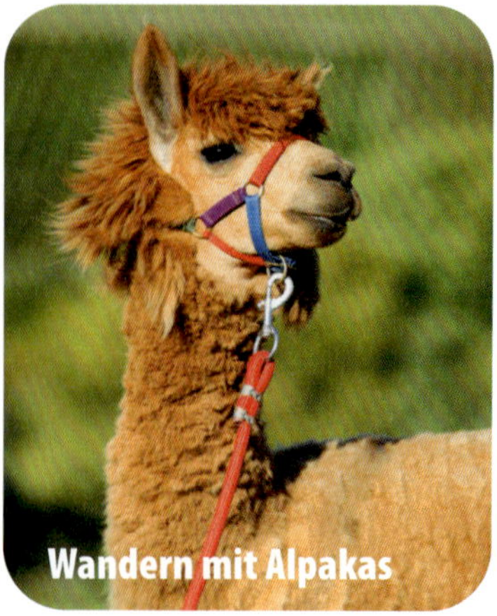

Wandern mit Alpakas

Balsam für gestresste Städter: **Wandern mit Alpakas ⑩.** Abayomi, das afrikanische Wort bedeutet „freundliches Zusammentreffen" und meint in Lieser die Begegnung von Mensch und Alpaka, den kleineren Verwandten der Lamas, die wie die wild lebenden Vikunjas und Guanakos zur Familie der Kameliden gehören. Erwiesenermaßen tut die Ruhe der sanften und sensiblen Anden-Tiere dem Menschen gut, weshalb sie auch „Delfine der Weide" genannt werden. Die Wanderung mit den kuscheligen Vierbeinern ist eine nachhaltige, weil unvergessliche Form der Entschleunigung.

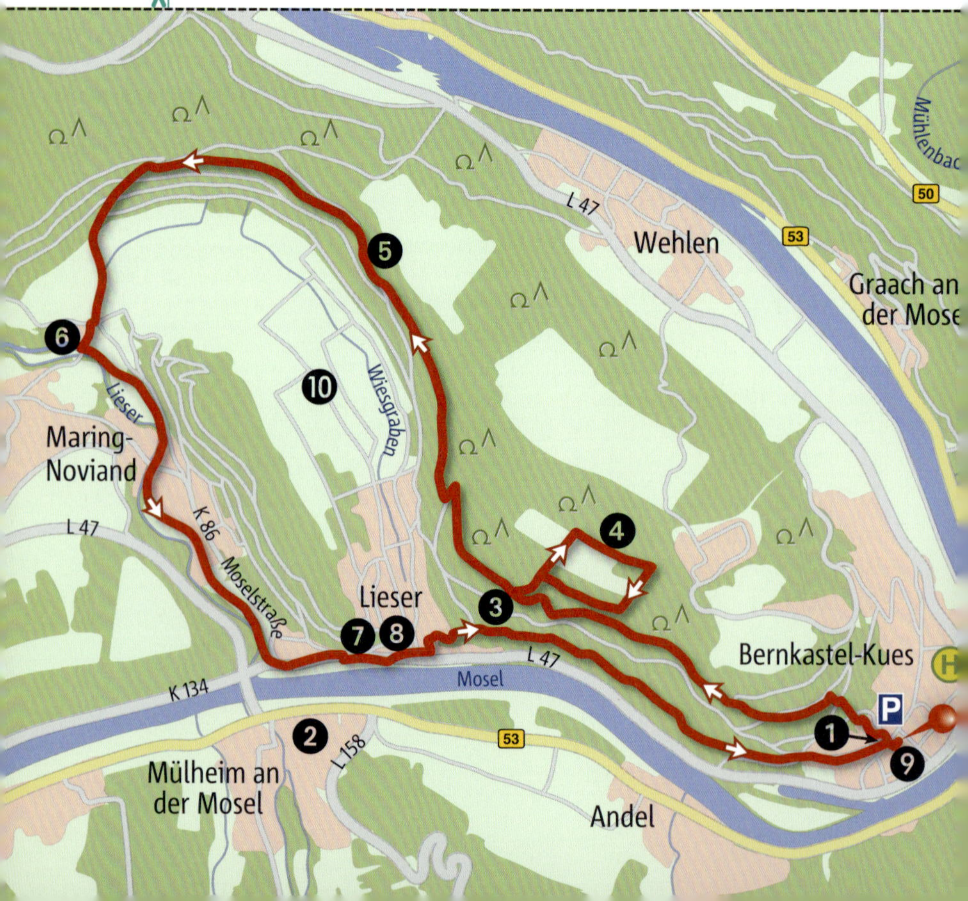

Alles auf einen Blick

WIE & WANN:
Überwiegend asphaltierte, teils sandige Weinbergwege, bequeme Waldwege auf dem Walderlebnispfad Lieser; beste Wanderzeit: ganzjährig

HIN & WEG:
Auto: Parkplätze neben dem Friedhof der Kirche St. Briktius, St. Briktius-Weg, 54470 Bernkastel-Kues (GPS: 49.913831, 7.060779)
ÖPNV: Mit der Bahn bis Wittlich, dann Bus 301 bis zum Busbahnhof Forum in Kues, von dort 10 Minuten Fußweg zur Pfarrkirche St. Briktius; von Mai bis Oktober täglich mehrere Schiffsverbindungen zwischen Traben-Trarbach und Bernkastel-Kues: www.moselrundfahrten.de

Entspannung ✱✱✱✱✱
Genuss ✱✱✱✱✱
Romantik ✱✱✱✱

ESSEN & ENTSPANNEN:
Weinromantikhotel Richtershof ❷ Hauptstraße 81-83, 54486 Mühlheim, Tel. (0 65 34) 94 80, www.weinromantikhotel.com
Hotel Klostermühle Siebenborn ❻ Im Siebenborn 2, 54484 Maring-Noviand, Tel. (0 65 35) 70 37, www.klostermuehle-siebenborn.de
Weingut Hugo Hower ❼ Moselstraße 42-43, 54470 Lieser, Tel. (0 65 31) 34 46, www.weingut-hower.de
Schloss Lieser ❽ Moselstraße 33, 54470 Lieser, Tel. (0 65 31) 98 69 90
Restaurant Ochs im Burgblickhotel ❾ Goethestraße 29, 54470 Bernkastel-Kues, Tel. (0 65 31) 9 72 27 70

ENTDECKEN & ERLEBEN:
Kirche St. Briktius ❶ **Schönste Weinsicht 2020** ❸
Walderlebnisweg Lieser ❹ **Paulskirche** ❺
Abayomi-Lieser ❿ Wandern mit Alpakas, abayomi-lieser.de

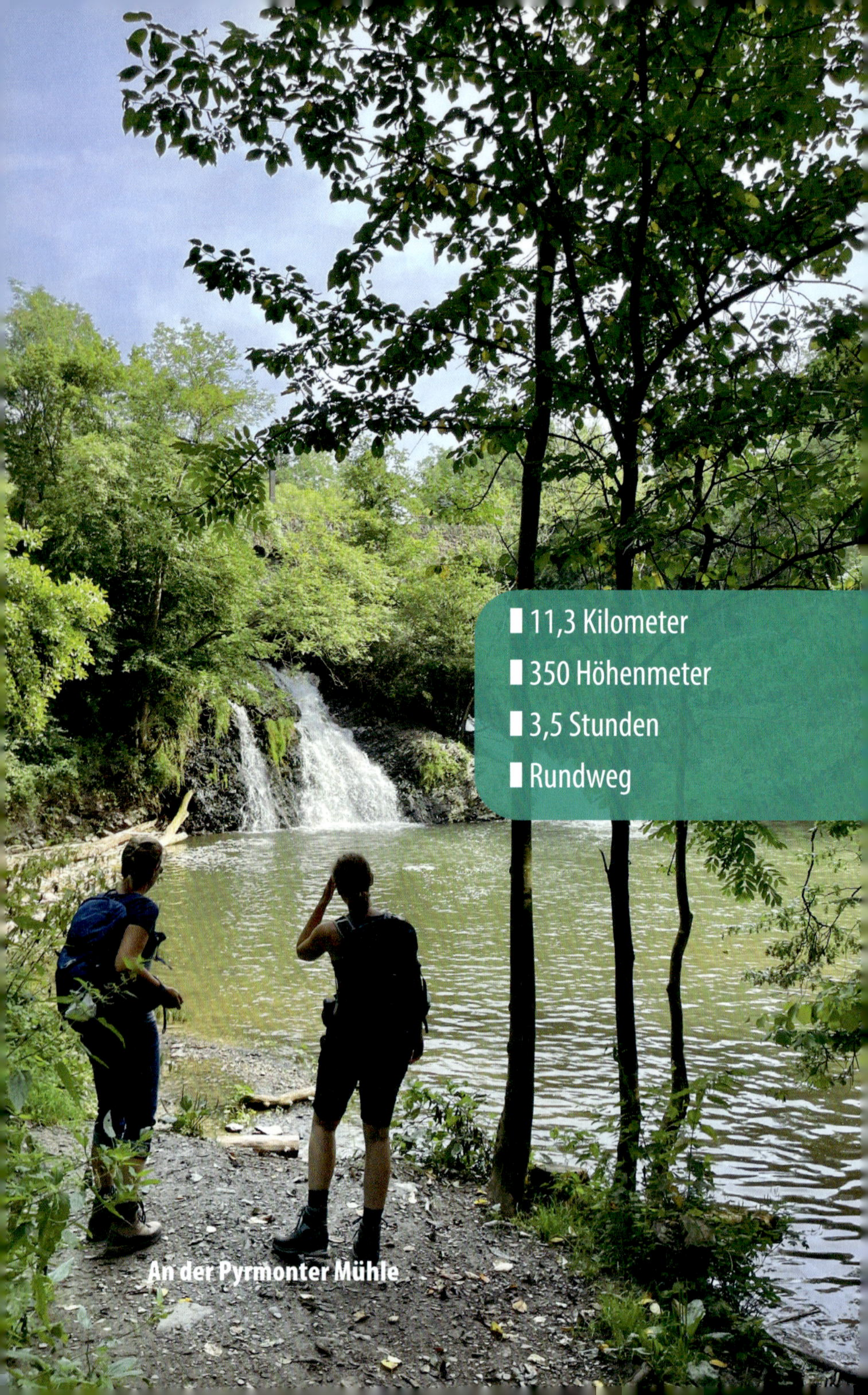

An der Pyrmonter Mühle

Offiziell ist der Traumpfad „Pyrmonter Felsensteig“ gesperrt, seit das Juli-Hochwasser 2021 eine Brücke über die Elz zerstörte. Doch wer bereit ist, den knietiefen Bach zu durchwaten, mag das Elztal beherzt durchqueren – vorausgesetzt, es ist trocken, windstill und sommerlich warm. Aber man muss kein Abenteurer sein, um zur Pyrmonter Mühle aufzubrechen, dem romantischsten Landgasthof weit und breit. Statt des gesperrten Rundwegs lassen sich von hier aus auch zwei herrliche Schleifen erwandern: die Waldwege zur Burg und die Feldwege auf den Eifelhöhen. Eine Sinfonie aus drei Sätzen: Burg – Mühle – Maifeld.

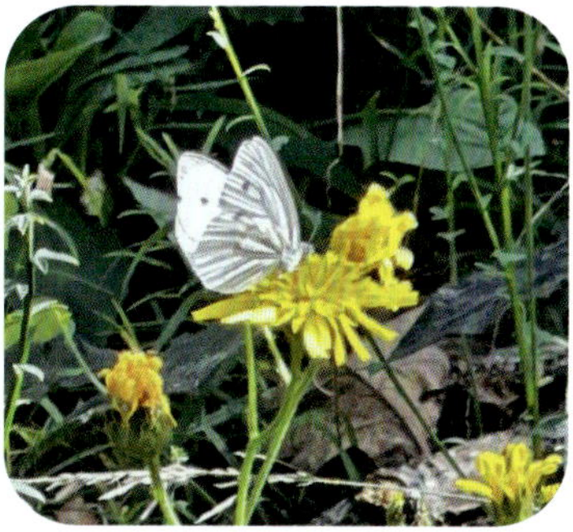

Wasser, Wald, Weite

Auf zur Pyrmonter Mühle

Start und Ziel beider Rundwege ist der Parkplatz zu Füßen der Burg, neben der **Pyrmonter Mühle 1**. Ein Ort wie aus dem Bilderbuch: Fachwerk, Wasserfall, Terrasse am Waldsaum. Während der ausgeschilderte Traumpfad an der Landstraße beginnt und neben der Mühlenkapelle zum Maifeld hinaufführt, tauchen wir hinter dem Fachwerkhaus in den Wald, begleitet vom Rauschen der **Wasserfälle 2**, die hinter dem Landrestaurant in einen winzigen Waldsee stürzen. Der Weg führt aufwärts und gabelt sich schon nach wenigen Schritten. Ein Schilderbaum zeigt

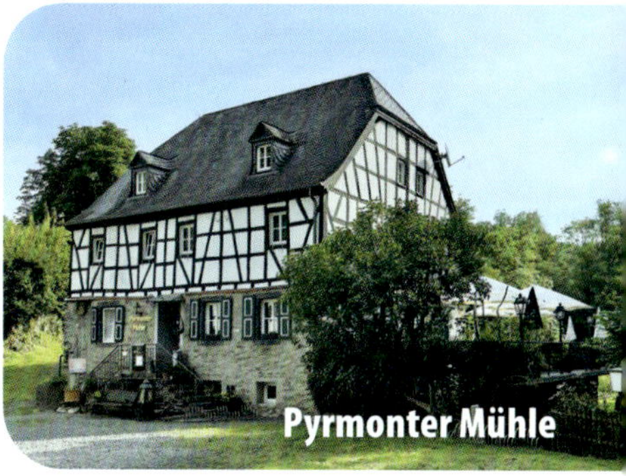
Pyrmonter Mühle

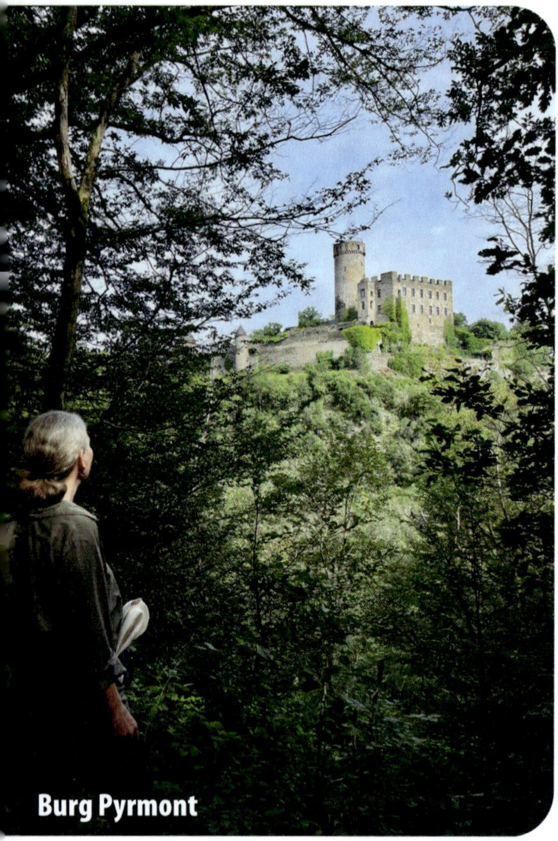

Burg Pyrmont

die Vielfalt der Wanderwege: 1,9 Kilometer zur Burg Pyrmont, 7,6 Kilometer bis Burg Eltz. Wir nehmen den kürzeren, folgen dem sachte ansteigenden Pfad, den hoch aufragende, schlanke Stämme rahmen. Zwei scheinen sich in den Armen zu liegen; ein Baum hat den stürzenden Nachbarn in seinen Ästen aufgefangen. Jetzt öffnet sich der Blick und auf der rechten Seite erscheint die Burg Pyrmont zwischen den Zweigen wie ein Gemälde von Carl Spitzweg. Aus dem Tal zu unserer Rechten wachsen die Bäume bis in den Himmel; die Kronen so fern, dass die Blätter zu grünen Wolken verschwimmen. Hainbuchen, Weißeschen und andere Baumriesen. Immer geradeaus führt der Pfad, hoch, runter, hoch, dazwischen eine Spitzkehre, in der ein Holzsteig über ein Bächlein führt. Ein murmelndes Rinnsal, das bei Starkregen zum Wildwasser werden kann.

Bald wird der Wald lichter und der Pfad führt an Schieferfelsen entlang, in denen sich unerwartet eine Höhle öffnet. Draußen Licht, Wiesenblumen und Schmetterlinge, Schönheit und Stille. Dann öffnet sich der Weg und die **Burg Pyrmont** ❸ steht vor uns – an Sonn- und Feiertagen empfängt sie Besucher.

Auf der gepflasterten Zufahrt geht es bergab. Schon nach wenigen Schritten zweigt in spitzem Winkel ein Waldweg ab und führt schnurgerade bis zur Landstra-

*Schon im 13. Jh. thronte der mächtige Bergfried auf dem Schieferfelsen über dem Elztal. Dann verfiel die Burg, bis sie Mitte des 20. Jh. von zwei Düsseldorfer Architekten gekauft und komplett restauriert wurde. Heute wird auf **Burg Pyrmont** gefeiert und geheiratet.*

ße, der man nun bis zur Pyrmonter Mühle folgt – es sei denn, man biegt hier ins Elztal ab.

Elztal für Abenteurer: „Traumpfad gesperrt! Brückenschaden!“ warnt das Schild, das einst die Route zum Pyrmonter Felsensteig wies. Der Augusttag ist heiß, eine Erfrischung kann nicht schaden. Also los! Auf der anderen Seite der Landstraße führt ein Weg in den Wald. Nach kurzem Stück **die erste Brücke.** In gutem Zustand. Wir gehen hinüber, dann links am Ufer entlang, vorbei an einer Waldwiese und hinauf in den Wald. Hoch und runter, der Felsensteig pendelt zwischen Wald und Fluss, die Ufer gesäumt von zerlegten Ästen. Bald kommt **die zweite Brücke** in Sicht, das Geländer ist eingedrückt, doch der Steg intakt. Wir gehen hinüber und fühlen das Epizentrum des Unwetters nahen: **die dritte, zerborstene Brücke.**

Für die Seele

Die Waldwege zur Burg Pyrmont, die Wasserfälle der Elz und die Weite des Maifelds entdecken und sich auf der Mühlenterrasse verwöhnen lassen.

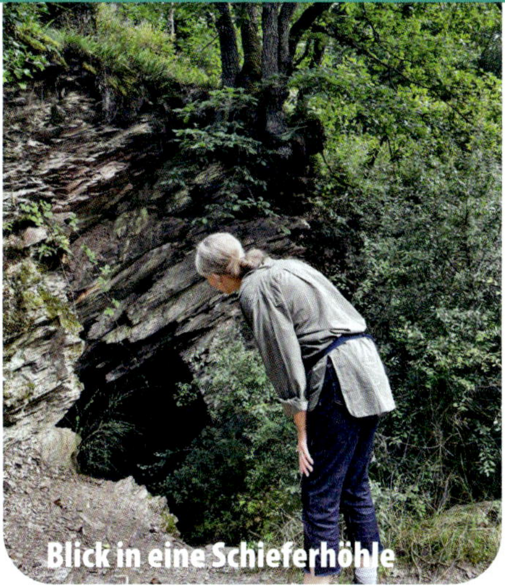
Blick in eine Schieferhöhle

Es dauert nicht lange, dann stehen wir vor ihr. Die Fluten haben den Betonsteg von den Ufersockeln gerissen und ins Flussbett geworfen, wo er mit Baumresten verkeilt auf der Seite liegt und das ohnehin ruhige Wasser staut. Vom Grunde des Flussbetts leuchten die Steine, als wollten sie uns den Weg weisen. Wir krempeln die Hosen hoch und steigen hinein. Das Wasser ist kalt und scheint mit jeder Sekunde

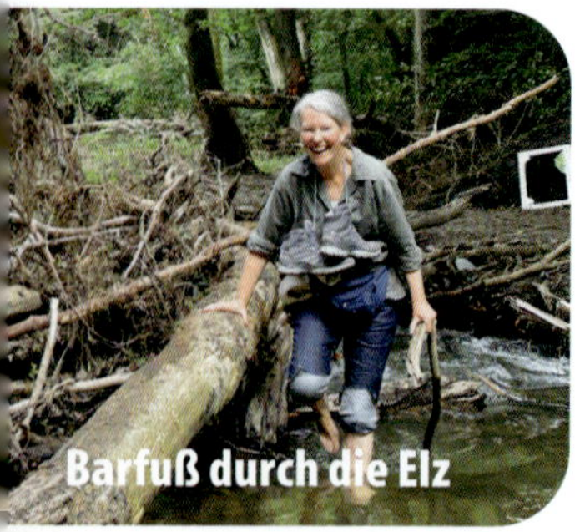

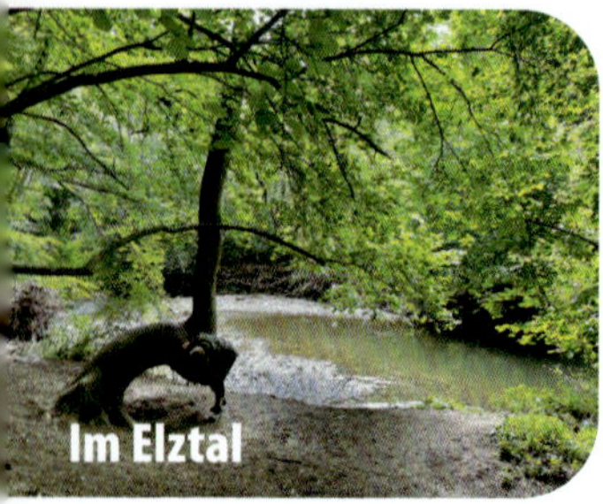

kälter zu werden, doch schon nach wenigen Schritten sind wir hinüber – Schlamm an den Füßen, Adrenalin im Blut. Jetzt führt uns der Waldweg den Berg hinauf, zurück ans Ufer und wieder nach oben. Vor der **Hauerhütte** lädt eine Wanderliege zur Verschnaufpause ein. Dann klettert der Weg den Berg hinauf und erreicht **am Waldrand die zweite Rasthütte.** Dahinter erstreckt sich die Hochebene, das fruchtbare Maifeld.

Wer das gesperrte Elztal meiden will, wandert einfach von der Mühle hinauf zum Maifeld, folgt der klassischen Traumpfadroute von der alten Steinbrücke über die Kreisstraße, nimmt 150 Meter weiter rechts den Waldweg, überquert eine Blumenwiese, kreuzt ein weiteres Mal die Landstraße und steigt hinter einer mächtigen Kreuzigungsgruppe am Waldrand den Berg hinauf, wo sich das Land weitet. Von der Mühle aus betrach-

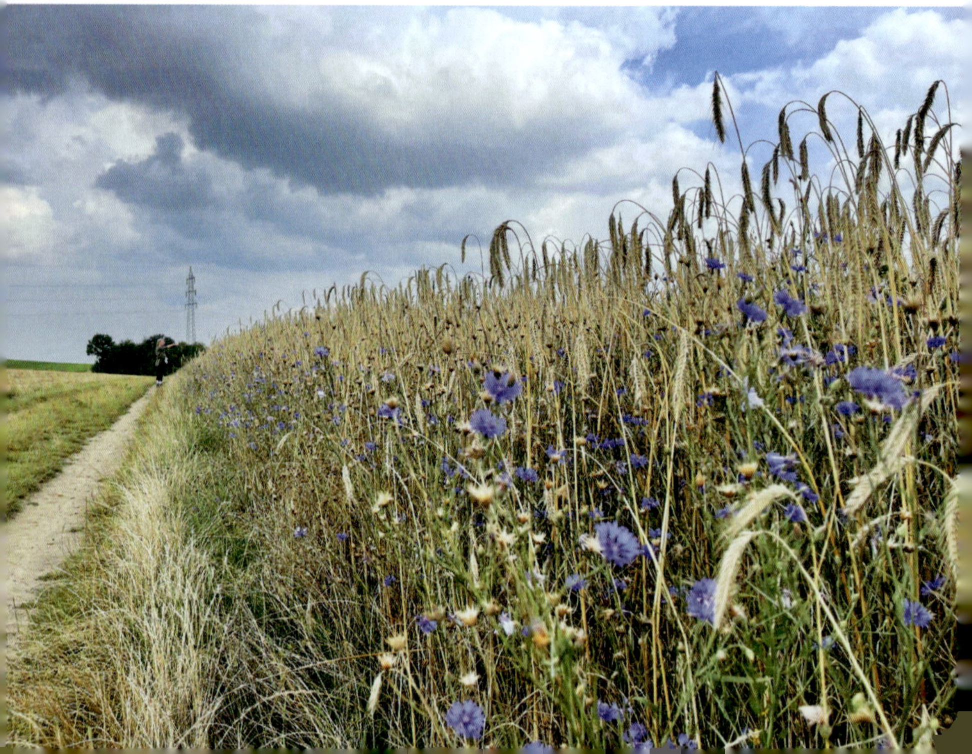

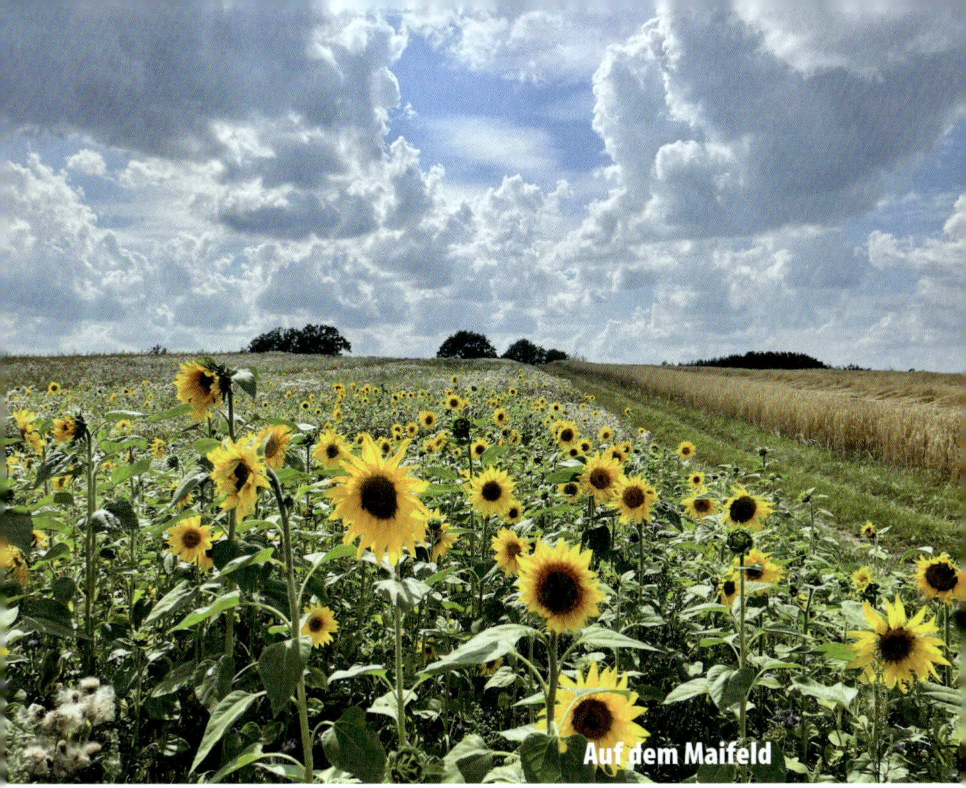

tet führen alle Wege bergauf: die Sand- und Schotterpisten, die Grasnarbe zwischen den Äckern. Man passiert die gemauerten Sockelreste eines ehemaligen Kreuzwegs, eine (in der Sanierung begriffene) Kapelle, davor Tisch und Bänke aus Schieferstein. Ein willkommener Halt auf dem Weg zum Sammetskopf, wo das Gipfelkreuz wie eine Zielfahne steckt. Diese Weite des Horizonts: Windräder auf der einen Seite, auf der anderen der markante Kirchturm von Münstermaifeld.

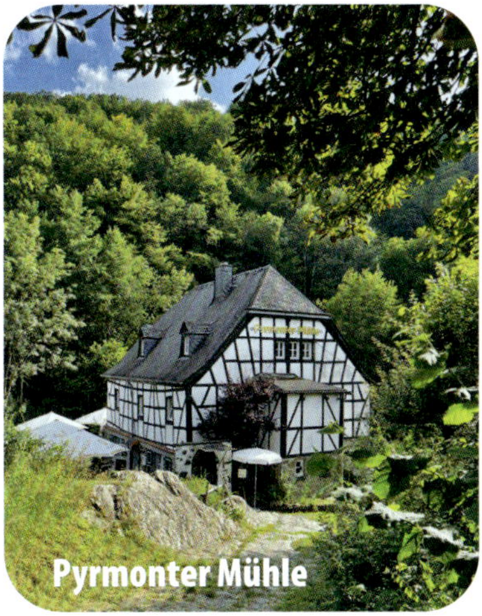

Schnurgerade verlaufen die Feldwege, rechts und links Roggen-, Weichweizen- und Kartoffelfelder, dazwischen summt es aus Wiesenblumenstreifen. Ein Traktor rattert vorbei, dann eine riesige Landmaschine. Wir genießen die Wolkenschatten und das Leuchten

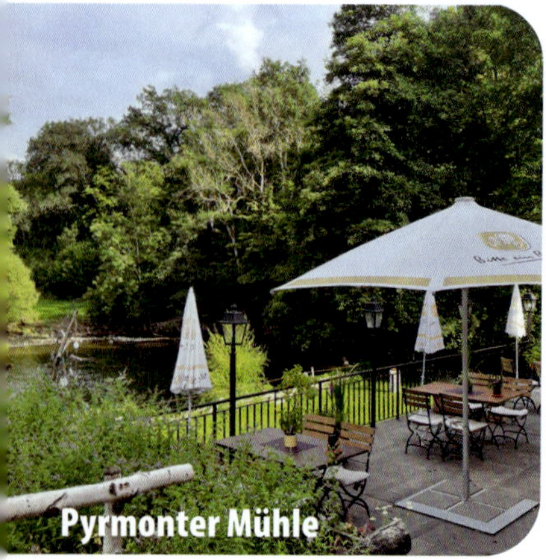

der Sonnenblumen. Der Weg ins Tal ist für alle gleich: für die Abenteurer, die trotz Warnung das Elztal durchquert haben und jetzt vom Sammetskopf hinabwandern, und für die Genuss-Wanderer, die nach (oder vor) dem Mittagessen von der Pyrmonter Mühle heraufgestiegen sind.

An der Brücke grüßt alle das Mühlenkapellchen. Warme Küche gibt es nur um die Mittagszeit (unbedingt reservieren!), am Nachmittag Kuchen und Eis vom Feinsten. Und mindestens zwei Gläser spritzigen Riesling, um auf bestandene Abenteuer anzustoßen.

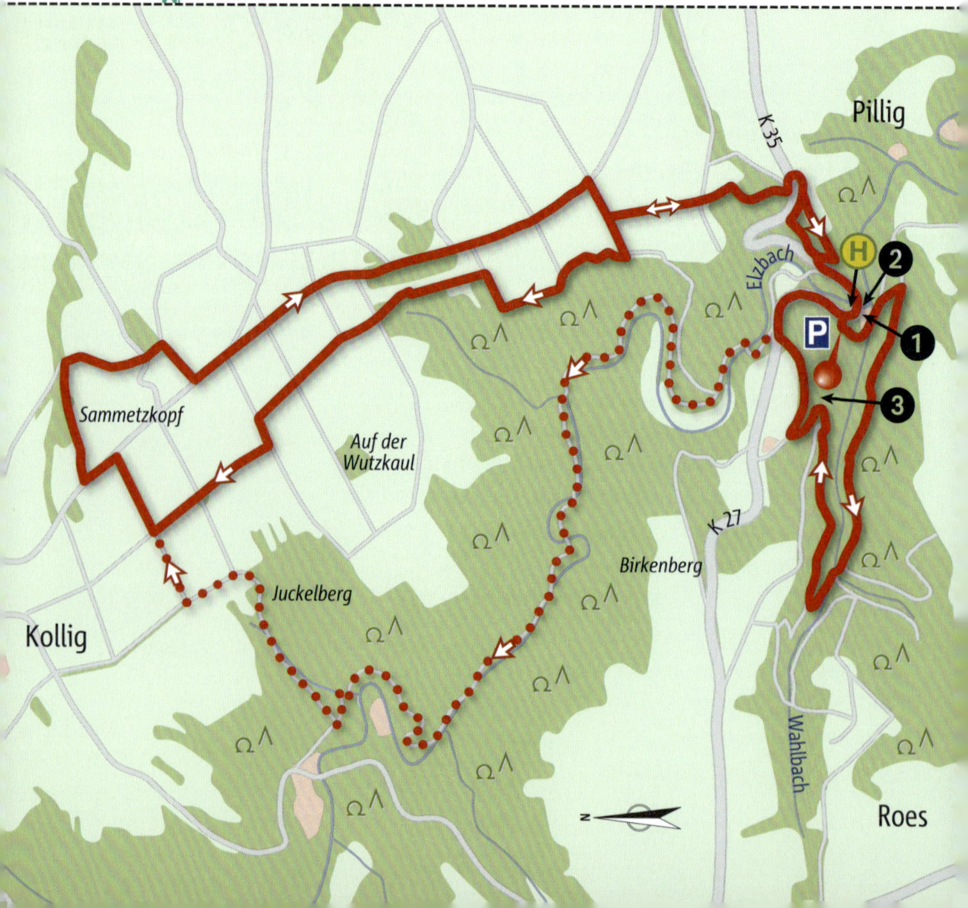

Alles auf einen Blick

WIE & WANN:
Wald- und Feldwege; beste Wanderzeit: April bis Oktober, außer nach mehreren Regentagen

HIN & WEG:
Auto: Parkplatz Pyrmonter Mühle, 56754 Roes/Eifel (GPS: 50.23674, 7.29036)
ÖPNV: Von Mai bis Oktober fährt an Samstagen, Sonn- und Feiertagen 4x täglich der Burgenbus (Linie 330) von Treis-Karden über Hatzenport und Burg Eltz zur Pyrmonter Mühle.

ESSEN & ENTSPANNEN:
Landgasthof Pyrmonter Mühle ❶ Pyrmonter Mühle 1, 56754 Roes/Eifel, Tel. (0 26 72) 73 25

Entspannung ✱✱✱✱✱
Genuss ✱✱✱✱✱
Romantik ✱✱✱✱✱

ENTDECKEN & ERLEBEN:
Wasserfälle ❷
Burg Pyrmont ❸ 56754 Roes, Tel. (0 26 72) 23 45

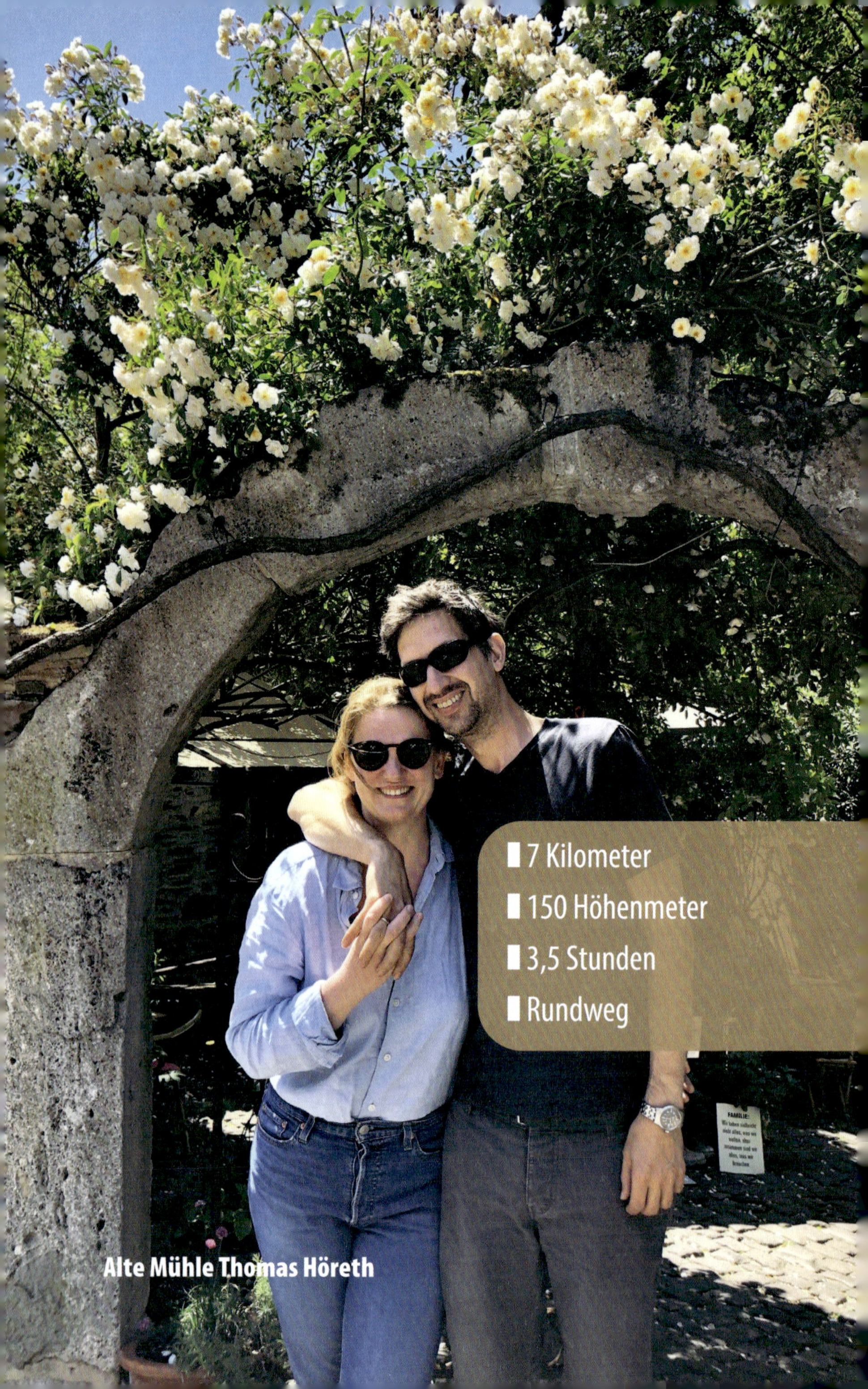

- 7 Kilometer
- 150 Höhenmeter
- 3,5 Stunden
- Rundweg

Alte Mühle Thomas Höreth

Die **Alte Mühle Thomas Höreth** ❶ ist einer der bezauberndsten Gasthöfe im ganzen Moseltal. Das Labyrinth der uralten Stuben und Höfe verströmt einen einzigartigen Charme. Hier, am Fuße des Schlossbergs, starten wir unseren Weg ins Mühlental. Fast senkrecht steigt der Weinberg neben der Straße empor; ganz oben thront die Matthiaskapelle wie eine Verheißung – das wichtigste Zwischenziel unserer Wanderung. Die schmale asphaltierte Straße windet sich 400 Meter durch den Wald. Dann kommt ein pittoreskes Gebäude in Sicht: drei spitze Giebel, Bruchstein und Fachwerk hinter dichtem Buschwerk. So verträumt und verschlossen wirkt es wie verwunschen. Erst der Blick durch das Gittertor in den lauschigen Patio zeigt: Hier ist Leben, sind Gäste willkommen. Das **Landhotel Höreth im Wald** ❷ ist die stille Schwester der Alten Mühle, ein verstecktes zweites Kleinod. Neben uns plätschert der Eiligbach, ein winziger Wasserfall springt zu Tal, ansonsten Stille.

*1082 wird die **Alte Mühle** zum ersten Mal als Wassermühle erwähnt. Später, im Besitz der Abtei Rommersdorf, dient sie als Gaststätte für Pilger, wird 1802 unter Napoleon säkularisiert und versteigert. Eine Bauernfamilie nutzt sie als Getreidemühle. 1975 erweckt sie Thomas Höreth zu neuem Leben.*

Jetzt öffnet sich der Wald: zwei Fischteiche zwischen hohen Bäumen. **„Petri Heil. Anglerklub 1912**

Für Romantiker

Rund um den Schlossberg

Kobern“ ❸ steht am Tor. Idyllische Ruhe. Doch zweimal im Monat ist Weiher-Fischen, sagt die Tafel am Tor. Passionierte Angler wissen, dass es in der Mosel von Zandern wimmelt und auch Barsche, Brassen und Rotaugen gern an den Köder gehen, vor allem in Brü-

Bis 1961 gab es in der Mosel ***Karpfen, Hechte und Lachse.*** *Dann wurde die Mosel kanalisiert. Schleusen versperrten den Zugang zu den Laichplätzen und vor allem Wanderfische verloren ihren Lebensraum.*

cken- und Hafennähe. Was es in den Koberner Weihern wohl zu fischen gibt?

Eine sachte Steigung, dann weitet sich das Tal. Knorrige Obstbäume auf sattgrünen Wiesen, Holzscheite, die in der Sonne trocknen. Sicher gehören sie zum **Euligerhof (4),** den wir jetzt erreichen. Auf der Wiese neben dem Bauernhaus schlummern ein alter Holzkarren, ein Mercedes-Oldtimer und ein Wohnmobil – ein herzerfrischendes Trio, herrlich nostalgisch und zugleich Symbol für modernes Landleben. Auf der anderen Straßenseite eine winzige **Wegekapelle,** innen weiß und himmelblau. Auf dem hölzernen Altarbrett drängen sich Kreuze, Kerzen, Madonnen und Blumensträuße. Und eine weiße, mit Ranken und Musiknoten verzierte Steintafel verheißt: „Lachen ist die kürzeste Verbindung zwischen zwei Menschen“.

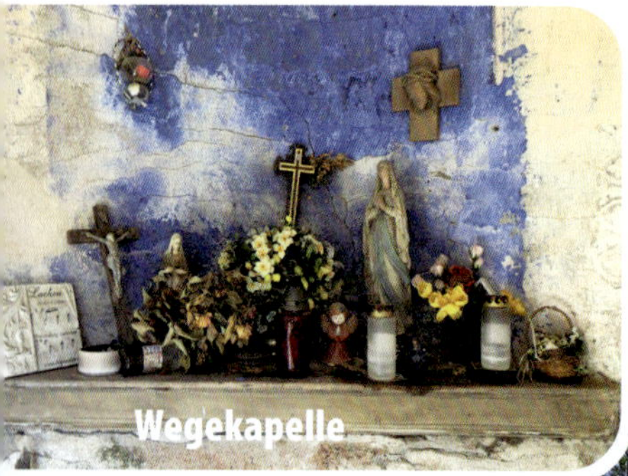

Wegekapelle

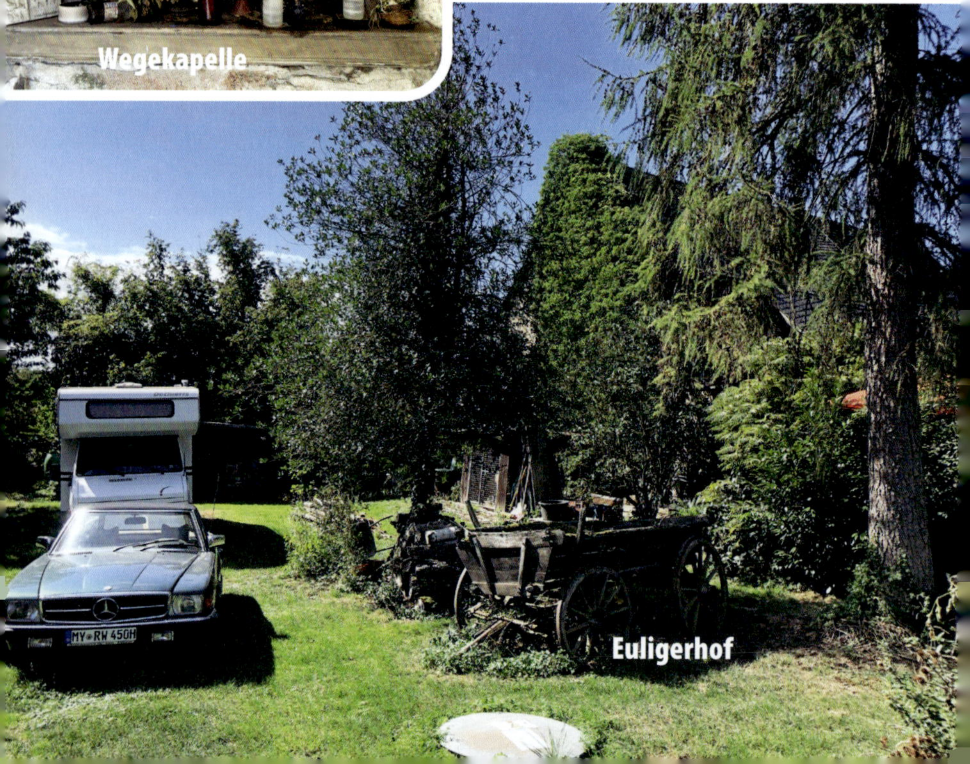

Euligerhof

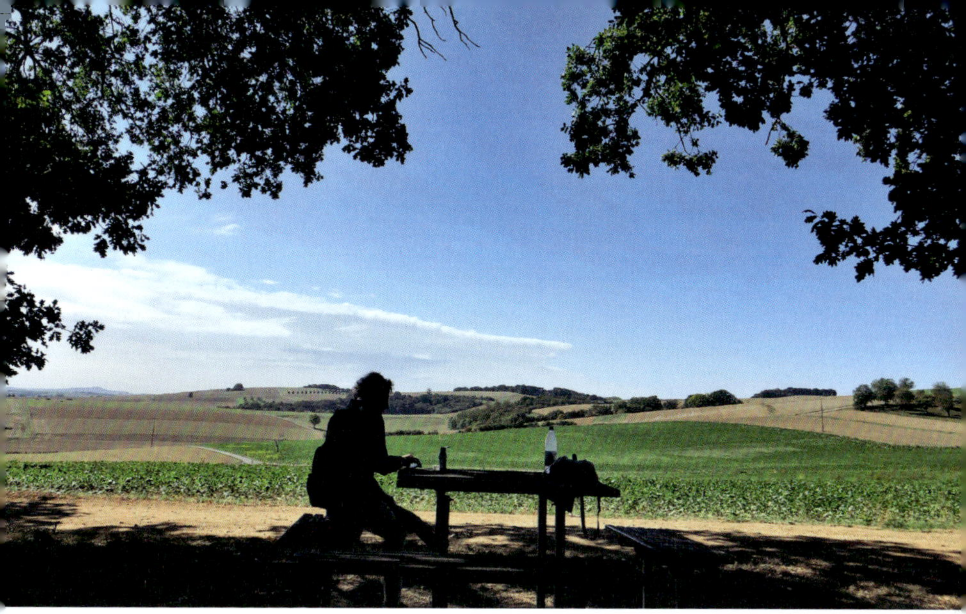

An der Weggabelung gehen wir rechts, folgen jetzt dem **Koberner Burgpfad,** der am Rand eines Feldes entlangführt. Auf der rechten Seite Eichenwald, auf der linken weite, sanft gewellte Felder. Ockergelb und hellbraun leuchten die abgeernteten Äcker, in sattem Dunkelgrün das Rübenfeld vor unseren Füßen. An einem Holztisch machen wir Rast. Drei Bänke für eine

Für die Seele

Der rosenumrankte Hochzeitspavillon auf der Wiese vor der Matthiaskapelle, hoch über dem Moseltal, dem Himmel so nah.

Wandergruppe – eine Einladung zum Sitzen und Schauen. Wir sind zu zweit und die ausgebreiteten Felder gehören uns ganz allein. Bald taucht der Weg in den Wald ein und schlängelt sich zwischen den Stämmen hochgewachsener Laubbäume bergab. An einer Gabelung tun sich drei Wege auf; eine große **Übersichtstafel** zeigt das Netz der verschlungenen Routen.

Der Traumpfad führt weiter zum Goloring, einem kreisrunden Erdwall, der vor 3000 Jahren von keltischen Druiden errichtet wurde, und über das Dörfchen Wolken zurück – ein etwa 5 Kilometer langer Rundweg, der genau hier oder ein Stück weiter unten endet. Zu weit für heute, befinden wir und nehmen die linke Abzweigung **Richtung Kobern.** Ein lichter Waldweg, flankiert von Bergflanken und bemoosten Schieferplatten. An der nächsten Wegkreuzung markiert ein Bildstock den Beginn des **„Tatzelwurmwegs“,** ein weiterer Rundweg, den wir ebenfalls großzügig abkürzen, denn es zieht uns zur Matthiaskapelle. Dem Tatzelwurm werden wir noch auf dem Marktplatz von Kobern in imposanter Größe begegnen. Ein Fabelwesen, halb Lindwurm, halb Löwe, das friedlich in den Tiefen des Schlossbergs gelebt haben soll.

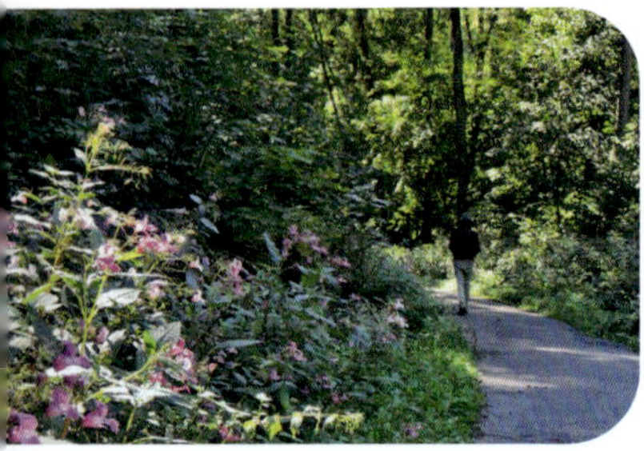

Wir wandern weiter durch den Wald, der sich in schönem Wechsel öffnet und schließt.

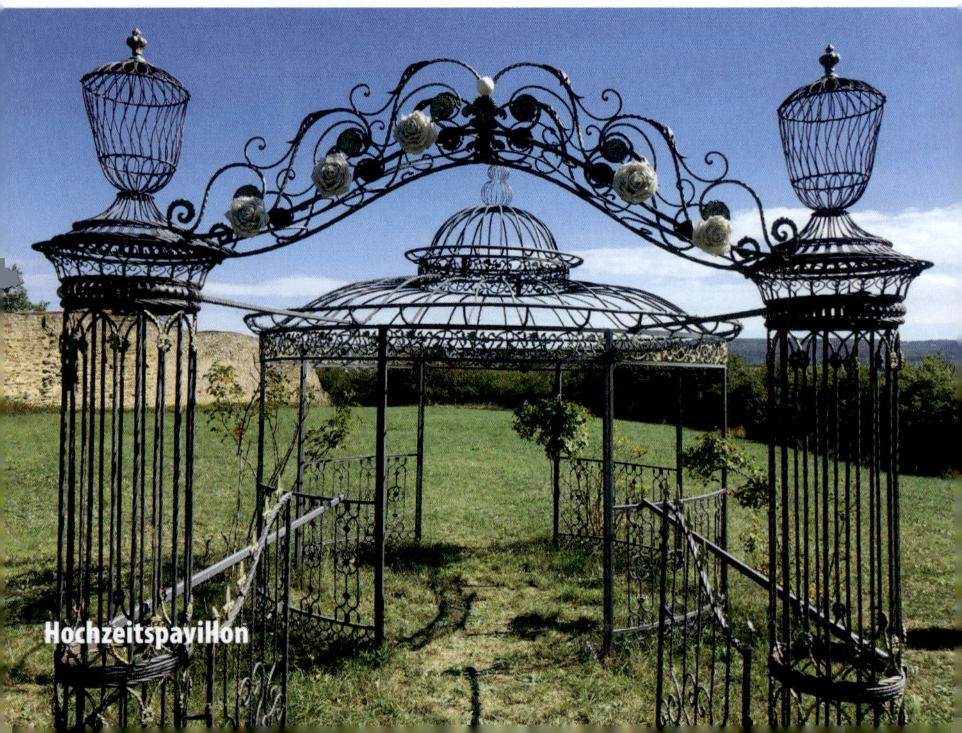

Hochzeitspavillon

Am **Rastplatz Sauerbrunnen** ❺ geht es lebhaft zu. Fröhliche Kinderstimmen wehen herüber; wir wollen nicht stören, steigen nur kurz zum Brunnen hinab, um mit der Hand etwas Wasser zu schöpfen. Das kohlensäurehaltige Mineralwasser aus dem Vulkangestein gilt als äußerst gesund, nur die gashaltigen Dämpfe der Quelle sollte man nicht länger einatmen. Also weiter durch den Wald. Nach wenigen Minuten bannt ein seltsamer Kasten zwischen den Bäumen unsere Aufmerksamkeit: eine Art offener Holzschrank mit durchlöcherten Holzscheiben auf den Regalen. „Hilton Insektenhotel" steht darauf – alles klar! Wir passieren den zweiten Sauerbrunnen, die **Guidoborn Mineralquelle** ❻, dann steigt unser Pfad an und mutiert zum Höhenweg am Rande einer Waldschlucht. Links gähnt ein Abgrund, aus dem schlanke Laubbäume riesenhaft in die Höhe wachsen, zum Licht. Die Wanderrouten **Traumpfad, Moselsteig und Tatzelwurmweg** verschmelzen auf diesem stimmungsvollen Wegstück, ihre farbigen Symbole grüßen von Baumstämmen. Als der Waldweg die nächste Biegung erreicht, öffnen sich die Zweige zu einem unerwarteten und atemberaubenden Ausblick auf das Moseltal. Weinberge, Fluss und Dörfer liegen uns wie gemalt zu Füßen. Vorausschauend haben die Planer des Wanderwegs genau hier eine Bank platziert, auf der wir glücklich niedersinken, ermattet nicht vom Aufstieg, sondern von diesem überwältigenden Landschaftsbild. Schließlich gehen wir doch weiter, denn auf der nahen Bergkuppe wartet schon das nächste Highlight: die **Matthiaskapelle** ❼ neben dem wuchtigen Turm der **Oberburg.** Ihr sechseckiger, spätromanischer Grundriss ist für die Mosel untypisch und erinnert an Gotteshäuser, wie man sie in Spanien, Portugal und Kleinasien trifft – architektonische Nachfahren der

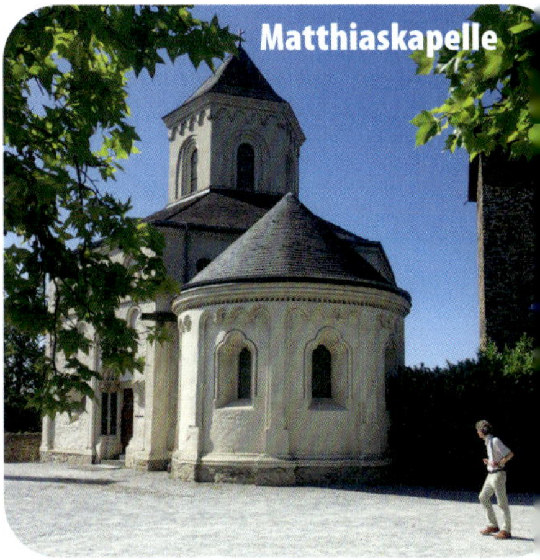

Matthiaskapelle

Heinrich II. von Cobern (1220 – 1240 n. Chr.) erbaute das Gotteshaus als Anbetungsstätte für den ***heiligen Matthias,*** *dessen Haupt er auf einem Kreuzzug erbeutet hatte. Die Reliquie verblieb jedoch nur 130 Jahre in der Kapelle; sie ruht heute in der gleichnamigen Abtei in Trier.*

Jerusalemer Grabeskirche. An Wochentagen bleibt dem Pilger nur der Blick durch die Kleeblattfenster in den mystischen Innenraum, doch sonn- und feiertags lassen sich die schwarzen Säulen mit ihren teils grotesk verzierten Kapitellen aus der Nähe bewundern. Ein guter Grund, zum Sonntagsbrunch heraufzukommen; das **Restaurant auf der Oberburg** 8 neben der Kirche hat die passende Sonnenterrasse. Auch für besondere Anlässe: das kleine Hochplateau mit dem rosenumrankten Hochzeitspavillon ist wie gemacht für romantische Brautpaare.

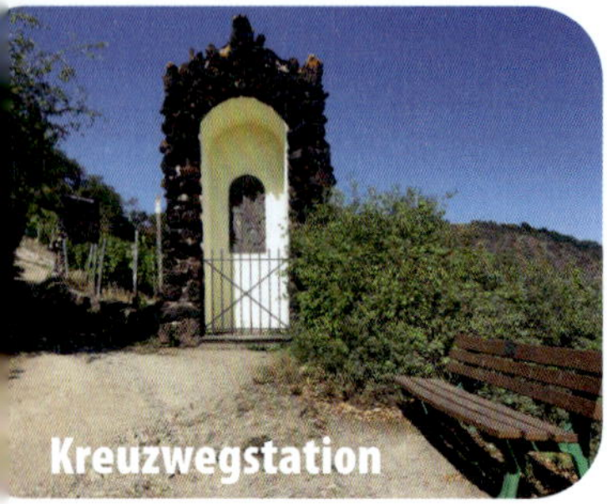

Kreuzwegstation

An der Oberkante des Weinbergs entlang führt der Weg zum **Gipfelkreuz** 9. Die Laufschiene einer Monorack-Bahn (wie die eingleisigen Zahnradbahnen für die Bewirtschaftung der Steillagen heißen) windet sich zwischen den Weinstöcken den Berg hinauf und man bewundert einmal mehr die schwierige Arbeit der Winzer an die-

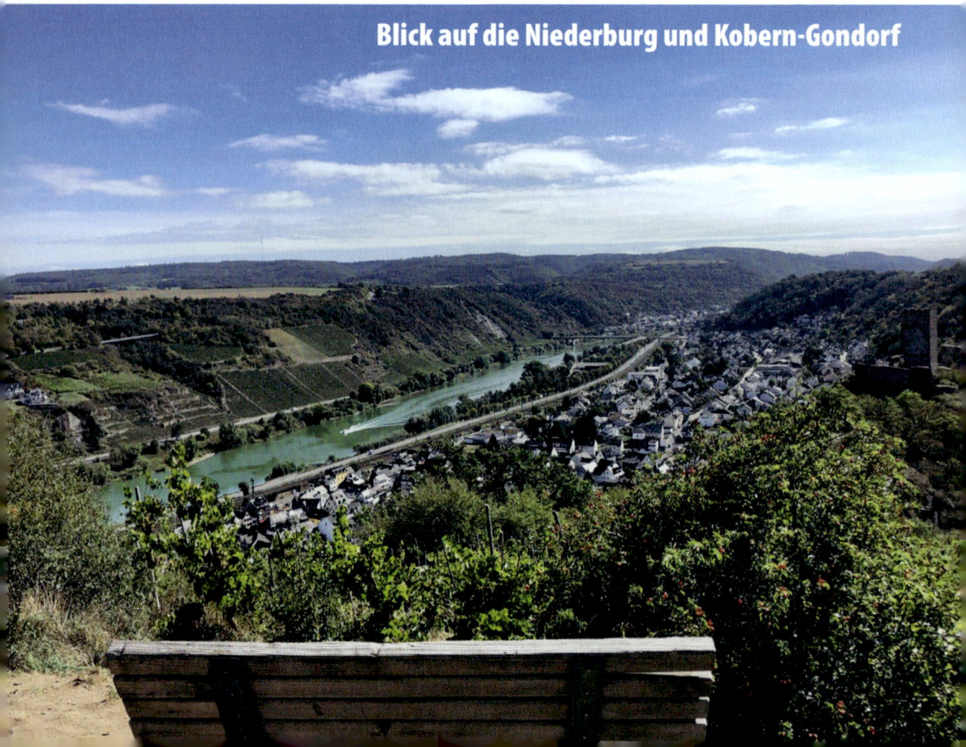

Blick auf die Niederburg und Kobern-Gondorf

sen schroff abstürzenden, mit Trockenmauern terrassierten Hängen. Grandios die Aussicht über das Moseltal, die Ruine der Niederburg und die grauen Hausdächer am Flussufer. Welches Postkartenidyll! Das traumhafte Panorama begleitet uns auch im Weitergehen bei der „Umkehrung" des **Kreuzwegs,** der ja eigentlich am Gipfelkreuz endet, aber für uns hier beginnt. Ein felsiger Steig mit außergewöhnlichen Bildstöcken. Die 14 Leidensstationen sind wuchtige Kapellen umrahmt von rötlich-braunen Lavasteinen, darin graue Basalreliefs von berührender Schlichtheit. Der Kreuzweg wurde 1867 errichtet und erhielt 1982 sein heutiges Gesicht. Ein Abzweig führt uns zur **Niederburg ⑩,** von der man den Kobernern direkt in die Gassen schaut. Vorbei an einem Skulpturenpaar erreichen wir den Fuß des Weinbergs. Nur wenige Meter bergan erwartet uns die Alte Mühle Thomas Höreth, doch zuerst wollen wir den Tatzelwurm am Marktplatz besuchen. Auf dem Weg bergab winkt uns rechter Hand die **Dreikönigskapelle ⑪** zu; der Chor schmückt sich mit gut erhaltenen mittelalterlichen Fresken, ein Muss für Spurensucher. Unterhalb des Friedhofs biegen wir links in die Burgstraße und wandern unterhalb des Alten Kirchturms entlang bis zur Lennigstraße. An der Hausnummer 15 öffnet sich der **Norbertusstollen ⑫.** 500 Meter tief in den Fels gegraben, Teil eines großen Stollensystems zum Abbau von Eisenerz. Mit Voranmeldung kann man die dunkel glitzernden Gänge erforschen. Vielleicht holen wir das im Winter nach, dann ist es im Bergesinneren wärmer als draußen: konstante 15°C.

Nur 200 Meter sind es zum pittoresken **Marktplatz ⑬,** wo der **Tatzelwurm** die ehrlichen Koberner Bürger bewacht, fotogen und alles andere als furchter-

*Als eine Dürre in Kobern die Ernte vernichtete und ein Magier den **Tatzelwurm** als Schuldigen ausmachte, tötete ein Ritter den Drachen. Die Hungersnot aber blieb und der Ritter weinte vor Reue. Eine Träne tropfte dem Tatzelwurm ins Herz, so die Legende, worauf dieser die Augen öffnete und ihm verzieh.*

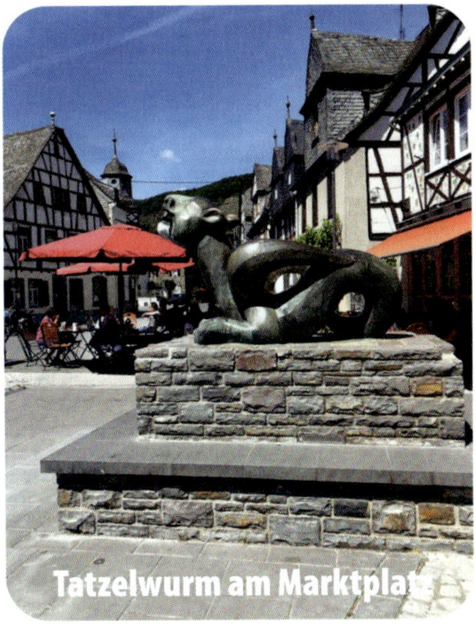

Tatzelwurm am Marktplatz

*1809 hatte der französische Innenminister eine Belohnung für das Auffinden von **Erz** in Aussicht gestellt und in Kobern einen wahren Erzrausch ausgelöst. Ab 1842 wurde in Kobern etwa 50 Jahre lang Eisenerz abgebaut und über die Mosel verschifft.*

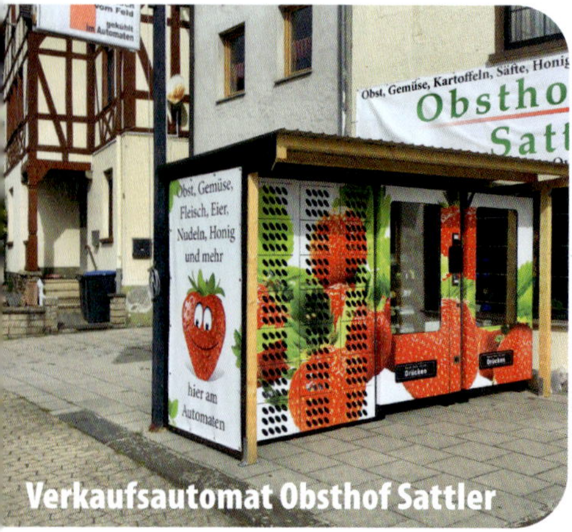

Verkaufsautomat Obsthof Sattler

regend in dieser Bilderbuchkulisse. Aperitif im **Winzerhaus am Brunnen ⑭?** Ein Glas Moselriesling geht immer. Vorbei am **Abteihof ⑮,** dem ältesten Fachwerkhaus der Stadt, erreichen wir den **Verkaufsautomaten vom Obsthof Sattler ⑯,** die ultimative Anlaufstelle für kurzentschlossene Selbstversorger. Erdbeeren, Äpfel, Kartoffeln, Eier, Käsekrainer und Steaks, alles frisch vom Bauern. Aber für heute Abend sind wir versorgt: In der Alten Mühle wartet ein Tisch auf uns.

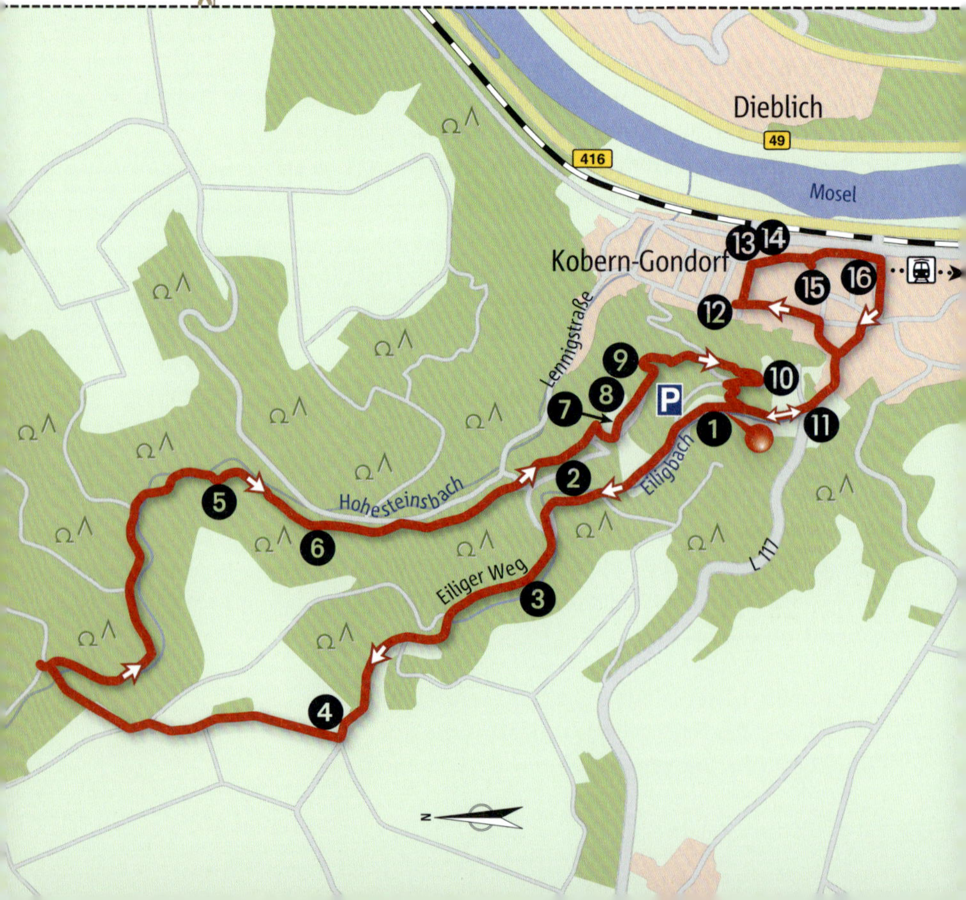

Alles auf einen Blick

WIE & WANN:
Asphaltierte Straßen und Waldwege im Wechsel;
beste Wanderzeit: April bis Oktober

HIN & WEG:
Auto: Parkplatz an der Alten Mühle Thomas Höreth, Mühlental 17, 56330 Kobern-Gondorf (GPS: 50.31259, 7.45435)
ÖPNV: Bahnhof Kobern-Gondorf, von dort 1,5 Kilometer Fußweg

ESSEN & ENTSPANNEN:
Alte Mühle Thomas Höreth ❶ Mühlental 17, 56330 Kobern-Gondorf, Tel. (0 26 07) 64 74
Landhotel Höreth im Wald ❷ Mühlental 6, Tel. (0 26 07) 64 74
Restaurant auf der Oberburg ❽ Oberburg 0, 56330 Kobern-Gondorf, Tel. (0 26 07) 86 47
Winzerhaus am Brunnen ⓮ Marktplatz 13, 56330 Kobern-Gondorf, Tel. (0 26 07) 9 73 35 05

ENTDECKEN & ERLEBEN:
Anglerklub 1912 Kobern ❸ **Euligerhof** ❹
Rastplatz Sauerbrunnen ❺ **Guidoborn Mineralquelle** ❻
Matthiaskapelle ❼ **Gipfelkreuz** ❾ **Niederburg** ❿ **Dreikönigskapelle** ⓫
Norbertusstollen ⓬ **Eingang Lennigstraße** ⓯

Entspannung ✱✱✱✱✱
Genuss ✱✱✱✱✱
Romantik ✱✱✱✱✱

Historischer Marktplatz mit Tatzelwurmbrunnen ⓭ **Abteihof St. Marien** ⓯
Verkaufsautomat Obsthof Sattler ⓰ Fährstraße 20, 56330 Kobern-Gondorf, www.obsthof-sattler.de

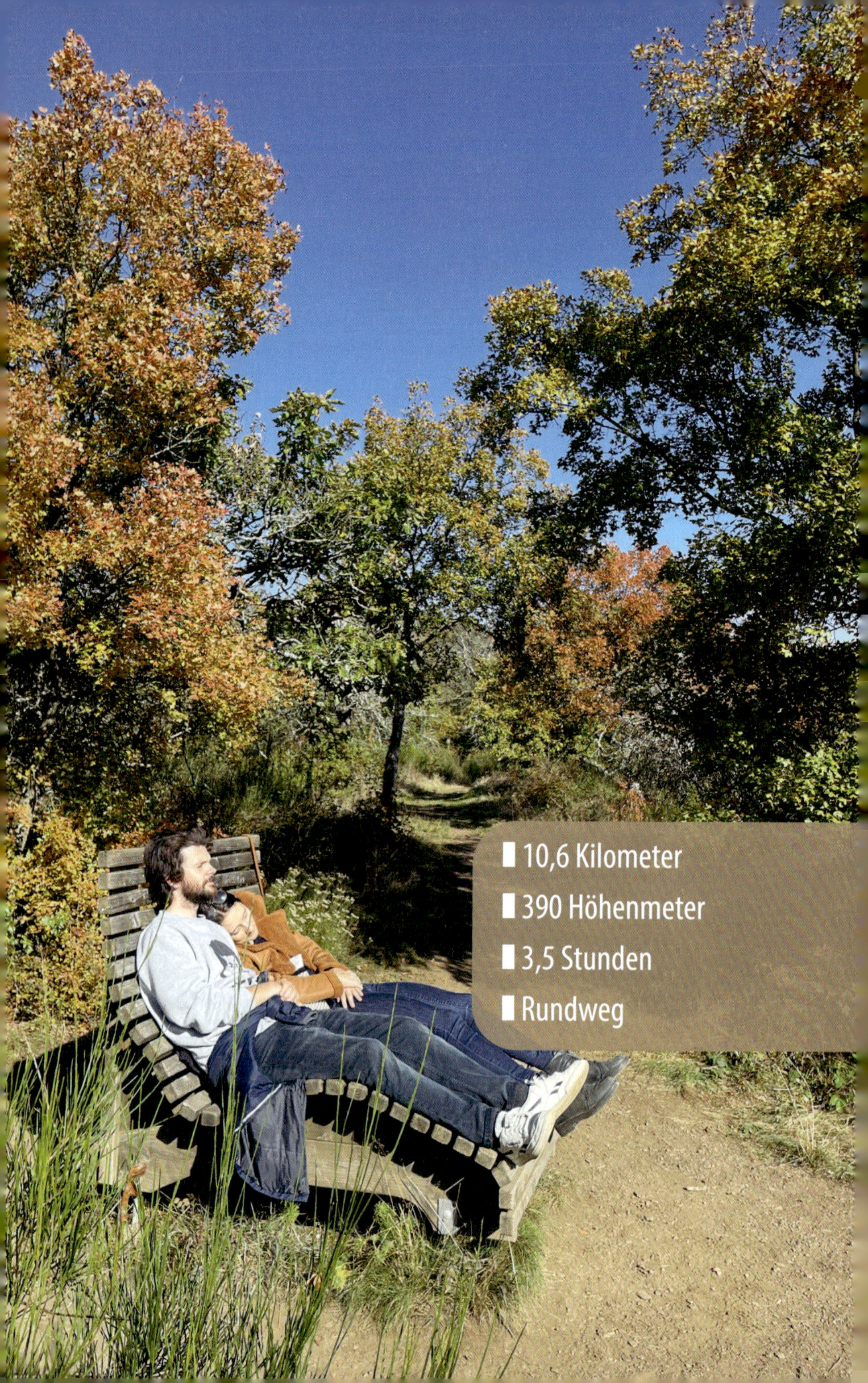

- 10,6 Kilometer
- 390 Höhenmeter
- 3,5 Stunden
- Rundweg

Schon William Turner, den berühmtesten englischen Maler der Romantik, inspirierte die Cochemer Landschaft und das Licht des Moseltals. Wenn der Nebel aus dem Flusstal aufsteigt und die Reichsburg mystisch umhüllt, sich die Berge allmählich entschleiern und aus dem Dunst pastellige Farben leuchten, dann entstehen wahrlich magische Bilder.

Seit 1877 kann man via Koblenz mit dem Zug anreisen. Der **Fachwerkbahnhof** ❶ wäre ein Highlight von Cochem, doch es fehlt an Investoren. So verharrt das nostalgische Bauwerk in Melancholie und hofft auf bessere Zeiten. Der Denkmalschutz hält die Hand über den moseltypischen Heimatstil. Autofahrer parken am besten am Fuß des Pinnerbergs, denn auf den Plätzen am Moselufer kann man längstens 3 Stunden bleiben.

„Cochemer Ritterrunde“ heißt der „Seitensprung“, den die Moseltouristik Wanderern empfiehlt. Eine mehr als 20 Kilometer lange Rundtour, für die man mindestens 7 Stunden einplanen muss. Zu lang und zu anstrengend für alle, die sich – ganz wie William Tur-

Unter den deutschen Kleinstädten gehört ***Cochem*** *zu den beliebtesten. 2020 belegte das Moselstädtchen bei einer Online-Befragung des Reiseportals Travelbook den dritten Platz! Wer es stiller mag, kommt im Winterhalbjahr oder folgt unseren Wanderwegen.*

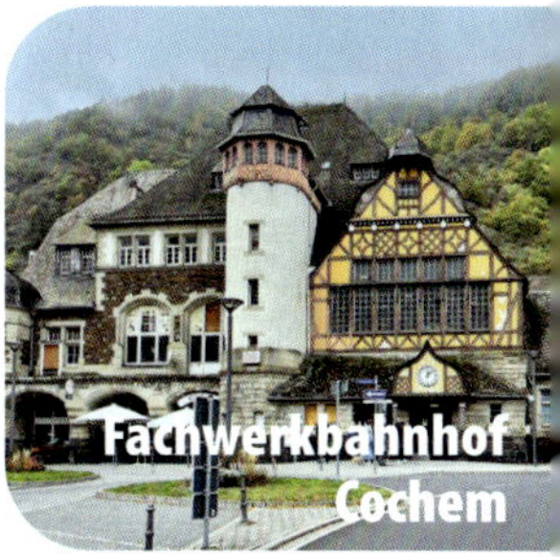

Wie gemalt

Wanderung in Cochem

ner – Zeit und Muße für die Schönheit der Landschaft wünschen. Wir werden sie abkürzen, denn schon die halbe Tour ist anstrengend genug, schließlich wollen zwei Gipfel bestiegen werden.

Unser Startpunkt ist die **Talstation des Cochemer Sessellifts** ❷, 15 Minuten Fußweg von Bahnhof und Park-

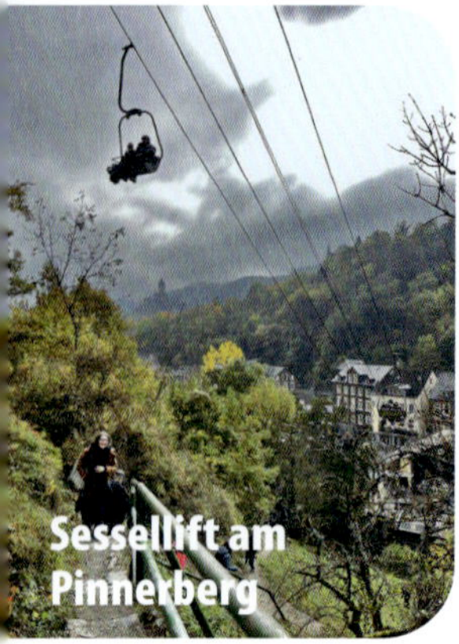
Sesselllift am Pinnerberg

Die Cochemer erinnert das Gipfelkreuz an die **Legende vom Hirten Pinn:** Der treusorgende Hütejunge habe eine verirrte Ziege von einem Felsvorsprung befreien wollen und sei dabei selbst in die Tiefe gestürzt. Eine von mehreren Geschichten auf den bunten Infotafeln der „Cochemer Ritterrunde".

platz entfernt. Die Versuchung ist groß, den Lift zu besteigen und zum ersten Gipfel hinaufzuschweben, denn der **Pinnerberg** ist steil und der Weg nach oben eine schweißtreibende Treppe aus erdigen Stufen und kurzen Schrägen. Allerdings: wer nicht schwindelfrei ist, mag den Anstieg zu Fuß bevorzugen, so hoch fliegen die Sessel über der Bergflanke.

Der Einstieg in den Aufstieg ist am Parkplatz der Talstation, rechts neben dem Haus mit dem schmucken Fachwerkgiebel. Eine Treppe führt zu einem Flüsschen hinab, ein Brückchen hinüber und schon geht es den Berg hinauf. Über uns gleiten „bemannte" Sessel vorbei, in beide Richtungen, denn nicht wenige Spaziergänger lassen sich entspannt nach unten tragen. Wir genießen den Fußweg und den immer weiteren Blick auf die (noch) von Nebelschwaden bedeckte Landschaft. Hatte Turner Heimatgefühle bei diesem Anblick? Immer wieder öffnen sich helle Flecken im bleiernen Grau; manchmal blitzt das Himmelsblau hindurch und lässt die Farben des Herbstlaubs aufleuchten. Auf einer Felsnase über uns hält ein Wande-

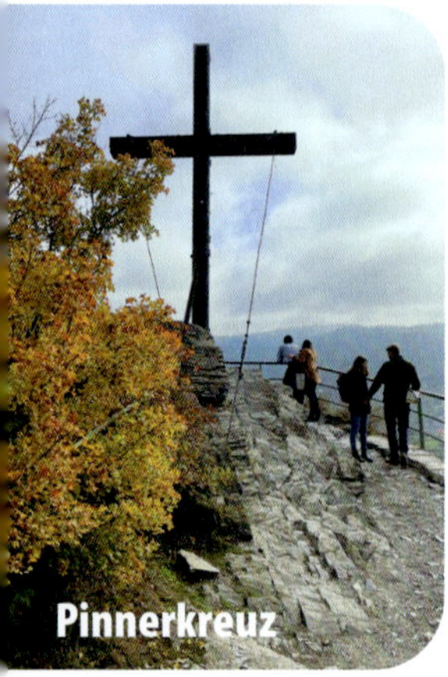
Pinnerkreuz

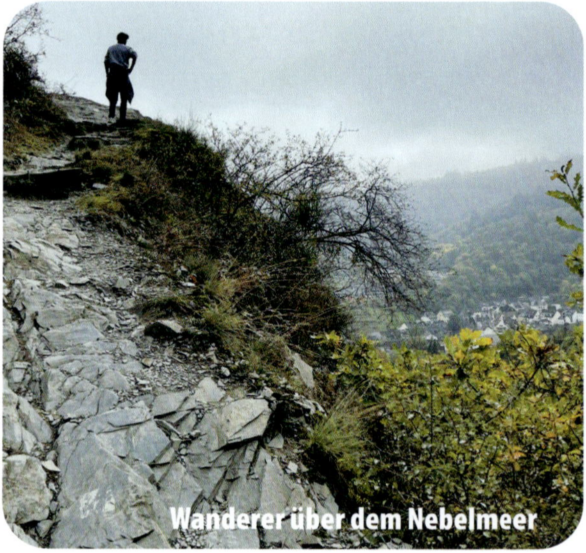
Wanderer über dem Nebelmeer

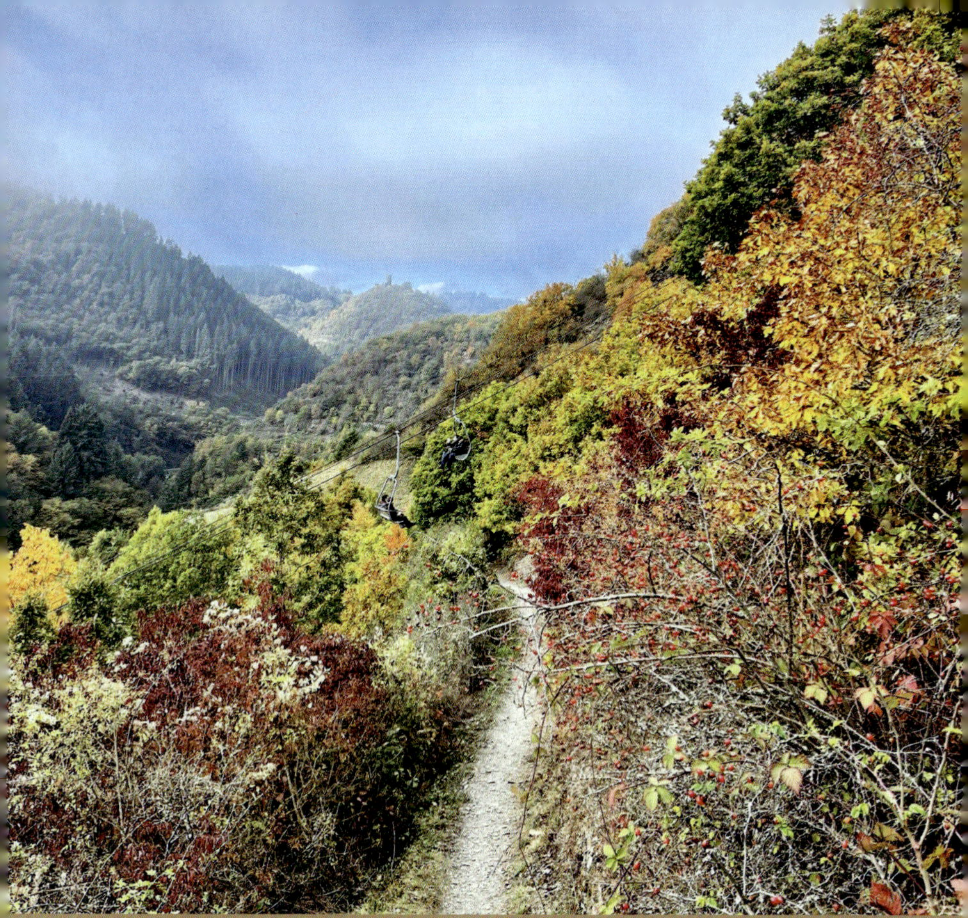

Für die Seele

Die Landschaft betrachten, als sähe man sie mit den Augen eines Malers und dem Pinsel in der Hand.

rer Ausschau und bietet ein stimmungsvolles Bild, das uns irgendwie bekannt vorkommt. Natürlich: „Der Wanderer über dem Nebelmeer", Caspar David Friedrich, nicht Turner, aber auch ein Romantiker. Man möchte zum Maler werden bei diesen Bildern!

Als wir das **Pinnerkreuz** ③ erreichen, hat der Himmel aufgeklart und ein sonniges Flusstal erstreckt sich zu unseren Füßen. Stolz lassen sich die Gipfelstürmer ablichten. Auf der benachbarten Bergspitze thront neben der Bergstation des Sessellifts ein **Restaurant** ❹ mit großer Terrasse. Herrliche Aussicht und gute Stimmung, Moselwein auf vielen Tischen. Kein Wunder, dass der Sessellift auch bergab nicht leer ist.

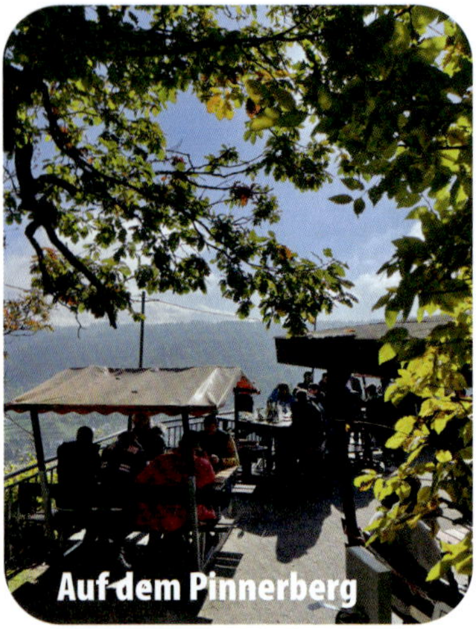

Auf dem Pinnerberg

Sicher haben manche der Gäste den **Wild- und Freizeitpark Klotten** ❺ besucht oder sind noch auf dem Weg dorthin. Er ist nur eine halbe Stunde Fußweg entfernt und ein Lieblingsziel der Ausflügler. Uns zieht es in die Gegenrichtung: zum **Aussichtspunkt Wackelei** und der **Ruine Winneburg,** die schon beim Aufstieg so malerisch aus der Ferne grüßte. Wir gehen den Pfad an der Seite des Restaurants hinauf und finden direkt dahinter einen Pfahl

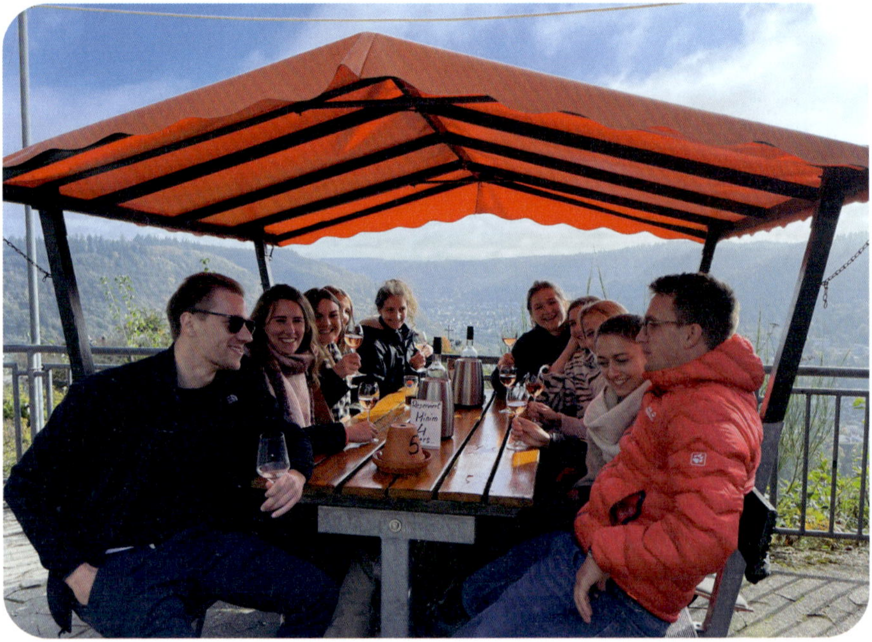

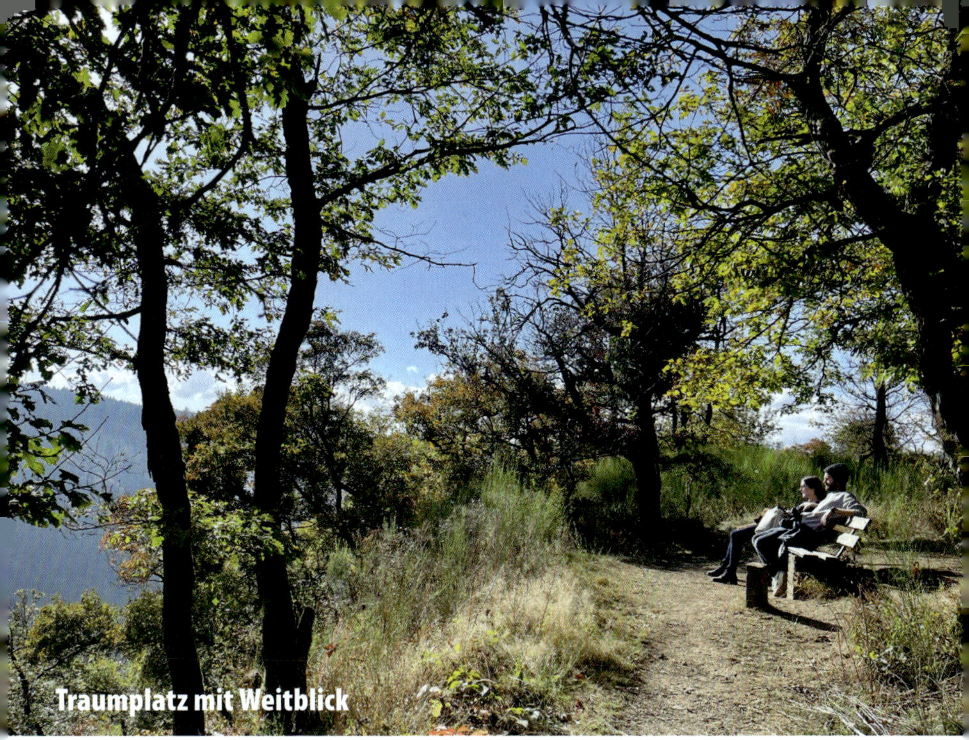

Traumplatz mit Weitblick

mit vier geschnitzten Holzpfeilen und zwei Logos: Moselsteig und Mosel Seitensprung – die Cochemer Ritterrunde, unser Wanderweg. Der schmale Pfad führt durch lichten, besonnten Wald. Goldene Blätter vor strahlendem Blau, silbergraue Schieferplatten und Kissen von dunkelgrünem Moos. Die Natur ist wirklich der größte Künstler! An einer Bank gabelt sich der Weg; wir folgen den Pfeilen, die nach oben weisen, und erreichen bald eine Aussichtshöhe, auf der eine Bank zum Ausruhen einlädt. Wo, wenn nicht hier, denkt man unwillkürlich. Weit geht der Blick über den Taleinschnitt und eine Kette dicht bewaldeter Berge. Ganz unten, in der linken Ecke dieses prachtvollen Landschaftsbildes liegt die Reichsburg auf der Spitze eines Weinbergkegels, eine schemenhafte Silhouette.

Es fällt schwer, hier aufzustehen, um weiterzugehen, doch schon ein kleines Wegstück weiter wartet der nächste Traumplatz auf uns: eine ergonomisch geformte Holzliege, Wellness mit Weitblick. Nichts wie hinlegen, Füße hoch und Augen zu, doch im Grunde

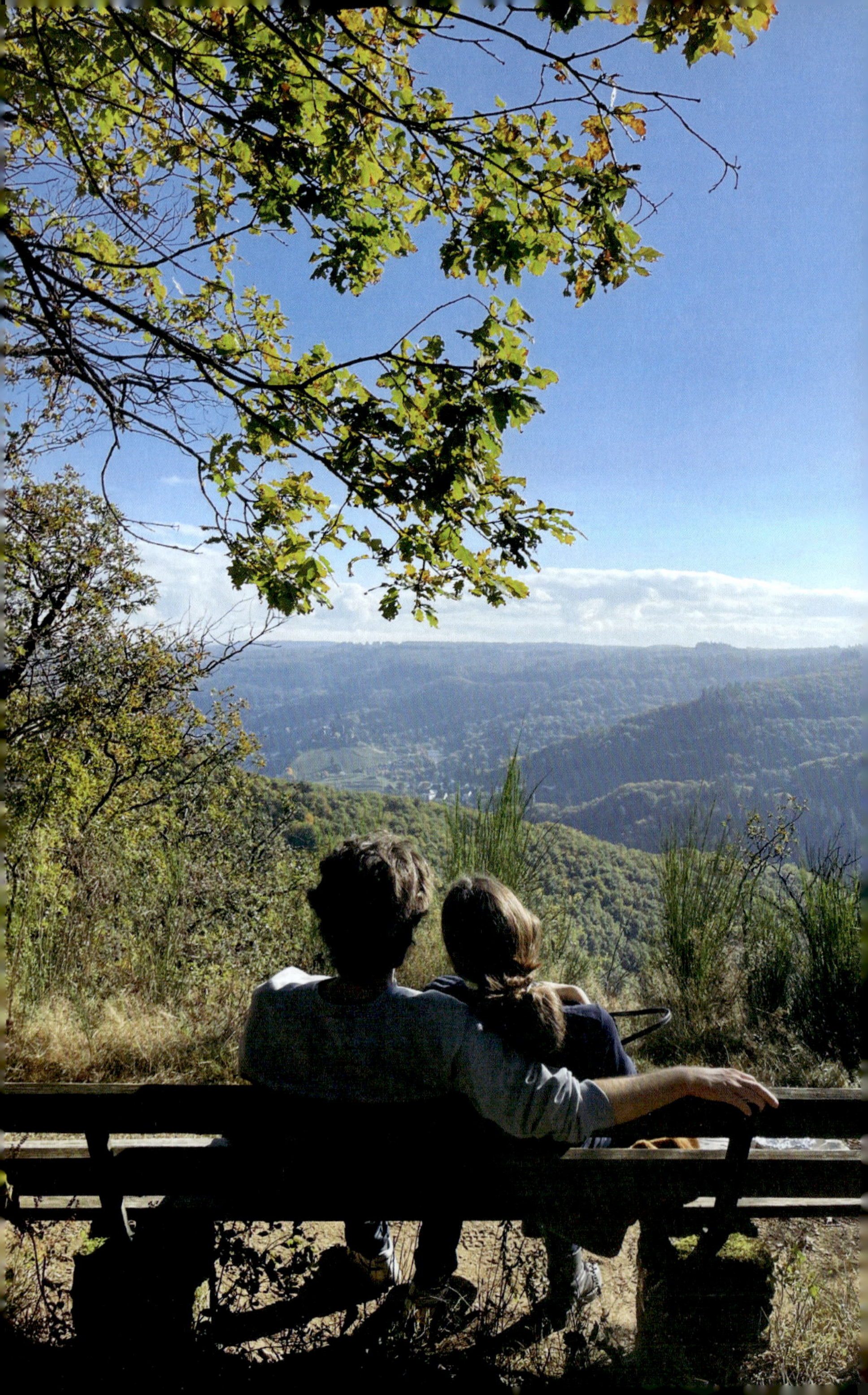

ist der Blick für eine Siesta viel zu großartig. Wir sind auf der **Wackelei** ⑥, erklärt uns der kleine Schautafel-Ritter, und befinden uns hoch über dem Tal der Endert, durch das schon die Karolinger reisten und die Postkutsche auf dem Weg von Koblenz nach Trier. An diesem Flusslauf ist Cochem (lat. Cuchema) entstanden. Wer genau hinschaut, sieht die Winneburg auf der anderen Seite des Tals zwischen den Bäumen hervorlugen. Man ahnt, dass es jetzt steil bergab und dann wieder bergauf geht. Ein Zick-Zack-Parcours zwischen knorrigen Stieleichen und bizarren Schieferfelsen, der in langen Geraden ausläuft, aber stetig nach unten führt: fast zwei Kilometer bergab bis zur Talsohle. Immer wieder stehen Bänke am Wegrand; die Knie sind dankbar für eine Pause.

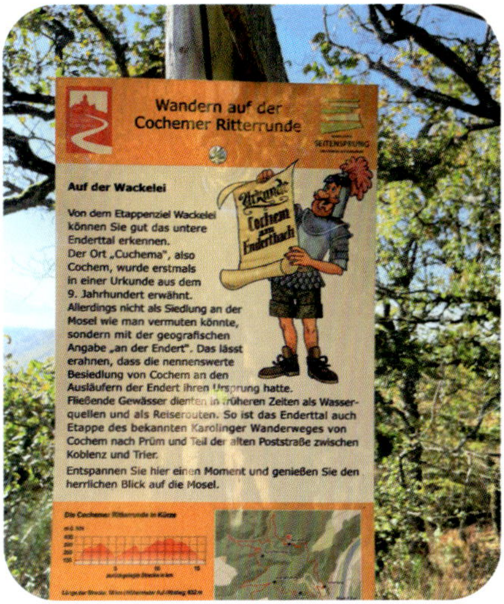

Wir erreichen die **Landstraße** und folgen ihr linker Hand Richtung Mosel, bis auf der rechten Straßenseite eine Teerstraße abzweigt. Noch 2,4 Kilometer bis zur Ruine Winneburg, verkündet einer der zahlreichen Wegweiser und lässt uns zielstrebig einbiegen. Es geht bergauf und um die Kurve, dann führt auf der linken Seite ein Fußweg in den Wald. An der Gabelung treffen wir wieder den Schautafel-Ritter, der uns fröhlich erklärt, wohin die Teerstraße führen würde: zu neun alten Mühlen und dem Kloster Maria Martental. Wir wollen zur Winneburg und über Wilhelms- und Victoriahöhe zurück nach Cochem. Doch dann fällt unser Blick auf die zweite Tafel, ein Hinweis zu unserem Rückweg von der Winneburg: die geplante Route ist wegen Bauarbeiten gesperrt. Eine kleine Enttäuschung, denn die große Runde über Antoniuskopf und Hubertushöhe ist uns zu weit. Dann werden wir auf dem Rückweg von der Winneburg wohl ein Stück an

*Seit dem 13. Jh. thront die **Winneburg** über dem Tal der Endert. Im Verlauf des Pfälzischen Erbfolgekriegs wurde sie – wie die Reichsburg Cochem – von den Franzosen belagert und 1689 in Brand gesetzt. Während Louis Ravené die Reichsburg wieder aufbauen ließ, blieb die Winneburg eine Ruine.*

der Landstraße zurückgehen müssen. So gedacht, so getan. Wir folgen dem breiten Forstweg den Berg hinauf, ein bequemer, aber kontinuierlicher Aufstieg. Burgen liegen eben gern an den höchsten Punkten. Dann stehen wir vor der Holzbrücke, dem einzigen Zugang zur ehemaligen Festung. Nostalgie umweht die **Ruine der Winneburg** 7 und den weithin sichtbaren Bergfried. Wir wandern zwischen den verfallenen Mauern und genießen den herrlichen Blick ins Tal.

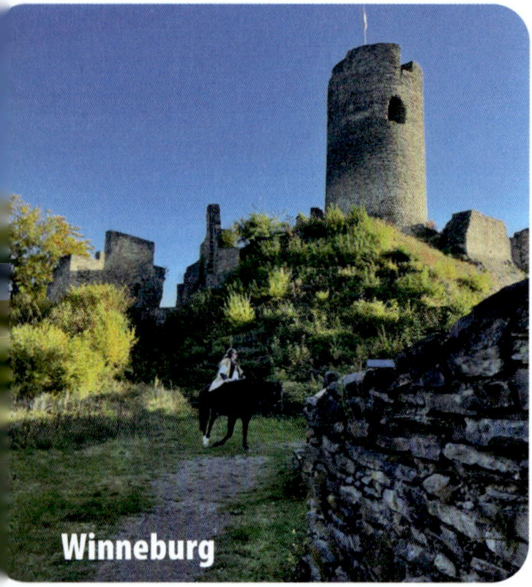
Winneburg

Ein halbstündiger Spaziergang führt zurück zur Landstraße. In einer Haarnadelkurve zweigt der Weg Richtung Mosel ab. Im Zweifelsfall immer rechts halten. Der Forstweg endet an einer Zugangsschranke, mündet in eine Teerstraße und führt zwischen Privathäusern und Busch-

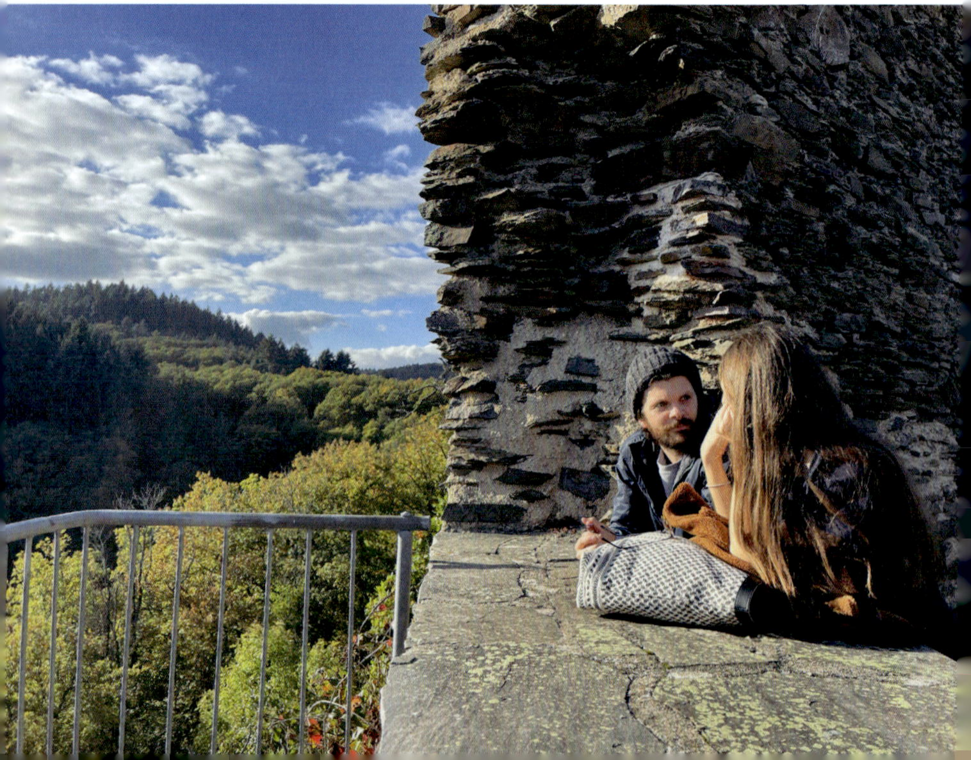

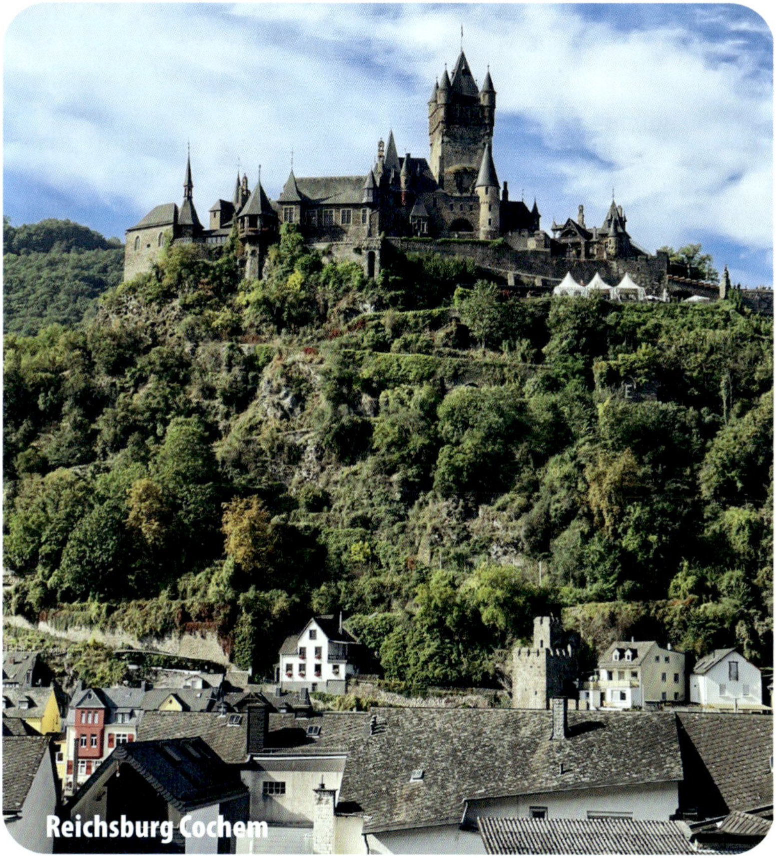

werk an der Baustelle vorbei zur Landstraße und zurück nach Cochem.

Vorprogramm oder Nachschlag: die **Reichsburg Cochem 8:** Wer nach der halben „Ritterrunde“ noch Lust und Zeit hat, kann den Sonnenuntergang auf der Reichsburg erleben. Ein aussichtsreicher Rundweg führt von der Moselpromenade via Zoll- und Schlossstraße hoch zur Burg und auf der Rückseite des Burgbergs über einen Treppenweg wieder hinab zum alten Stadttor. 2 Kilometer mit überwältigenden Perspektiven.

Entschleunigungstour 14

*Die Aquarelle von William Turner zeigen auch das romantische **Stadtbild:** die Reichsburg, das Enderttor und die Alte Thorschenke, seit 1332 ein Hotel. Schon Napoleon und die Kaiserin Maria Theresia sollen hier genächtigt haben.*

4 Stunden Wanderung machen hungrig und durstig. Auf dem Weg von der Sessellift-Station zur Brücke passieren wir die **Historische Senfmühle ⑨**, wo uns eine Bockwurst mit Senf ins Auge springt. Gute Idee: eine Wurst auf die Hand stillt den größten Hunger. Der perfekte Abschluss aber ist das Abendessen auf der mit Weinlaub umrankten **Terrasse des San Christobal ⑩.** Das mexikanische Restaurant residiert in einem charmanten moseltypischen Schiefersteinhaus mit freiem Blick auf das Pinnerkreuz. Die Bergspitze leuchtet im Abendlicht. William Turner hätte den Moment in einem Aquarell verewigt.

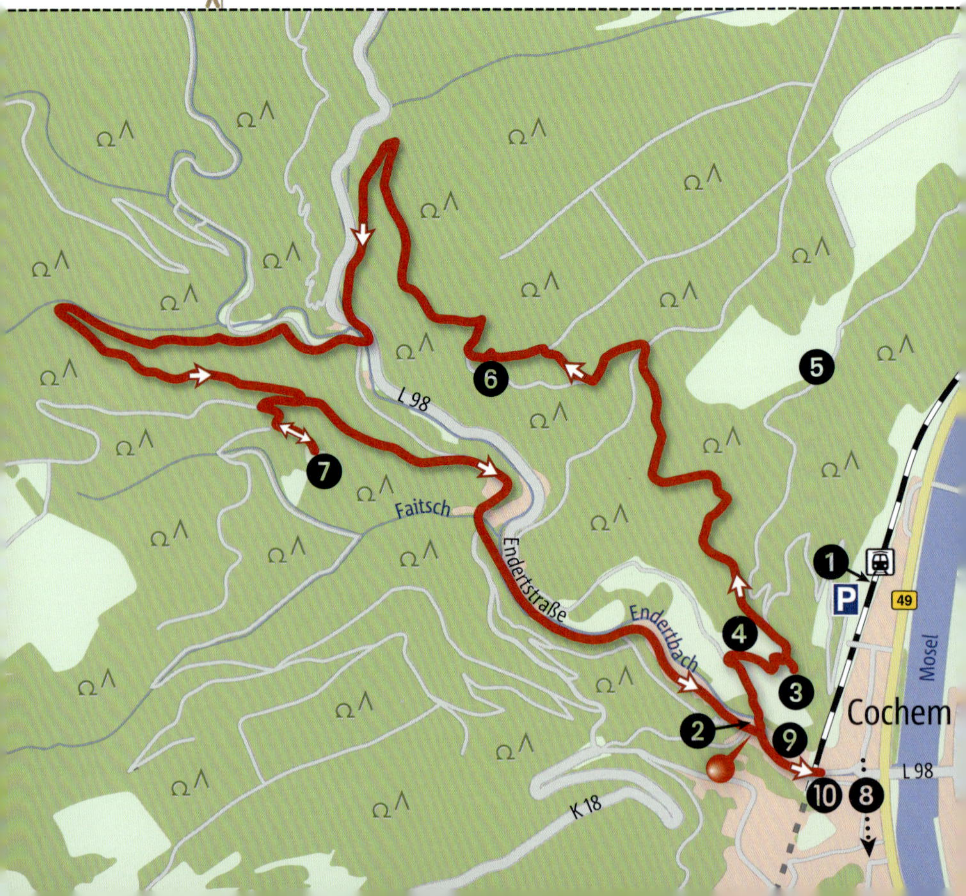

Alles auf einen Blick

WIE & WANN:

Mit dem Sessellift oder zu Fuß auf den Pinnerberg, schmale, lauschige Waldpfade bis zur Wackelei, steiler Abstieg ins Tal, erneuter moderater Aufstieg zur Winneburg, moderater Abstieg zur Landstraße, Rückweg zur Stadt teilweise am Rand der Landstraße; beste Wanderzeit: Anfang April bis Mitte November

HIN & WEG:

Auto: Öffentliche Parkplätze in der Pinnerstraße: P1 – P, 56812 Cochem (GPS: 50.15164, 7.16574)
ÖPNV: Mit der Bahn von Koblenz und Trier zum Bahnhof Cochem; von April bis Mitte November Sessellift auf den Pinnerberg

ESSEN & ENTSPANNEN:

Terrassenrestaurant an der Bergstation des Sessellifts ❹ 56812 Cochem, Tel. (0 26 71) 85 91
Historische Senfmühle ❾ Endertstraße 18, 56812 Cochem, Tel. (0 26 71) 60 76 65
San Christobal ❿ Endertstraße 7, 56812 Cochem, Tel. (0 26 71) 91 51 45

ENTDECKEN & ERLEBEN:

Fachwerkbahnhof ❶
Talstation des Cochemer Sessellifts ❷ Endertstraße 44, 56812 Cochem, Tel. (0 26 71) 98 90 65, www.cochemer-sesselbahn.de

Entspannung ★★★★☆
Genuss ★★★★☆
Romantik ★★★★★

Pinnerkreuz auf dem Pinnerberg ❸
Wild- und Freizeitpark Klotten ❺
Wackelei ❻
Ruine Winneburg ❼
Reichsburg ❽

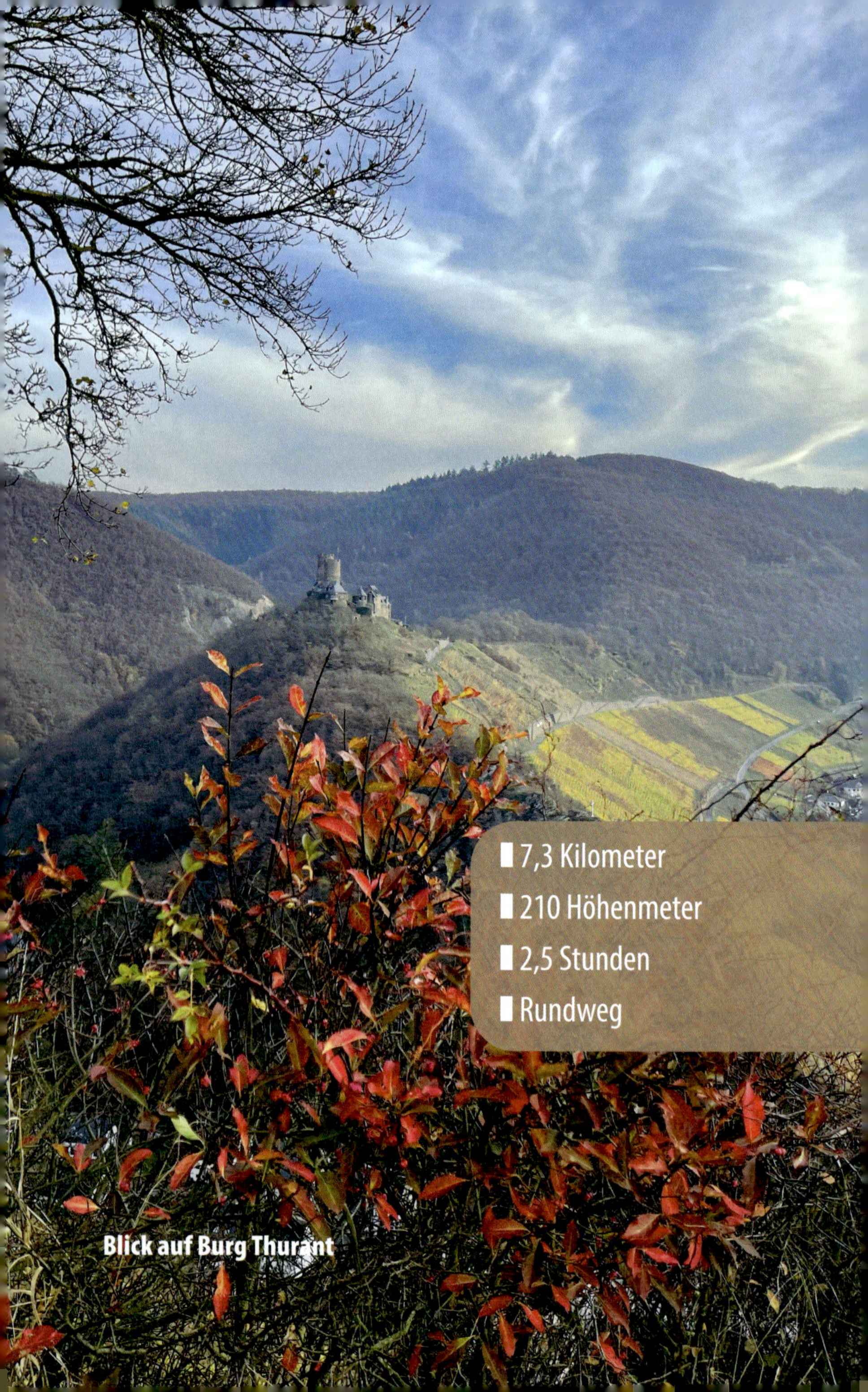

Blick auf Burg Thurant

Wie im Märchen

Burg Thurant in Alken

Auf einem Bergkamm hoch über der Mosel thront Burg Thurant, eine Ritterburg wie aus dem Bilderbuch. Doch erst, wenn man den Bleidenberg umrundet und auf dem Allmerspfad im Wald zu Tal wandert, wird man entdecken, dass sie erhaben auf der Spitze eines Kegels thront. So breitschultrig der Weinberg aus dem Flusstal aufsteigt, so schmal und rund ist er von hinten, als sei er nur dazu gedacht, die Burg zu tragen.

Wir starten am Ortsausgang von **Alken,** wo es an der Moselstraße, neben dem Landhaus Zimmermann, viele Parkplätze gibt. Die Autoanreise empfiehlt sich, denn der nächste Bahnhof in Kattenes ist 3,5 Kilometer entfernt. Vor uns wölbt sich der Bleidenberg bis fast ans Moselufer; der Nachbarort Oberfell verschwindet hinter dem Felsmassiv, an dem die Weinfelder abrupt enden. Nur die Landstraße passt zwischen Fluss und Stein, also gehen wir am **Moselufer** entlang, bis nach etwa 700 Metern der Alkener Weg in den Ortskern von **Oberfell** abzweigt. Auf der rechten Straßenseite leuchtet ein Fachwerkgiebel, doch halt, bei genauerem Hinsehen entpuppt er sich als charmante Trompe-l'oeil-Malerei: Malermeister Simonis hat ihn auf die Brandmauer des Dorfhauses gemalt und sich samt Leiter gleich dazu.

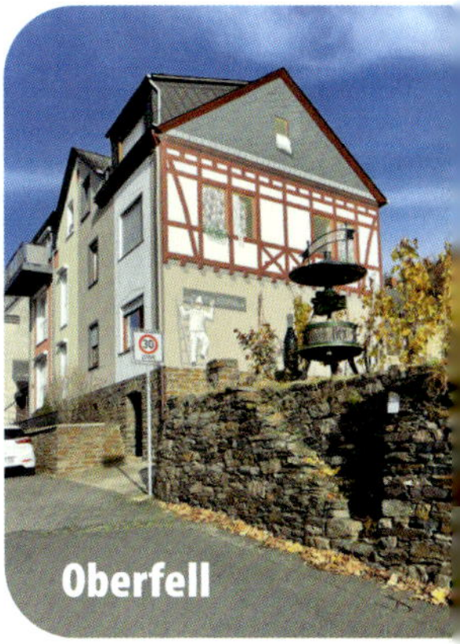
Oberfell

Eine Weingirlande rankt aus einem Vorgarten zu einem Laternenpfahl auf der anderen Straßenseite. Wir erreichen den **Mönchswinkel ①,** wo ein von Jens

Fischer geschaffener Grenzstein daran erinnert, dass die Reben des nahen Mönchsbergs 700 Jahre lang zum Kloster Maria Laach gehörten. Ein buntes Schild weist zum Kinderspielplatz, neben dem es sachte hinauf in den **Königinnenwingert** ❷ geht.

*Im **Königinnenwingert** laufen die Rebenreihen quer zum Hang statt in gerader Falllinie zum Fluss, eine innovative Anlage, die in den letzten Jahren immer häufiger wird, da sie die Bewirtschaftung erleichtert und die Böden vor Erosion durch Starkregen schützt.*

Wir folgen dem Schiefer-Grasweg den Berg hinauf, passieren einen Herzlich-Willkommen-Bogen und landen am Gitterzaun, der den Weinberg umgibt. Kurze Verwunderung, dann sieht man das Türchen, das sich mit einem kleinen Metallhaken öffnen und schließen lässt. In schmalen Terrassen steigt der Weinberg nach oben: Wir wandern an einem Spalier aus Weinreben den Berg hinauf; die Terrassen sind nummeriert wie die Ränge eines Theaters: 8, 7, 6 – der Countdown läuft und endet am oberen Weinbergzaun, daneben ein Weinberghäuschen, natürlich verschlossen. Ein paar gemauerte Stufen führen zu einer Gittertür, die sich so leicht und freundlich öffnet wie ihr Pendant am Fuß des Weinbergs. Dahinter geht es rechts am Zaun entlang bergauf. Ein schmaler Pfad

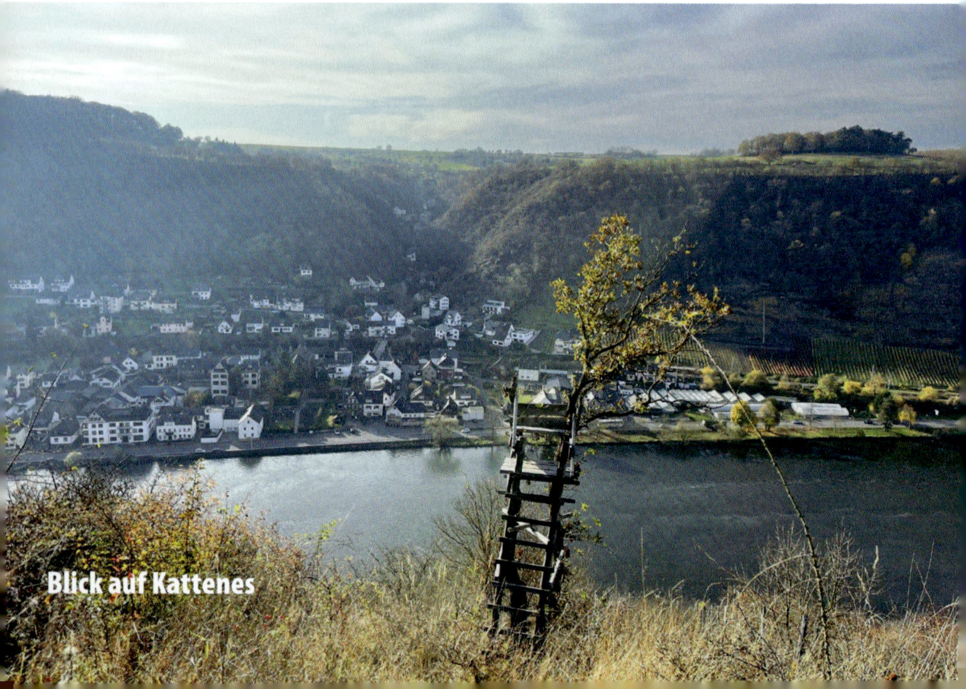
Blick auf Kattenes

auf hartem, felsigem Untergrund; keine Weinstöcke, keine Bäume, nur Grasbüschel und niedrige Sträucher, nichts zum Festhalten in dieser schwindelerregenden Höhe. Ein filigraner Hochsitz ragt in den Himmel, um zwei dünne Bäumchen gezimmert und von diesen gehalten, so scheint es zumindest – schon der Anblick macht weiche Knie. Wer würde sich trauen, auf dieses zerbrechlich wirkende Gestell zu klettern?

Wir sind dankbar, als wir die Höhe erreichen und eine hölzerne **Aussichtskanzel** ❸ über dem Moseltal: zwei umzäunte Bänke, auf denen man entspannt durchatmen kann. Am Rande des Plateaus weckt eine Infotafel unsere Aufmerksamkeit. Sie beschreibt die Entwicklung und Verbreitung des **„homo erectus"**, daneben weist ein Schilderbaum den Weg zu seiner Lagerstätte. Wir lassen den Blick über die Wiesen und Felder schweifen, dann folgen wir dem lichten Waldweg, der sachte bergab führt, sich von Alken entfernend. Nach wenigen Schritten kommt eine Steinwand in Sicht: eine rekonstruierte keltische

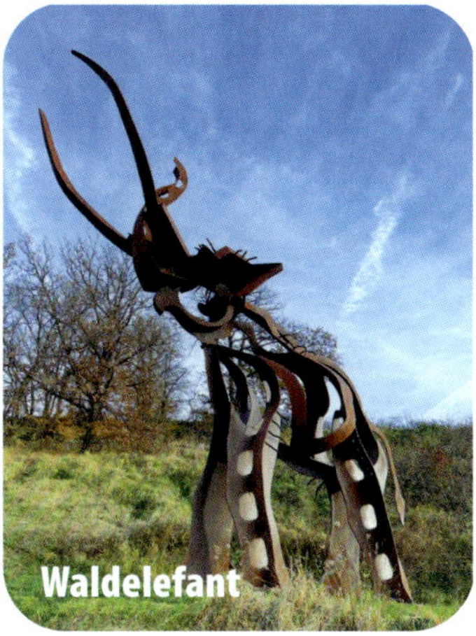
Waldelefant

Für die Seele

Auf dem Bleidenberg den Waldelefanten entdecken und Burg Thurant im herbstlichen Zauberwald bewundern.

Pfostenschlitzmauer ❹, Zeuge befestigter Siedlungen aus vorchristlicher Zeit. Noch interessanter aber ist der Blick von der Sitzbank gleich gegenüber, denn direkt darunter reckt ein **stählerner Elefant** seine gigantischen Stoßzähne in die Luft.

Links führt ein Grasweg zur Wiese hinab, doch wir gehen noch ein Stück den Waldweg entlang, um

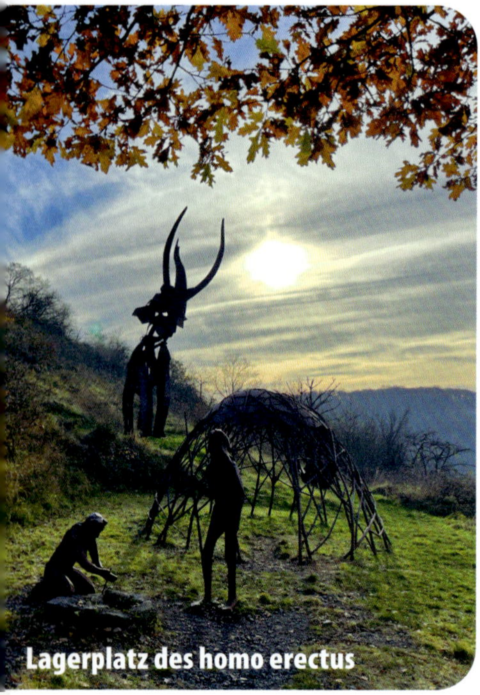
Lagerplatz des homo erectus

vorher am Aussichtspunkt Moselstausee (nach wenigen Metern links) einen Blick ins Tal zu werfen. Vor der Staustufe Lehmen wirkt der Fluss zwischen den Steilhängen so still wie ein Schweizer Bergsee. Ein paar Schritte links und wir stehen am **Lagerplatz des homo erectus ⑤:** ein Steinzeitpaar mit Hütte, Feuerstelle und Speer, dahinter Waldelefant und Wollnashorn, bedrohliche Beutetiere der Urmenschen, die schon vor 800.000 Jahren an der Mosel Spuren hinterließen. Wir studieren die Infotafeln, bevor wir uns auf den Weg machen, zurück zur Aussichtskanzel, jetzt Richtung Alken.

Der schmale Pfad zieht sich in gleicher Höhe um den Bleidenberg, gerahmt von Buschwerk und hohen Sträuchern auch auf der Talseite, so ist der Blick in die Tiefe beruhigend verstellt. Man sieht den Abgrund nicht, man ahnt ihn höchstens. Eine Reihe von Schautafeln ist dem Lob der Bienen und ihren wertvollen Fertigkeiten gewidmet. Dann springt uns eine giftgrüne Tafel an: sie erzählt die Sage vom „Hund mit den tellergroßen Augen“, von Trollen und Kobolden, die im Alkener Felsen hausen und nur nachts ans Licht kommen. Burgen, Felsen und Märchen gehören einfach zusammen.

*Wer mag, kann sich die **Sage** vom großäugigen Hund von einer Kinderstimme vorlesen lassen – ein QR-Code macht's möglich.*

Immer wieder blitzt Burg Thurant zwischen entlaubten Zweigen hindurch, malerisch umrahmt von herbstlich gefärbten Blättern.

Auf der Wiese vor der **Bleidenburger Hütte ⑥** empfangen uns mehrere Liegesessel und ein Picknicktisch; man kann sich vorstellen, dass es hier im Sommer lebhaft und gesellig zugeht. Vermutlich wie im Bienenhotel, das diskret am Rande der Wiese steht.

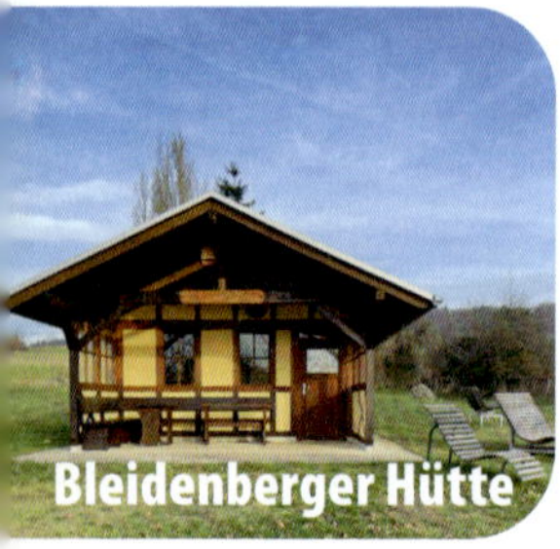
Bleidenberger Hütte

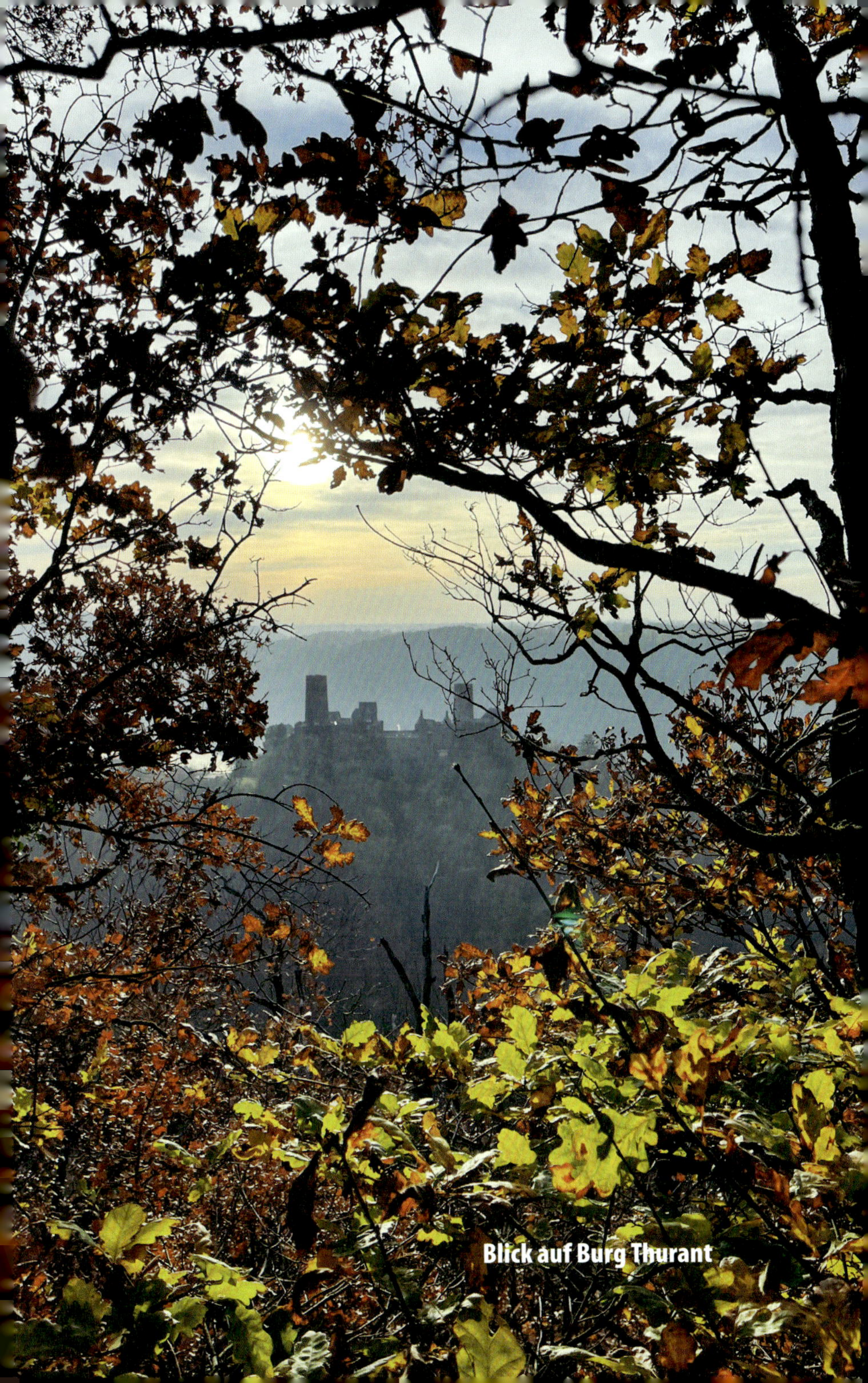

Blick auf Burg Thurant

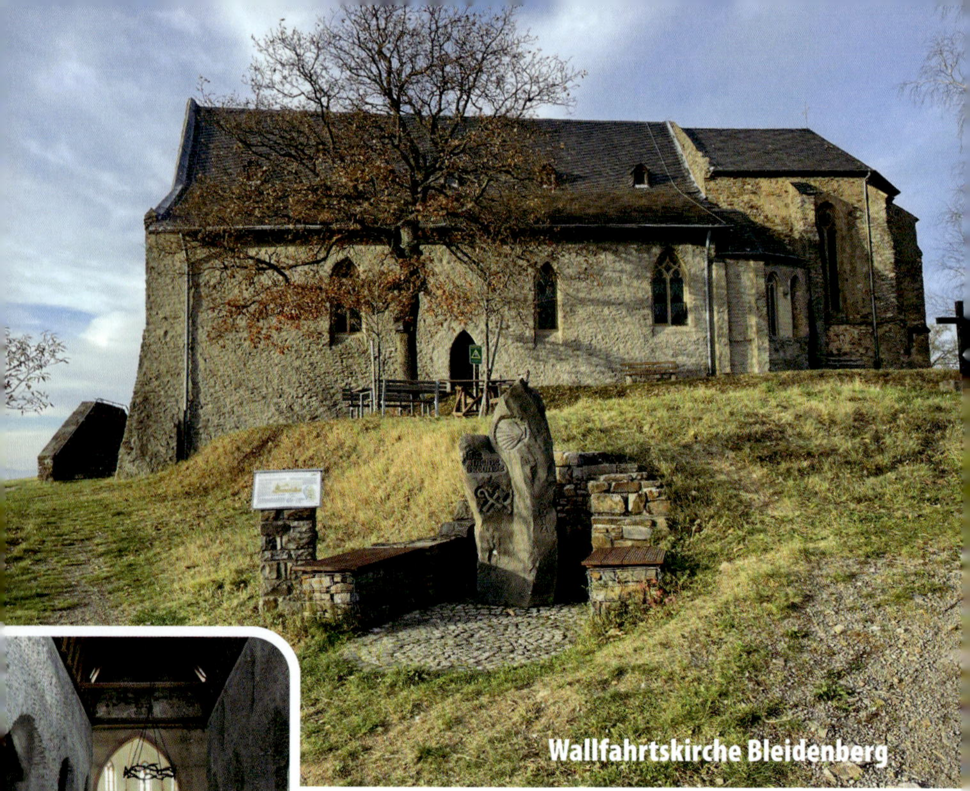

Wallfahrtskirche Bleidenberg

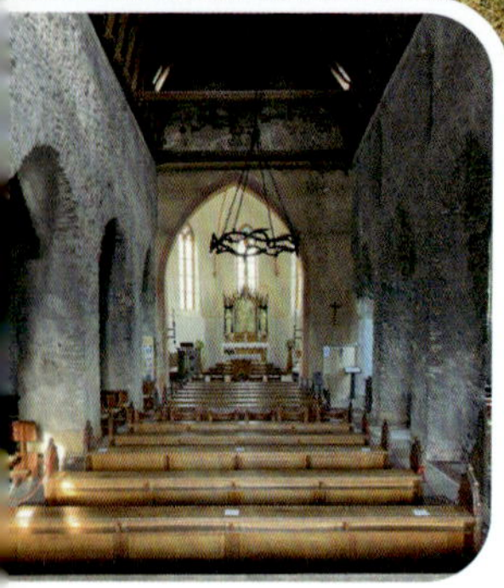

Wir setzen die Burgumrundung fort, gebannt und verzaubert vom Anblick der magischen Landschaftsbilder. Immer wieder lädt eine Bank zum Rasten und Schauen ein. Dann liegt die **Wallfahrtskirche Bleidenberg** ❼ vor uns.

Die Erzbischöfe von Köln und Trier stifteten die Dreifaltigkeitskirche aus Dank für den Sieg über die Pfälzer im Jahr 1248. Mag sein, dass in dieser Zeit auch der Name des Berges entstand, abgeleitet von „Blide", einer Art Katapult, mit der die Burg vom Bleidenberg aus beschossen wurde. Der Innenraum beeindruckt mit seiner Schlichtheit: dem groben, unverputzten Mauerwerk und dem Blick in den offenen Dachstuhl.

Die Bedeutung des Bleidenbergs als christliche Pilgerstätte unterstreicht der große **Pilgerstein** ❽ vor der Kirche, unterhalb des idyllisch gelegenen Picknicktischs.

*Die **Dreifaltigkeitskirche Bleidenberg** ist die erste Station auf dem Mosel-Camino, einem ca. 160 Kilometer langen Pilgerweg von Koblenz Stolzenfels nach Trier (St. Matthias). Die Wegmarkierung des Jakobswegs, eine gelbe Jakobsmuschel auf blauem Grund, begegnet uns auf mehreren unserer Wanderwege.*

Jetzt sticht uns der weiße Bildstock ins Auge, die letzte von sieben Stationen des alten Alkener **Sieben-Fußfälle-Kreuzwegs** ⑨. Wer die Tafel am Einstieg liest, ist gewarnt: 180 Höhenmeter auf 800 Meter Länge heißt: Hier wird es steil und ungemütlich. Der Klettersteig führt fast senkrecht durch den Weinberg ins Tal und endet mitten im Ort. Natürlich reizt es, ihn auszuprobieren, aber wir beschließen, ihn an einem anderen Tag in entgegengesetzter Richtung zu besteigen. Denn noch ist unsere traumhafte Burg-Umrundung nicht abgeschlossen. Wir wählen den **Allmersweg** ⑩, der sachte bergab führt, mitten durch den gelichteten Laubwald, der uns wieder die schönsten Ausblicke und romantischsten Bilderrahmen schenkt.

Dann sind wir unten, überqueren ein Brückchen und gehen rechts am plätschernden Wasser entlang zurück nach Alken. Der Allmerspfad führt auf der anderen Seite des Forstwegs hinauf zur **Burg Thurant** ⑪,

*Der Name von **Burg Thurant** geht auf eine Festung aus dem Heiligen Land zurück. Eine Besonderheit: zwei Türme für zwei Herren. Der Trierer und der Kölner Erzbischof teilten die Burg in zwei Hälften und bauten jeder einen eigenen Bergfried.*

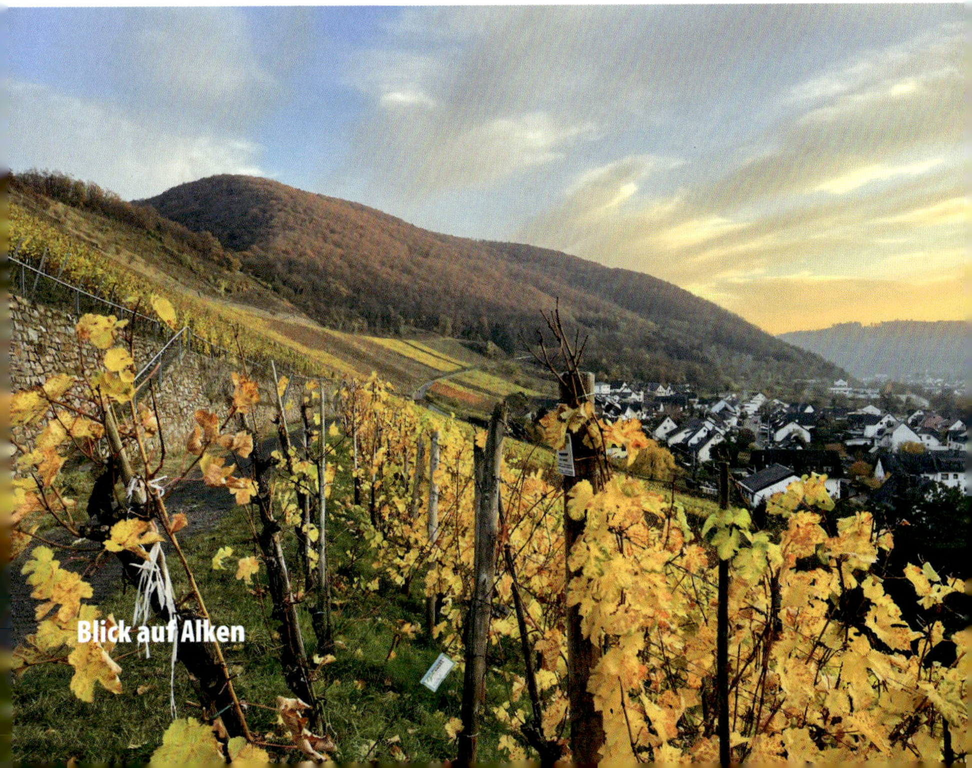

Blick auf Alken

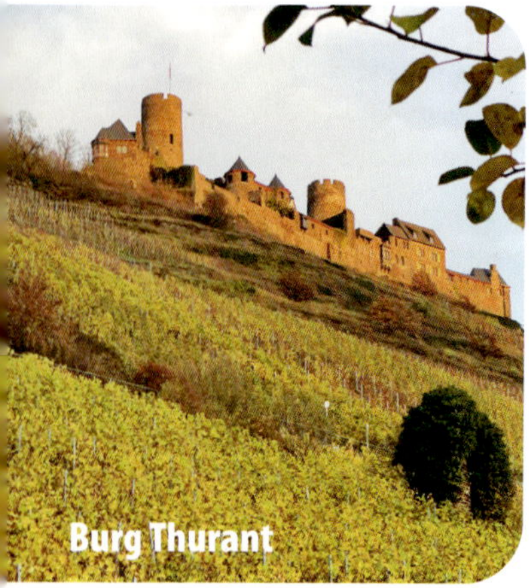

nur 800 Meter entfernt, doch die Sonne steht tief und wir wollen am Moselufer den Blick auf die Burg im Licht der Abendsonne genießen.

Für eine Burgbesichtigung ist es heute ohnehin zu spät. Morgen ist wieder ein Tag – und es gibt noch mehr zu sehen in Alken: die bezaubernde Altstadt, die 1000-jährige St. Michaelskirche und schließlich wartet ja auch der Sieben-Fußfälle-Klettersteig noch auf uns. Jetzt genießen wir erst mal das Abendessen im romantischen **Turmgasthaus Burg Thurant** ⑫.

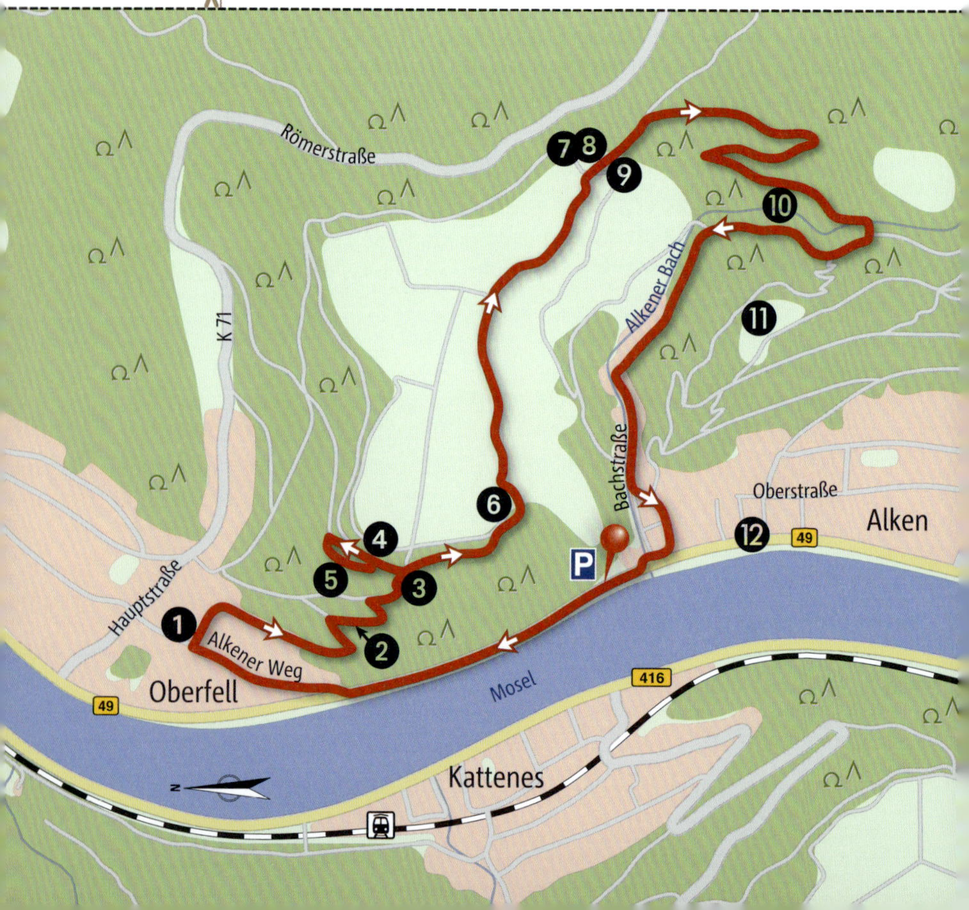

Alles auf einen Blick

WIE & WANN:
Überwiegend unasphaltierte Weinberg- und Waldwege, auf der Höhe teils schmale, felsige Pfade; beste Wanderzeit: ganzjährig, besonders romantisch im Herbst

HIN & WEG:
Auto: Parkplätze neben dem Landhaus Zimmermann an der Moselstraße in 56332 Alken (GPS: 50.25094, 7.44590)
ÖPNV: Mit der Bahn von Koblenz und Trier nach Kattenes, von dort 3,5 Kilometer bis zum Startpunkt am Ortsausgang Alken

ESSEN & ENTSPANNEN:
Turmgasthaus Burg Thurant ⓬ Moselstraße 15, 56332 Alken, Tel. (0 26 05) 8 49 85 80

ENTDECKEN & ERLEBEN:
Mönchswinkel ❶
Königinnenwingert ❷
Aussichtskanzel ❸
Pfostenschlitzmauer ❹
Lagerplatz des homo erectus ❺
Bleidenberger Hütte ❻
Wallfahrtskirche Bleidenberg ❼

Entspannung ★★★★☆
Genuss ★★★★☆
Romantik ★★★★★

Pilgerstein ❽
Sieben-Fußfälle-Kreuzweg ❾
Allmersweg ❿
Burg Thurant ⓫

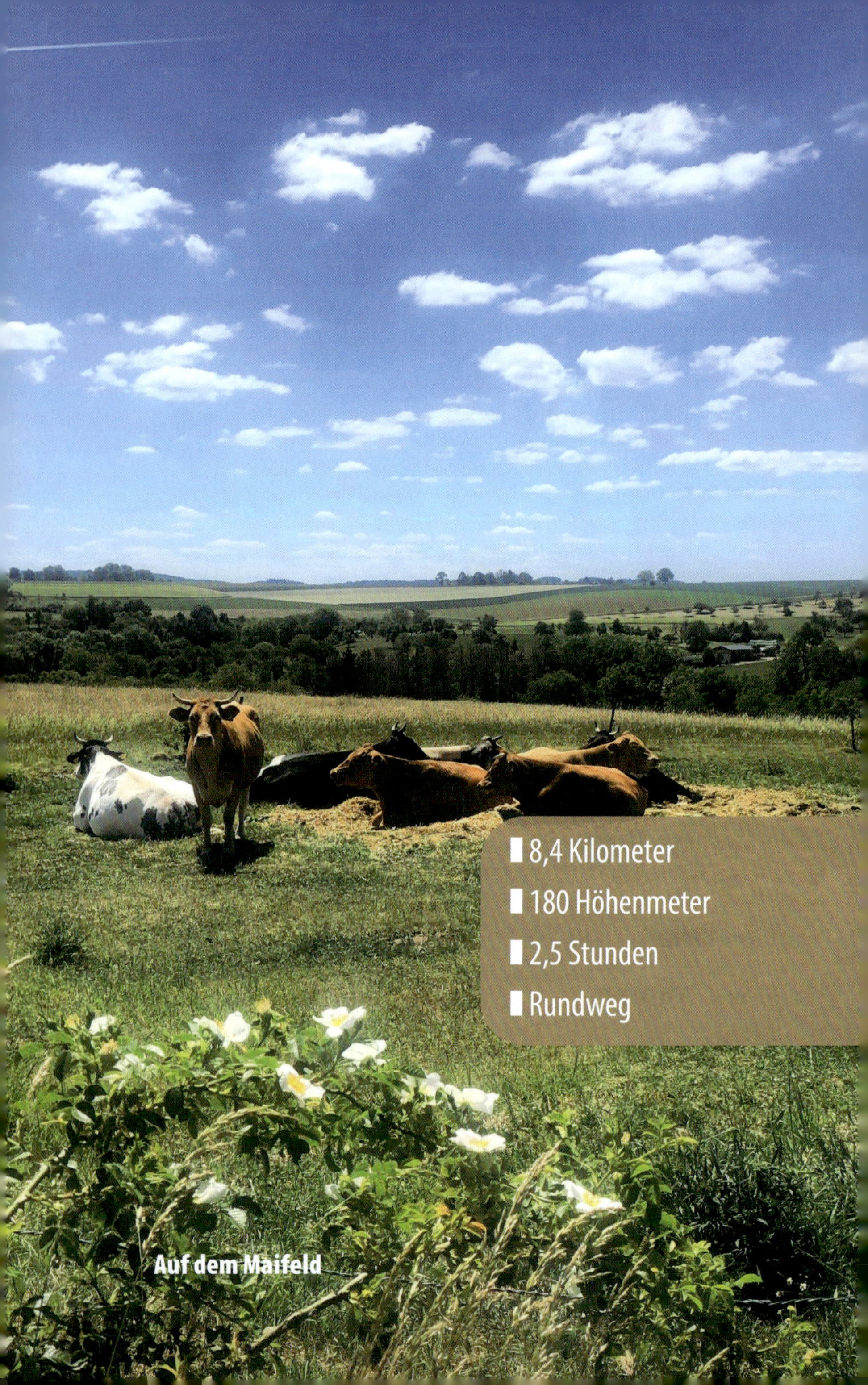
8,4 Kilometer
180 Höhenmeter
2,5 Stunden
Rundweg
Auf dem Maifeld

Vielleicht hat der römische Dichter Ausonius auf diesem Felsen hoch über Lehmen gestanden, als ihn die Muse küsste. Ein Traumplatz, der uns das Moseltal zu Füßen legt. „Felsen, besonnte Hügel, Biegungen und Buchten, zu einem Naturtheater aufsteigend", schrieb Ausonius im Jahre 371 in seinem Gedicht „Mosella". 483 Verse über die „lieblichen Fluten, die murmelnd unten dahinströmen".

Unsere Wanderung beginnt in **Kattenes.** Der kleine **Fachwerkbahnhof** ist schon im Ruhestand; den wenigen Fahrgästen genügen Bahnsteig und Fahrkartenautomat. Daneben drei Plätze für Autofahrer, meistens frei. Wir gehen Richtung Ortskern, überqueren ein Bächlein, passieren das aufgemalte Mühlrad von **„Plöser's Mühle"** und nehmen den Fußweg zwischen zwei Wohnhäusern, hinter dem die Straße nach rechts biegt und die Gleise überquert. Hinter der Brücke gabelt sich die Straße, führt geradeaus ins Tal der 13 Mühlen (unser Rückweg) und rechts zurück zum Bahnhof. Wir nehmen den Weg,

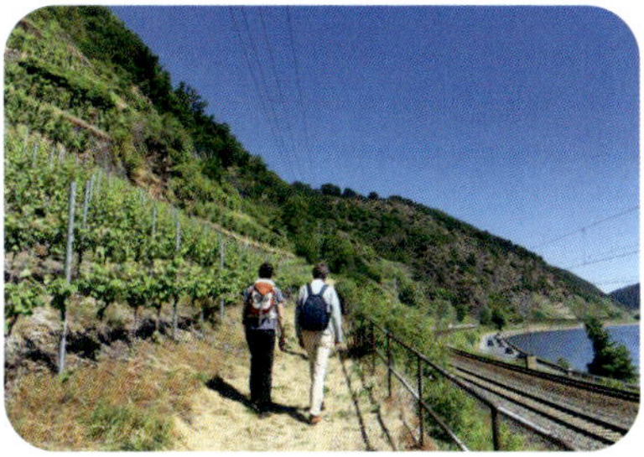

Die reinste Poesie

Ausoniusstein und Kehrkapelle

der an den Gleisen entlang Richtung Lehmen führt. Über gestampfte Erde, Grasbüschel und Schiefertreppen, oft ist der Pfad kaum als solcher erkennbar, doch ungleich romantischer als der Fahrrad-/Fußweg neben der Landstraße. Ein Geländer oder ein Mäuerchen trennt den Weg von der Bahntrasse, die manchmal auf

*Das Ideal der **Weinberge** hat sich gewandelt. Einst wurde jedes Bodengrün als Unkraut entfernt, jetzt dürfen sich Gräser und Wiesenblumen ausbreiten. Das schützt den Boden vor Erosion und versorgt ihn beim Unterpflügen des Grüns mit Nährstoffen.*

gleicher Höhe, manchmal ein Stockwerk tiefer verläuft. Links steigen die Weinberge empor, manche mit dichtem Grün zwischen den Weinstöcken: bewimpertes Perlgras, Königskerzen, Karthäusernelken und andere poetisch klingende Blühpflanzen, die von Weinbauern gesät und gepflegt werden. „Steillagenweinbau schafft Vielfalt“ informiert eine Tafel. Biodiversität steht an der Mosel hoch im Kurs, ein Win-win-Projekt für uns alle.

An einer schmalen Querstraße (rechts eine Unterführung zur Mosel) biegen wir links und folgen dem Logo des **Würzlaysteigs.** Ein **Treppenweg** führt an einem Wohnhaus entlang in den Wald und mündet am Ende der Schieferstufen in einen Pfad, der sich sachte an-

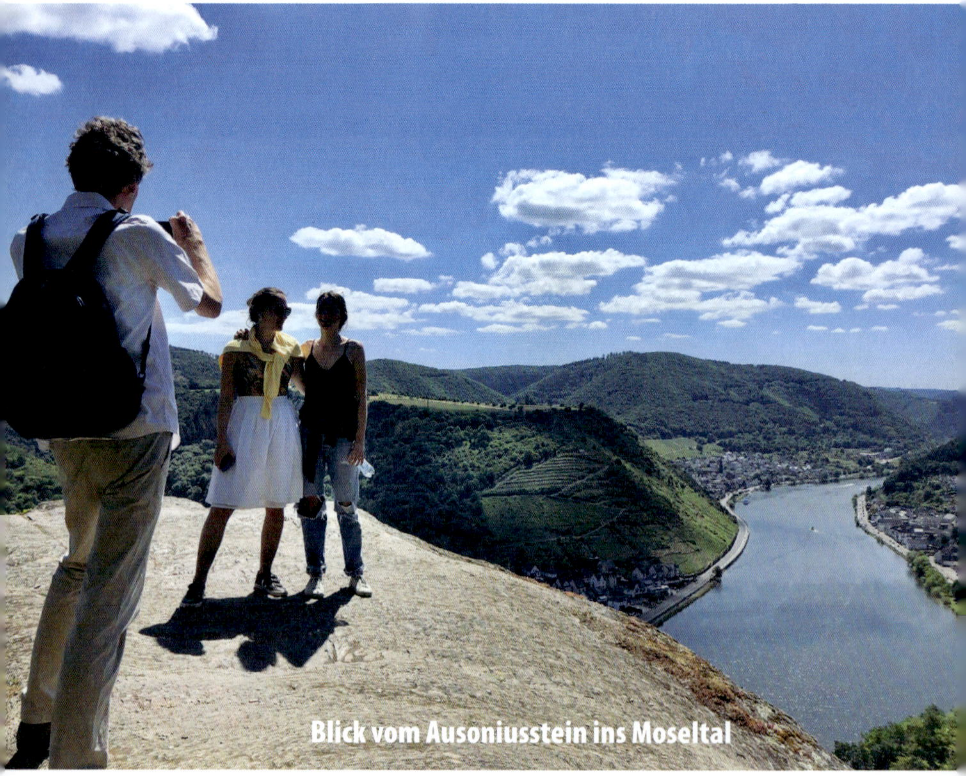

Blick vom Ausoniusstein ins Moseltal

steigend den Berg hinaufzieht. Wir passieren den Eingang zu einer **Schieferhöhle ①**, Relikt der „Sankt Anna Grube", die 1927 in Betrieb ging und mehrere große Stollen umfasste. Ein Stück weiter zweigt ein Weg nach Moselsürsch ab, wir folgen dem Schild zum Ausoniusstein: noch 300 Meter bis zum Gipfel. Ein Geländer hilft über eine feuchte und abschüssige Senke hinweg, dann geht es zielstrebig nach oben. Als Erstes sehen wir die Aussichtsbank, dann die **Ausonius-Hütte ②**, doch erst bei genauerem Hinsehen den schmalen Weg, der zum Felsvorsprung hinabführt. Der exponierteste und fotogenste Platz dieser reizvollen, sonnenverwöhnten Landschaft, die dank ihrer besonderen Bewohner – Beispiel: Apollofalter – unter Naturschutz steht.

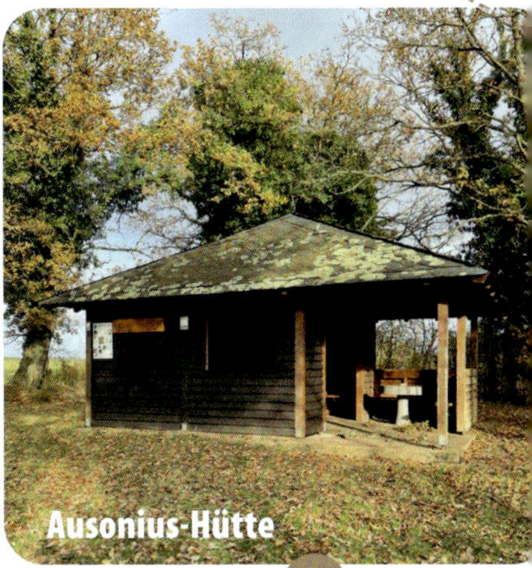
Ausonius-Hütte

Hinter der Ausonius-Hütte erstreckt sich eine weite Gras- und Ackerfläche. Wir folgen dem **Würzlaysteig** auf dem Feldweg, der links am Waldrand entlang-

*Der **Würzlaysteig** beginnt am Bahnhof von Lehmen, führt durch den Weinberg „Lehmener Würzlay" zu Ausoniusstein und Schieferhöhle und an der Mosel entlang nach Löf.*

Für die Seele

Vom Ausoniusstein das Moseltal betrachten und den Versen des römischen Dichters nachsinnen, der es so schwärmerisch beschrieben hat.

führt, gezeichnet von den Spuren eines Waldfahrzeugs oder Traktors. Weit reicht der Blick über die Hochebene, an manchen Stellen über das tief eingeschnittene Flusstal hinweg bis zum Bleidenberg und Burg Thurant, die schemenhaft hinter dem Berg hervorlugt. Ein Hochsitz liegt zerbrochen zwischen den Bäumen, ein zweiter ragt über den waldigen Hang

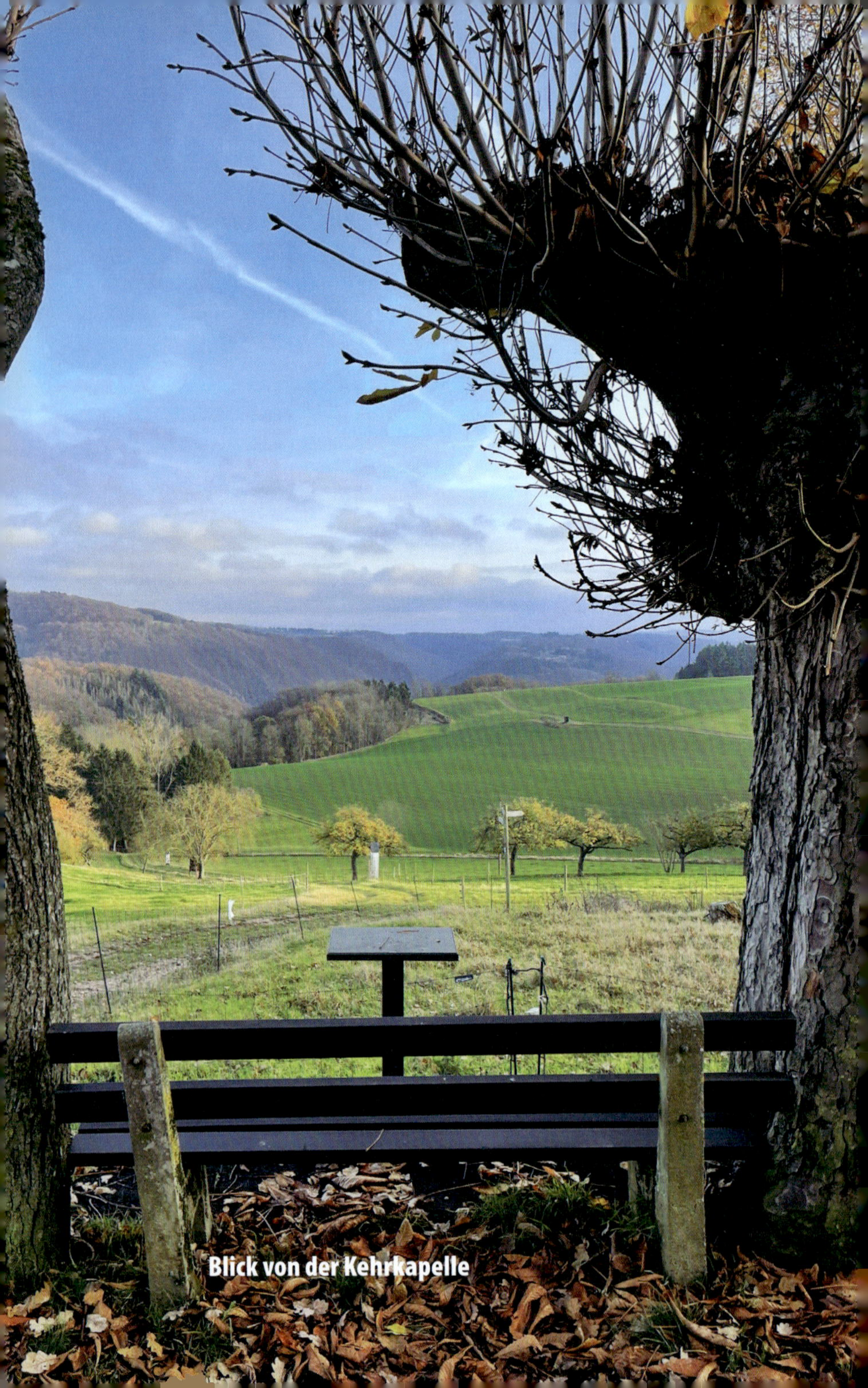

Blick von der Kehrkapelle

empor. Rechts eine mit Draht umspannte Weide, heute verlassen. Achtung Naturschutzgebiet, verkündet ein grünes Seeadler-Dreieck, an dessen Pfosten das Logo des Würzlaysteigs klebt. Hier zweigt der Wanderweg vom Grasweg ab. Wir folgen ihm bergab, durchqueren eine Wiesensenke, von Ziegen neugierig gemustert, und steigen auf der anderen Seite wieder zum Maifeld hinauf. Zwischen leicht gewellten Äckern und Weiden führt der Feldweg nach Moselsürsch. In kleiner Entfernung grast eine Kuhherde, dicht gedrängt auf der riesigen Wiesenfläche. Ein bäuerliches Idyll, überraschend anders als die Weinkulturlandschaft des Moseltals. An der Landstraße gehen wir links Richtung **Moselsürsch** ❸.

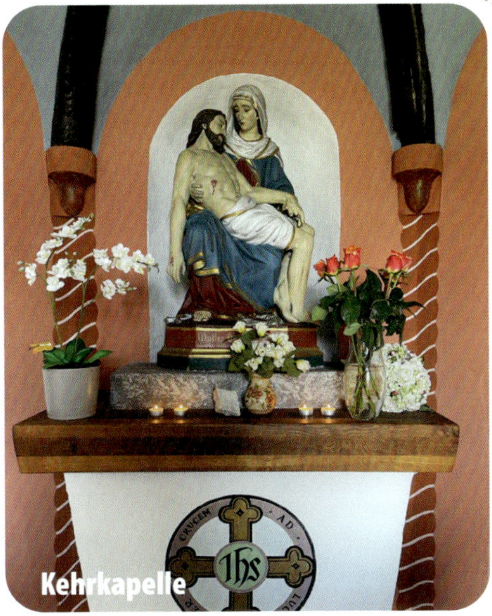
Kehrkapelle

Am Dorfeingang empfängt uns eine Sitzbank neben einer Pferdekoppel. Pittoresk und beschaulich ist der ganze Ort, den wir auf der stillen Hauptstraße durchqueren, vorbei an gepflegten Bauernhöfen. Hinter dem Ortsschild führt links ein schmaler asphaltierter Weg von der Landstraße durch die Felder. Wogender Weizen im Sommer, Wintergetreide im Herbst. Weichweizen und Gemüsekohl, ein grüner Teppich bis zum Horizont. Eine Gruppe von Birken, Strohballen unter grünen Planen. Das weite Maifeld lässt die Seele fliegen, zu jeder Jahreszeit. Fast schnurgerade verläuft der befestigte Wirtschaftsweg parallel zum unsichtbaren Moseltal. Wir erreichen die Landstraße, gehen ein Stück bergab und biegen 100 Meter weiter in den nächsten Feldweg ein. Man sieht die **Kehrkapelle** ❹ schon von Weitem, ein winziges Gotteshaus zu Ehren Marias und des heiligen Wendelin, Schutzherr der Schäfer. Daneben eine Bank und ein Picknicktisch,

*Vor dem Ortsausgang von Moselsürsch zweigt rechts eine Straße ab (Auf den Gärten, dort gleich wieder links), die durch die Felder nach **Mörz** führt, einem Ortsteil von Münstermaifeld. Der Geburtsort von Joseph Wolf, berühmter Tiermaler des 19. Jahrhunderts, zieht Kunstschaffende an. In der Kleinen Töpferei fertigt Martina Brück charmante Keramik für Haus und Herd.*

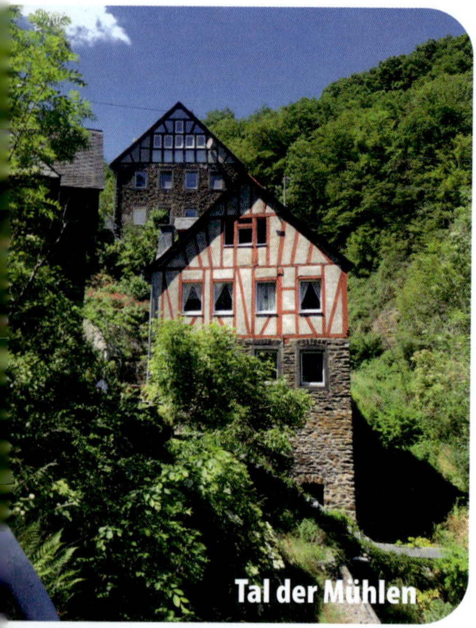

Tal der Mühlen

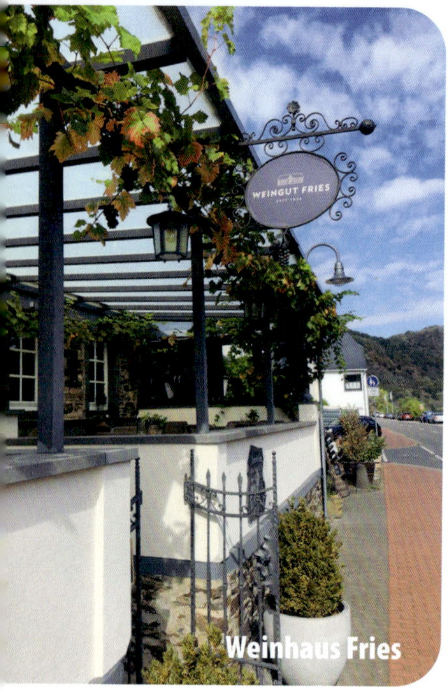

Weinhaus Fries

idyllische Ruheplätze für Wanderer und Pilger. Seit 1879 führen 14 Kreuzwegstationen durch das Kehrbach- oder Nachtigallental von Löf hierher. Selbst Agnostiker dürften beim Anblick der malerischen Landschaft einen göttlichen Funken spüren. „Öffne uns die Augen" wirbt die Tafel eines Meditationswegs.

Jetzt naht der letzte Höhepunkt des Tages: das **Tal der Mühlen** ❺. Wir gehen zur Landstraße zurück und folgen den Wanderschildern sachte bergab zwischen Weiden und Wiesen. Vor einem großen Bauernhof wacht die Holzskulptur eines Hofhundes; am blattlosen Apfelbaum hängen die roten Früchte wie Weihnachtsdekoration. „Video überwacht" steht am Scheunentor. Kaum vorstellbar, dass es hier Übergriffe geben könnte. Hagebutten am Wegrand, noch eine Kurve, dann erreichen wir die erste der 13 Mühlen, die das schluchtartige Tal hinter Kattenes besetzen, eine über der anderen. Das extreme Gefälle ließ das Wasser des Mühlbachs so kraftvoll herabstürzen, dass sich alle Räder drehten. Zwischen dem 18. und frühen 20. Jahrhundert entstanden die Öl- und Getreidemühlen, die noch heute fast alle bewohnt, wenn auch nicht mehr im Dienst sind. Jetzt werden hier seltene Orpington-Enten gezüchtet, denn das Wasser rauscht und plätschert wie eh und je. Auf Schiefertafeln ist die Vita der Häuser abzulesen, dazwischen eine anmutige Kapelle, zum Dank für den glimpflich verlaufenen Unfall eines Pferdefuhrwerks erbaut. 240 Meter steiler

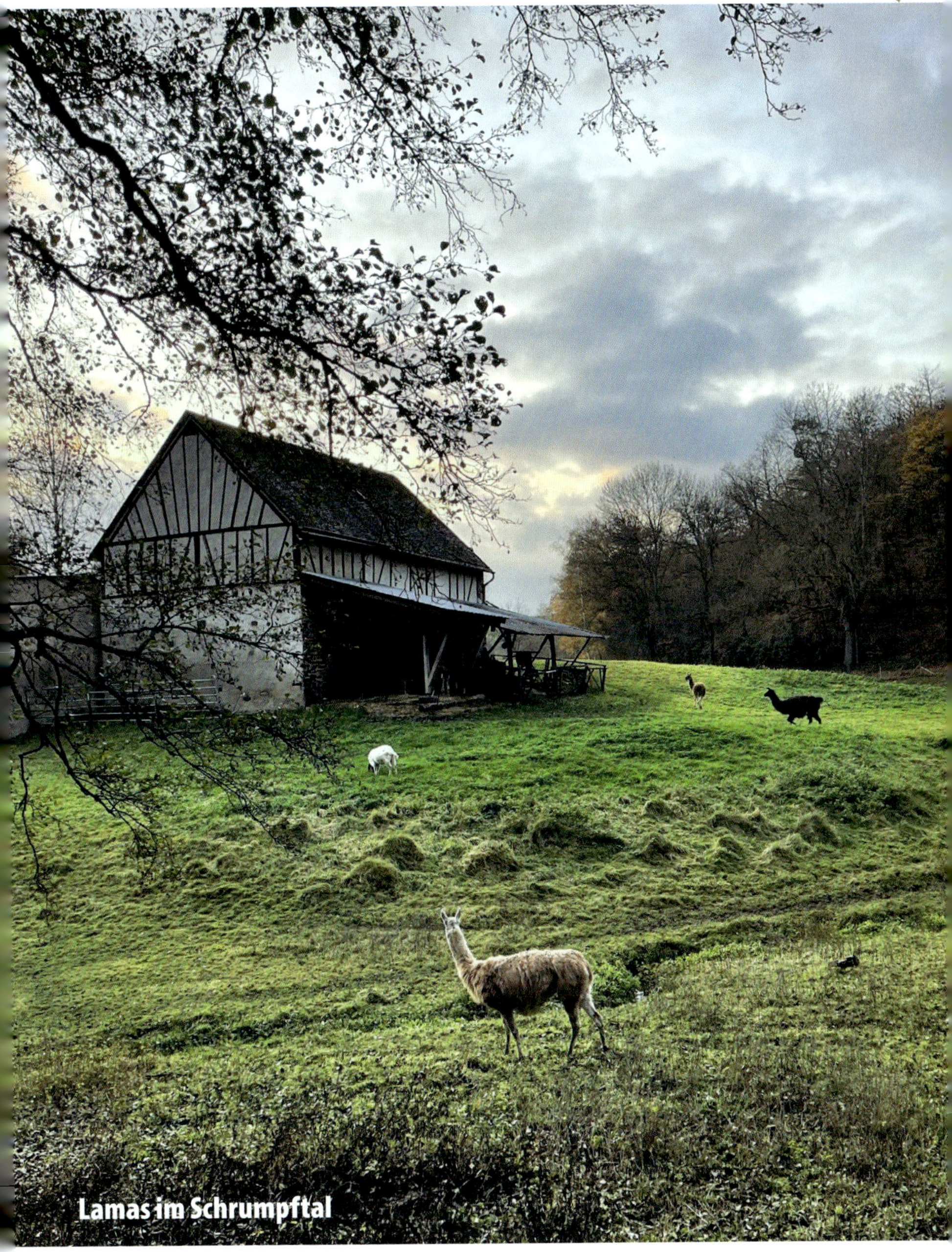

Lamas im Schrumpftal

Entschleunigungstour 16

*Ein **Meditationsweg** (550 Meter) führt von der Kehrkapelle zur Kapelle auf dem Kergeshof. „Werde aufmerksam – spüre Dein Leben" ist sein Leitmotiv, ein Hochlied auf das Leben und die Macht unserer Sinne.*

Abstieg am Rand der Fahrstraße; zum Glück fährt nur selten ein Auto vorbei. Dann sind wir zurück in Kattenes. Im **Weinhaus Fries** ⑥ ist schon der Tisch bestellt – und (zumindest im Geist) der Nachtisch: Arme Ritter mit Weinbergpfirsich. Besser kann ein Dessert nicht schmecken! Dazu ein Glas „Katteneser Steinchen" vom **Bio-Weingut Leyerdecker** ⑦ gleich nebenan.

Das Extra für Ruhesucher: **Ralf Ballhausen (Lamarama)** ⑧ züchtet in Mörz Lamas. Die bedächtigen, kuscheligen Anden-Kamele gehen gerne mit Gästen spazieren, wenn sie nicht gerade Nachwuchs bekommen.

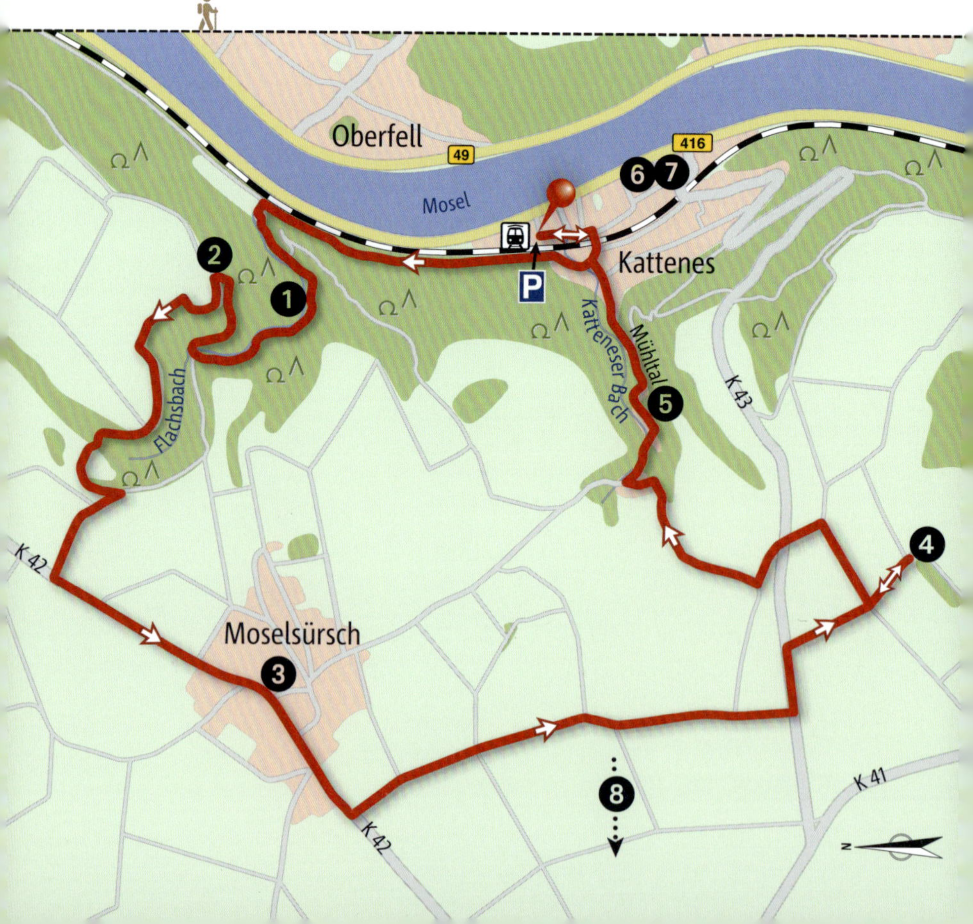

Alles auf einen Blick

WIE & WANN:
Wald- und Wirtschaftswege, schmaler Trampelpfad entlang der Bahngleise von Kattenes nach Lehmen, steiler Anstieg zum Ausoniusstein, steiler Abstieg durch das Mühlental bei Kattenes; beste Wanderzeit: April bis November

HIN & WEG:
Auto: Parkplätze neben dem Fachwerkbahnhof in Kattenes, Am Bahnhof, 56332 Löf (GPS: 50.25416, 7.43952)
ÖPNV: Bahnhof Kattenes an der Moselstrecke Koblenz – Trier (RB81)

ESSEN & ENTSPANNEN:
Weinhaus Fries ❻ Moselufer 14, 56332 Löf, Tel. (0 26 05) 2 00
(im Winter nur am Wochenende)
Bio-Ferienweingut Leyendecker ❼ Moselufer 11-13, 56332 Löf, Tel. (0 26 05) 8 46 49

ENTDECKEN & ERLEBEN:
Altes Schieferbergwerk ❶
Ausoniusstein und -Hütte ❷
Moselsürsch ❸
Kehrkapelle ❹
Tal der 13 Mühlen ❺

Entspannung ✱✱✱✱✱
Genuss ✱✱✱✱✱
Romantik ✱✱✱✱✱

Ralf Ballhausen (Lamatrekking) ❽ Maximinstraße 18, 56294 Münstermaifeld, Tel. (0 26 05) 96 14 31, www.lamarama.de

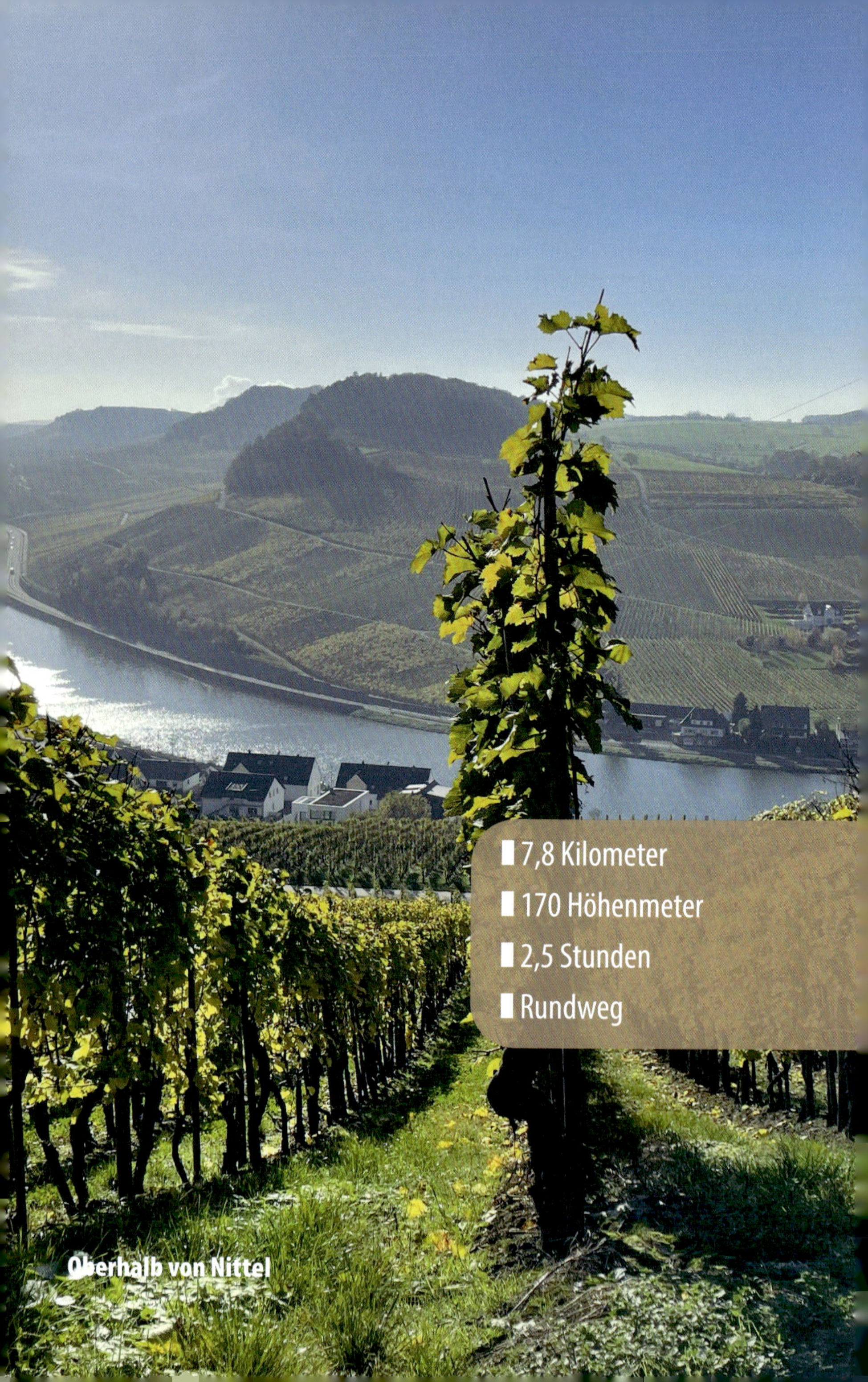

- 7,8 Kilometer
- 170 Höhenmeter
- 2,5 Stunden
- Rundweg

Oberhalb von Nittel

Wer über die A1 von Trier ins Moselstädtchen Nittel fährt, passiert gleich zweimal die Grenze nach Luxemburg: das erste Mal auf der Sauertalbrücke (rein nach Luxemburg), das zweite Mal in Grevenmacher, Nittels Nachbarort auf der anderen Moselseite. Von Nittels Weinbergen blickt man nach Luxemburg, denn der Fluss bildet die Grenze. Und noch eine Besonderheit hat das bezaubernde Dorf an der Obermosel zu bieten: Eine gewaltige Felswand erstreckt sich oberhalb der Weinberge, eine grandiose Kulisse unserer Wanderung.

Wir starten am Fluss bzw. am Bahnhof, der nur aus einem Bahnsteig am Moselufer besteht; eine bunt bemalte Unterführung führt unter der Uferstraße hinüber. Dann geht es auf der Weinstraße den Berg hinauf und über die **Straße Im Blümchen** hoch in die Weinberge. Autofahrer parken im Ort weiter oben und verkürzen sich den Aufstieg. Ein Neubauviertel grenzt an die Rebenhänge. Auch viele Luxemburger zieht es nach Nittel, hat uns die Bäckersfrau verraten. Das Logo des Moselsteigs klebt an einem Straßenschild,

Seit der Römerzeit wird an der Obermosel ***Elbling*** *(lat. uva alba) angebaut. Die Elblingtrauben eignen sich besonders für die Herstellung von Schaumweinen, denn die Böden der Obermosel ähneln denen der Champagne.*

Grand Canyon

Der Felsenweg in Nittel

wie so häufig flankiert von anderen Wanderwegen: N1 Panoramaweg und N3 Felsenweg. Wir wählen Letzteren: 6,5 Kilometer bzw. 2,5 Stunden.

Ein breiter asphaltierter Wirtschaftsweg führt zwischen den Weinfeldern den Hang hinauf. Goldgelb leuchten die Weinstöcke in der Sonne, dazwischen

Die Steinskulpturen in Nittel sind Teil des Skulpturenwegs Rheinland-Pfalz. Auf der 30 Kilometer langen Strecke ***„Steine am Fluss"*** *zwischen Konz und Palzem gibt es 16 Skulpturen zu bewundern, die von Bildhauern vieler Länder stammen.*

dichte Grasbüschel, sattgrün vom Regen. Auf einem Wiesenstück zwischen Felsen- (oben) und Panoramaweg (unten) steht eine **Steinskulptur,** die beim Näherkommen immer mächtiger zu werden scheint und an eine kolossale Sprungschanze erinnert. Zwei Schrägen und eine Kugel dazwischen. **„Knie im Gelenk"** **1** hat der Künstler Hartwig Mülleitner sein Werk genannt, symbolhaft auch für die Moselwindungen.

In sanftem Bogen zieht sich der Weg den Hügel hinauf; immer weiter wird der Blick über das malerische Flusstal, immer näher rückt die Kette der ockerfarbenen Kalksteinformation. Eine Bank namens Petersplatz lädt zum Rasten ein. Bald wandern wir am Fuß

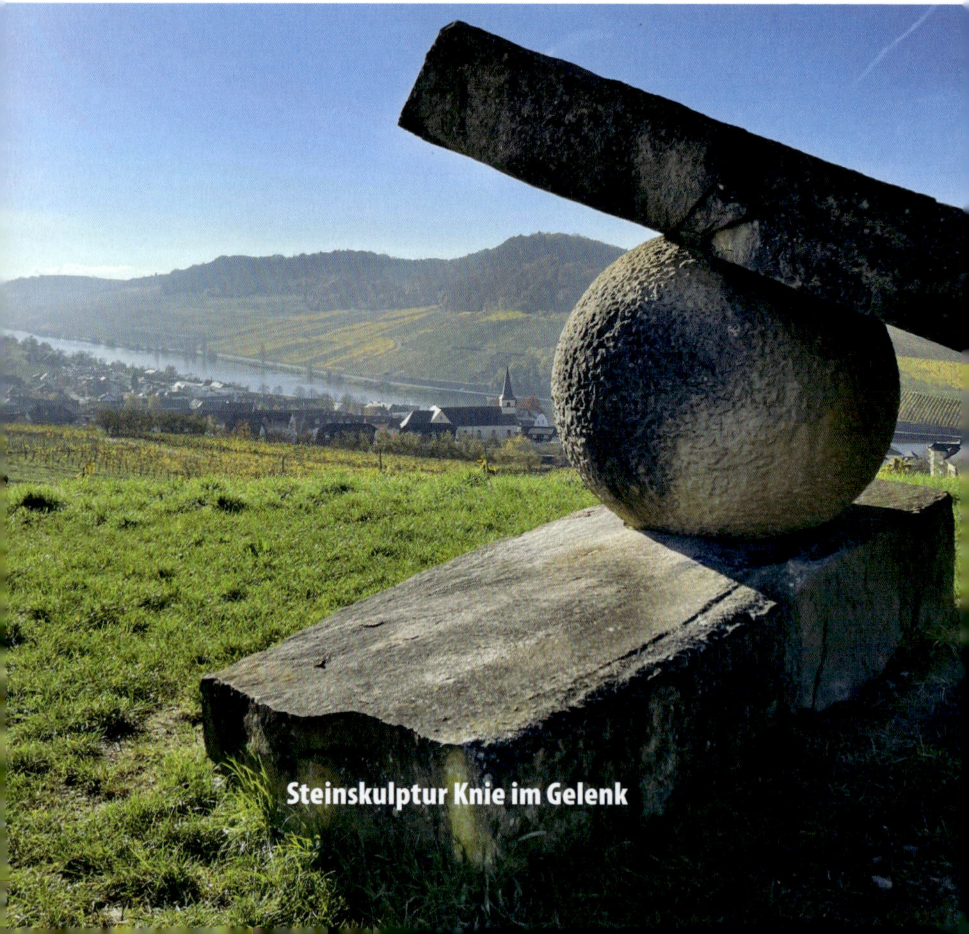

Steinskulptur Knie im Gelenk

der Felsen entlang und bewundern die Farbsinfonie von Herbstblättern und Stein. „Sauvignon Blanc“ steht an einer Rebzeile. In der Tat sind die Rieslingreben hier in der Minderheit, was an der unterschiedlichen Bodenbeschaffenheit liegt. Während die Weinbergterrassen der Untermosel aus Schiefer bestehen, dominiert an der südlichen Weinmosel der Muschelkalk. Hier wird überwiegend Elbling angebaut, daneben viele Burgunderreben.

Wir wandern jetzt entlang der halb von Buschwerk verdeckten Felswand, am oberen Rand eines sanft ansteigenden Weinbergs. Schnurgerade fallen die Rebenreihen zu Tal, dazwischen blitzt der Fluss in der niedrigstehenden Sonne. Je näher die Felsen rücken, umso wilder wirkt die Natur auf beiden Seiten des Weges. Bisweilen tritt der Wein zurück oder wird von Büschen und Sträuchern verborgen. Auf der Böschung unterhalb der Felswand liegen große, moosbewachsene Felsstücke, als habe sie ein Erdbeben vor Jahrzehnten (vielleicht Jahrtausenden) von der Steinwand gesprengt. Fast unvermutet taucht ein kleines Weinfeld

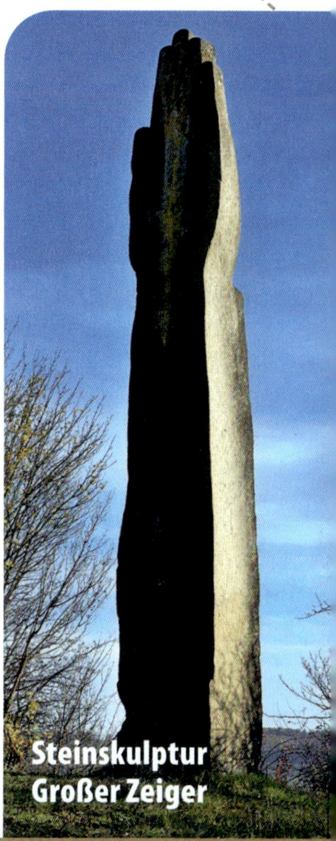

Steinskulptur Großer Zeiger

Für die Seele

Von der Höhe der Nitteler Felsen nach Luxemburg blicken und das Tal bewundern, das die Mosel in Jahrmillionen gegraben hat.

vor uns auf; an einem Holzpfahl weisen gleich zwei Wander-Logos bergab. Fast hätten wir sie im üppigen Herbstlaub übersehen. Ein schmaler Pfad führt zwischen Büschen und Weinstöcken bergab und endet auf einem geteerten Wirtschaftsweg, dem wir zielstrebig folgen. Dann entdecken wir den Felsengarten „Im

Dr. Johannes Orzechowski bewirtschaftet den ***Felsengarten „Im Lehlingen“*** *in Permakultur, zum Beispiel wird der Grünabschnitt kompostiert und als Dünger verwendet.*

Lehlingen“, ein Musterbeispiel moseltypischer Artenvielfalt. Auf ehemaligen Weinbergterrassen wachsen Walnussbäume und seltene Orchideen, leben Eidechsen und Schlingnattern. Eintritt nur nach Voranmeldung. Man müsste ein Fernrohr zur Hand haben!

Ein sachter Anstieg, dann erreichen wir das Plateau und stehen nach wenigen Schritten vor der zweiten kolossalen **Steinskulptur:** dem **„Großen Zeiger“** ❷ von Jürgen Waxweiler. Eine erhobene Hand mit zusammengepressten Fingern, eindrucksvoll und rätselhaft. Will sie uns mahnen, indem sie die Grenzen zwischen Erde und Himmel, zwischen Mensch, Natur und Kosmos aufzeigt? Auf der linken Seite markiert ein Felsstein den Eingang zum **oberen Felsenweg,** der auf der Höhe der Steinwand entlangführt. Wir lesen die Warnung vor feuchten, schlüpfrigen Wegen und gehen zuversichtlich voran. Es ist sonnig und trocken an diesem Novembertag. Auf dem felsigen Untergrund ist ein lichter Trockenwald entstanden: Weiß-

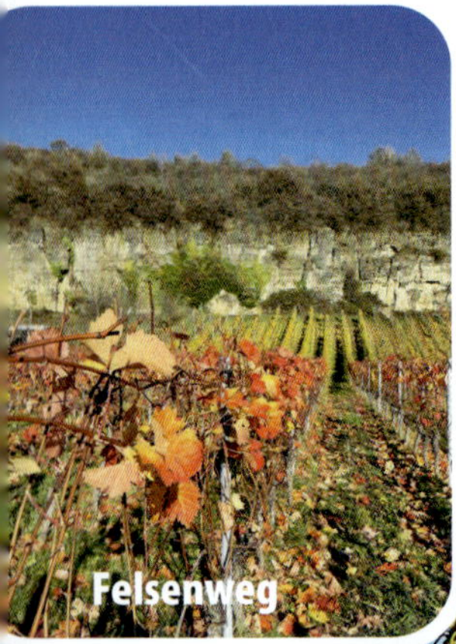
Felsenweg

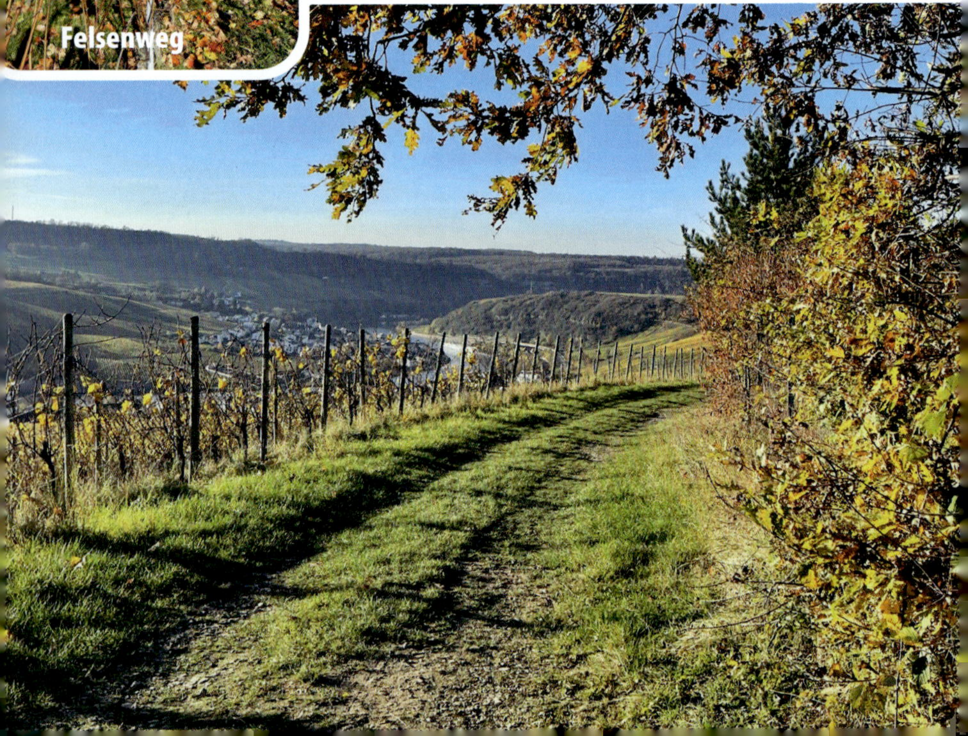

dorn- und Haselsträucher statt Eiche und Buche. Eine wilde und urwüchsige Vegetation, die an die Stelle einstiger Weinberge getreten ist. Wir folgen dem schmalen Pfad, bewundern das Farbenspiel und die sich immer wieder öffnenden Ausblicke ins Tal. Die **Bank an der Felskante:** ein Logenplatz für alle, die gern Weitblick haben. Dichtes Gebüsch verdeckt den Abgrund – man darf nur nicht an die Felswand denken. Überraschenderweise ist das gar nicht schwer; romantisch und entspannt läuft man auf dem schmalen Pfad in luftiger Höhe. Wir passieren ein plätscherndes Brunnenbecken, ein Stück aufgeweichten Waldboden und eine weitere Parkbank, dann geht es bergab. Die ersten Weinstöcke tauchen zwischen den Bäumen auf, wir erreichen den Weinberg und folgen dem leicht ansteigenden Grasweg immer geradeaus. **Am Wald entlang** führt der Weg in einer weiten Linkskurve bis zur Landstraße, wo wir scharf rechts einbiegen, auf der Teerstraße quasi ein Stück zurückgehen, um uns nach wenigen Metern links in die Büsche zu schlagen: ohne das Schild „Wanderweg" hätten wir den Pfad in dem wuchernden Unterholz gar nicht entdeckt.

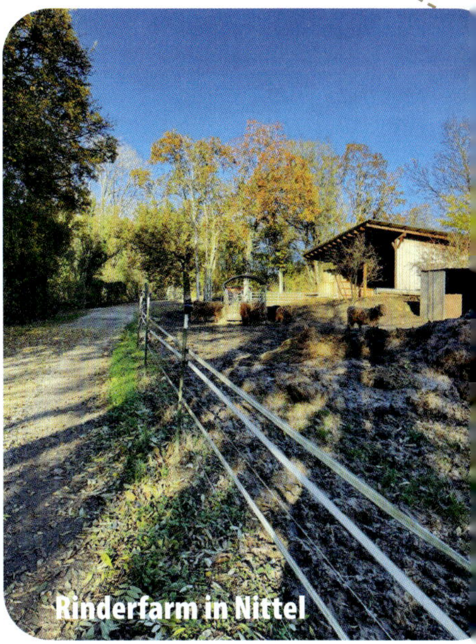
Rinderfarm in Nittel

Der **Konstantinweg (N2)** führt über einen winzigen Bach in ein bäuerliches Idyll: Ställe, Weiden, ein verträumter Teich und romantischer Picknickplatz. Zottelige Rinder mustern uns neugierig, ein Pferd trabt erwartungsvoll auf uns zu. Wir überqueren die Dorfstraße und nehmen den Grasweg am Zaun des Sportplatzes, wandern zwischen Weinfeldern, Wiesen und Weiden am Dorfrand entlang. Über den Dächern von

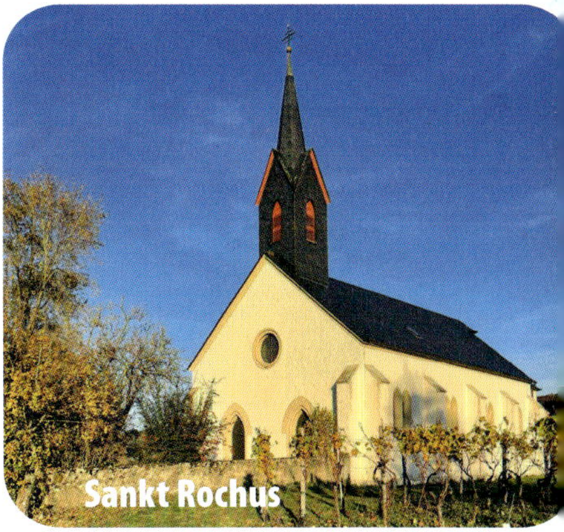
Sankt Rochus

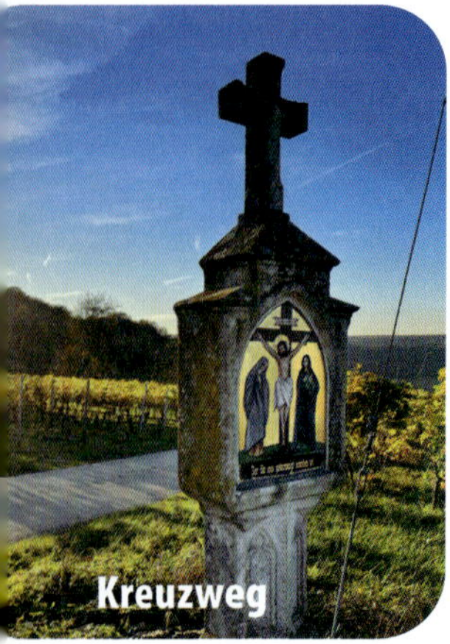

Nittel leuchtet die Felsenwand in der nachmittäglichen Sonne, vor uns lugt der **Kirchturm von Sankt Rochus** über die Weinstöcke – unser letztes Ziel. An der Landstraße gehen wir linker Hand ein Stück bergauf und gleich wieder rechts, dem Forstweg folgend, der in einem großen Bogen zur **Wallfahrtskapelle** ❸ führt.

Den Blick ins Innere gewährt die Kirche nur an Feiertagen, dafür entschädigt der Ausblick ins Tal. Auf dem Rückweg ins Dorf folgen wir dem **alten Kreuzweg** ❹ und seinen fünf neugotischen Stationen. Die **Dorfbäckerei** ❺ verwöhnt uns mit Kaffee und Kuchen – ein Glück, denn die Weinstuben und Gaststätten wie das **Restaurant Culinarium** ❻ öffnen erst am frühen Abend.

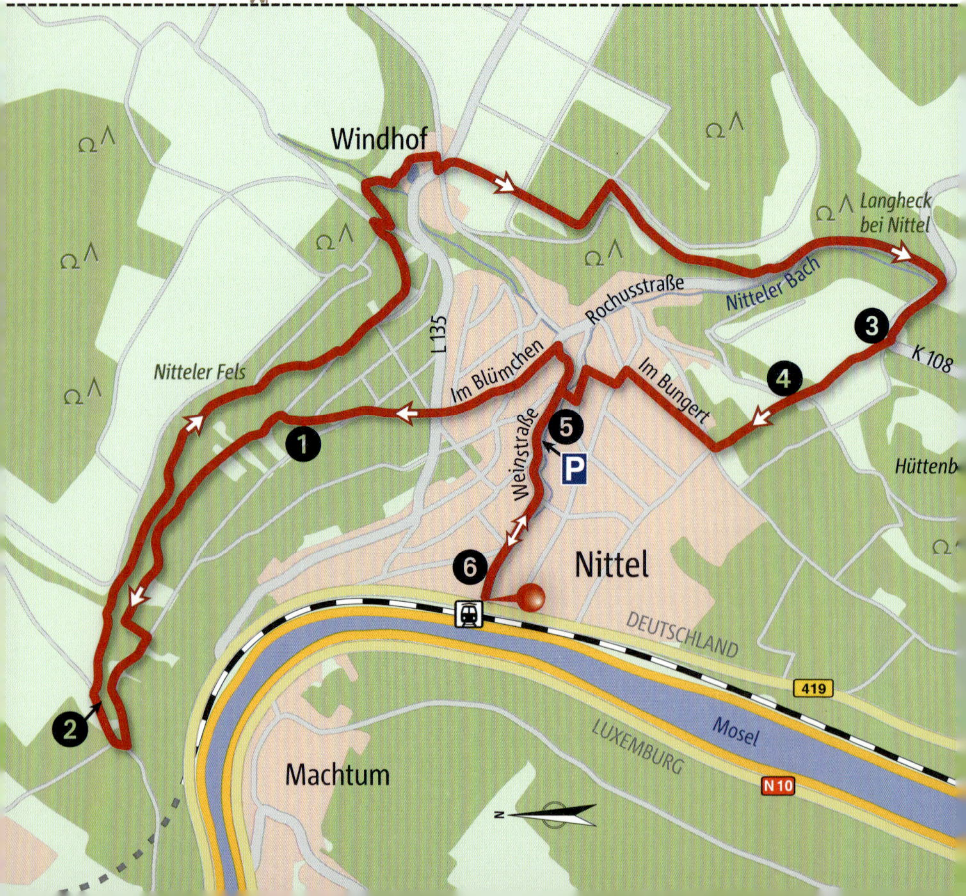

Alles auf einen Blick

WIE & WANN:
Wald- und Weinbergwege, teilweise asphaltiert, auf der Höhe schmale Pfade, die bei Regen glitschig sein können; beste Wanderzeit: April bis November

HIN & WEG:
Auto: Parkplätze in der Weinstraße, 54453 Nittel (GPS: 49.65265, 6.44768)
ÖPNV: Mit der Regionalbahn (RB) von Trier Richtung Perl oder Wincheringen bis zum Bahnhof Nittel

ESSEN & ENTSPANNEN:
Dorfbäckerei Nittel ❺ Zollstraße 1, 54453 Nittel
Restaurant Culinarium ❻ Weinstraße 5, 54453 Nittel, Tel. (0 65 84) 9 14 50

ENTDECKEN & ERLEBEN:
Steinskulptur „Knie im Gelenk" ❶
Steinskulptur „Großer Zeiger" ❷
Wallfahrtskapelle Sankt Rochus ❸
Alter Kreuzweg Nittel ❹

Entspannung ★★★★★
Genuss ★★★★☆
Romantik ★★★★★

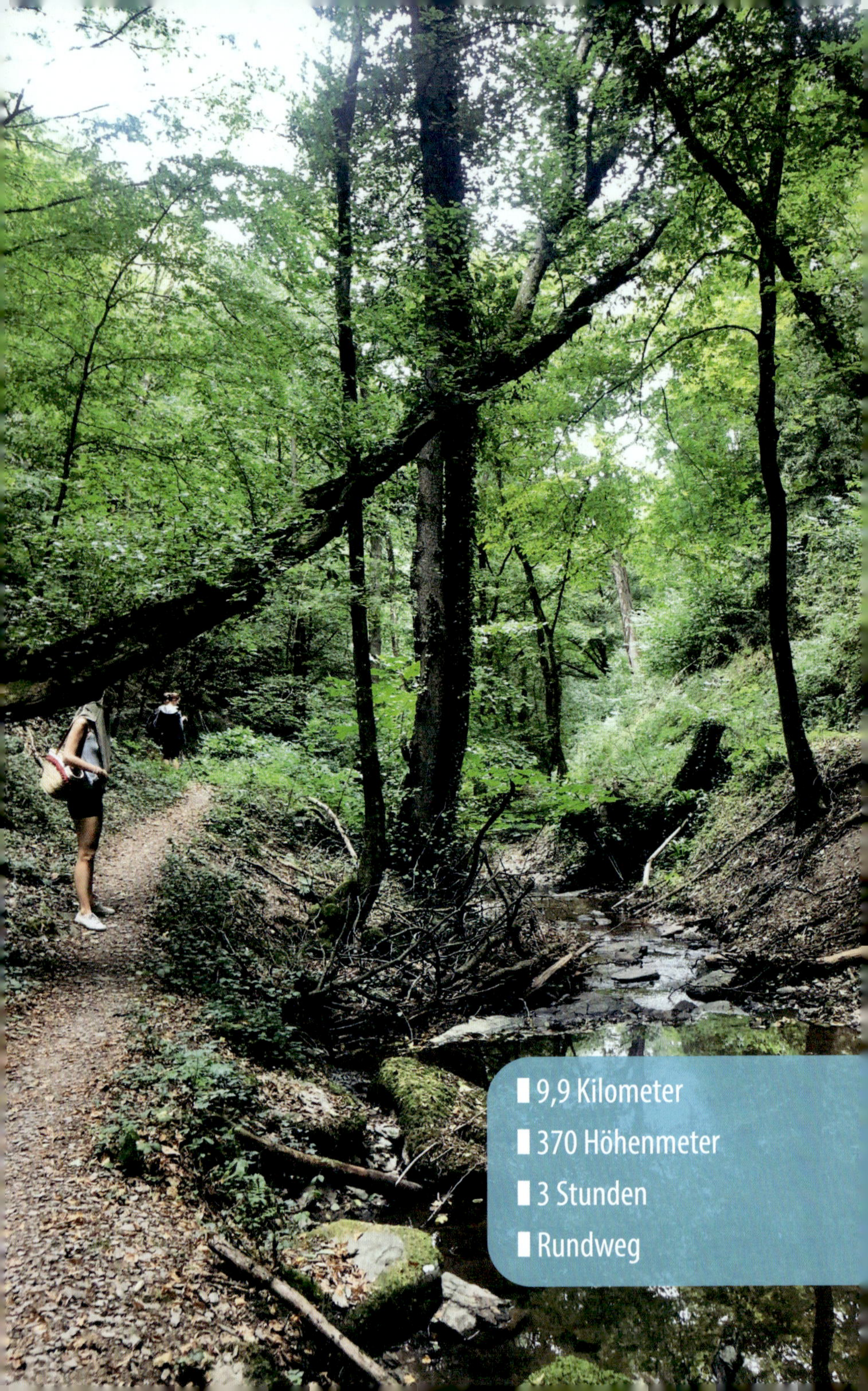
9,9 Kilometer
370 Höhenmeter
3 Stunden
Rundweg

So schön ein Spaziergang durch die Weinberge auch ist, in den Sommerwochen kann es auf den Steilhängen so heiß werden, dass man sich danach sehnt, in kühle Täler einzutauchen. Für den Wanderer sind die Moselwälder eine erfrischende Alternative zu den sonnenverwöhnten Rebenhängen.

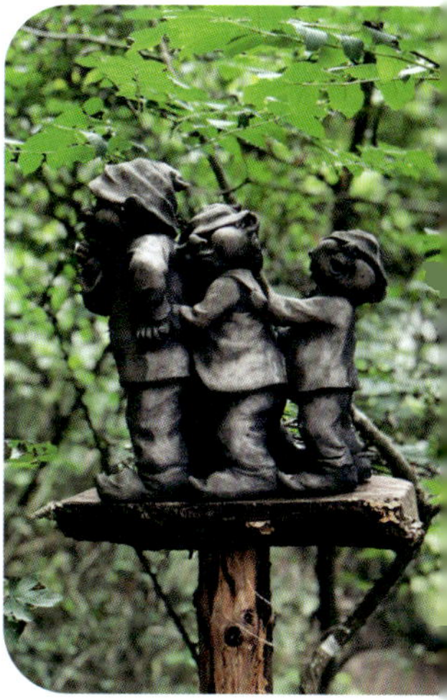

Unser Ausgangspunkt ist das **Haus am Walde 1**, ein moseltypisches Hotel am Ortsrand von Brodenbach. Im Sommer kann man auf der lauschigen, von Weinlaub umkränzten Terrasse frühstücken, bis um halb zehn. Die meisten Wanderer sind viel früher auf den Beinen, berichtet die Wirtin. Klar, wer das Ehrbachtal durchqueren will, hat 17 Kilometer vor sich – ohne Rückweg; auch der Ehrenburger Traumpfad ist 18,5 Kilometer lang. Wir lassen es ruhiger angehen, wir wollen hoch zur Ehrenburg und durch das Tal des Brodenbachs zurück zur Mosel. Der „Bergschluchtenpfad Ehrenburg“ beginnt hinter dem Hotel, führt von der Salzwiese über die Straße Im Moorkamp und ein Stück dahinter links in den Wald. Vorbei am Kriegerdenkmal erreicht man in schneller Steigung die Schutzhütte und über waldige Berghänge die **Historische Mühle Vogelsang 2**. Wer mit dem Auto über die Rhein-Mosel-Straße kommt, kann an der Mühle parken und sich nach der Wanderung im Biergarten stärken.

An einem Schieferfelsen neben der Landstraße weist ein großes Schild auf den Wanderweg zur Ehrenburg: 1,8 Kilometer sanfter, aber kontinuierlicher Anstieg. Drei lustige Waldwichtel begrüßen uns auf einem

Waldbaden

Im Brodenbachtal

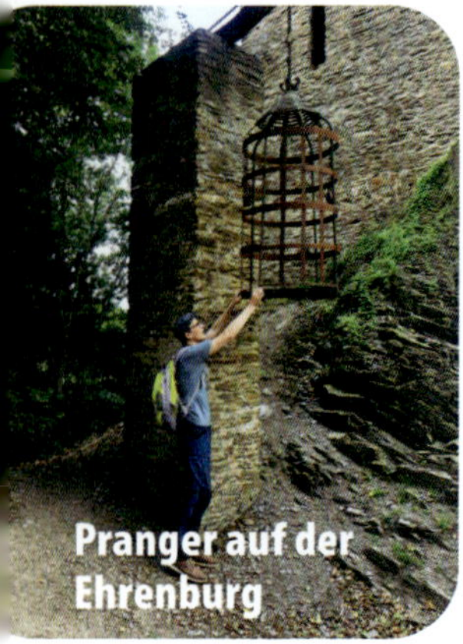
Pranger auf der Ehrenburg

Holzbrett am Wegrand, dann geht es zielbewusst nach oben. Zwischendurch leuchten zwei prominente Wander-Logos von den Baumstämmen: Mosel-Traumpfad und Saar-Hunsrück-Steig. Zur **Ehrenburg** ❸ führen viele Wege. Nach jeder Biegung erwarten wir, einen Blick auf die Burg zu erhaschen, aber wir sind schon weit oben, als wir die ersten Zinnen erblicken. Ein eiserner Käfig hängt vor der Burgmauer: der **Pranger,** in dem Übeltäter öffentlich zur Schau gestellt wurden. Dann doch lieber ein Shitstorm im Internet.

Eine Holzbrücke führt in die mittelalterliche Festung und wir wundern uns nicht, dass ein „Brückenzoll" erhoben wird. Beim Blick über die Brüstung entdecken wir die **Holzwohnwagen am Fuß der Burgmauer:** eine „stilechte" Alternative zu den Zimmern (bzw. Kemenaten) des Burghotels.

Ein Abstecher zum „Turnierplatz" der Ehrenburg (logisch: zu einer Ritterburg gehören Pferde), dann fol-

Von Ostern bis Allerheiligen kann man die ***Ehrenburg*** *erkunden, den Turm besteigen und am Wochenende ritterliche „Themenfeste" erleben: Musiker, Gaukler, Handwerker und Artisten, Burgbrunch oder Dinner-Krimi; der Blick ins Veranstaltungsprogramm macht unternehmungslustig.*

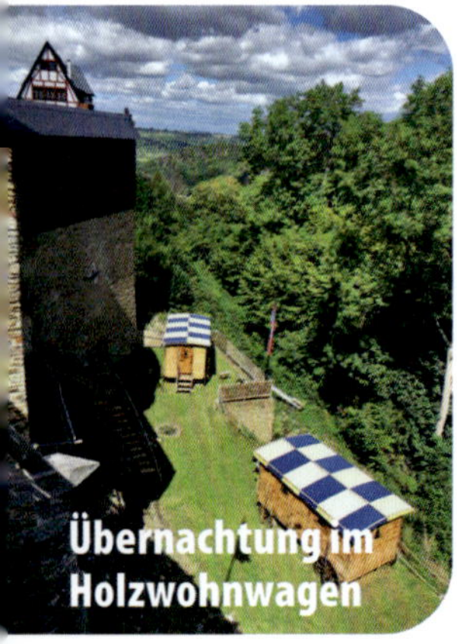
Übernachtung im Holzwohnwagen

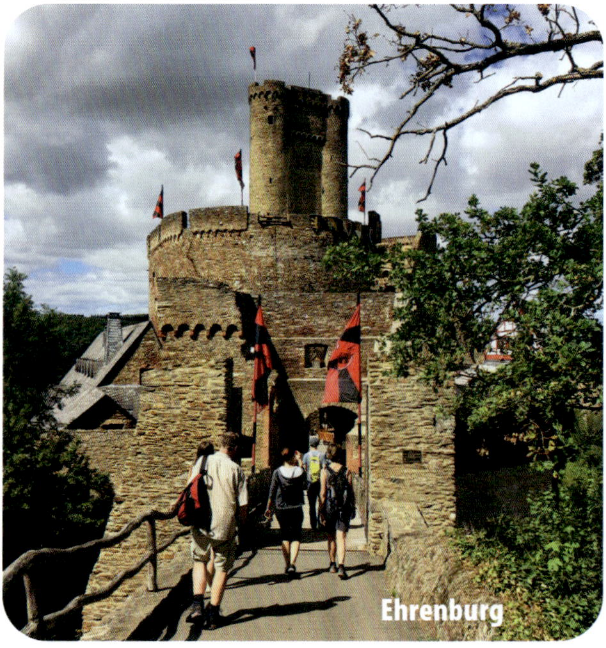
Ehrenburg

gen wir dem Feldweg, der unterhalb der Pferdekoppeln zwischen Obstbäumen und Äckern zum Wald führt.

Bald tauchen wir in den dichten Laubwald ein, doch von entspanntem „Waldbaden“ kann erstmal keine Rede sein, so gefurcht und abschüssig ist der Pfad, der sich zwischen glatten hohen Stämmen ins Tal windet. Morsche Holzstücke säumen den Weg, vom Sturm gefällte Bäume liegen zersplittert zwischen dem Unterholz, überwuchert von Moos und Flechten. Ein sich selbst überlassener Bannwald und – gerade dadurch – ein wertvolles Biotop. Jede sterbende Eiche ein Nährboden für Pilze, Insekten, Vögel und Millionen Kleinstlebewesen. Ein Mistkäfer krabbelt am Boden. In totem Holz steckt neues Leben, eine schöne Vorstellung. Also doch „Shinrin-Yoku“, japanisch für Waldbaden.

Die Japaner haben die gesundheitsfördernde Wirkung von Waldspaziergängen zur Wissenschaft erhoben. Seit 1982 wird ***Shinrin-Yoku,*** *sinngemäß „das Baden in der Waldluft“, als Maßnahme zur Stressbewältigung und Prävention staatlich gefördert.*

Wir haben die Talsohle erreicht, wenden uns links und wandern am Ufer des Brodenbachs Richtung Mosel. Zwischen riesigen Farnen leuchtet ein Aronstab mit signalroten Beeren, geheimnisvoll und giftig. Neben uns plätschert das Wasser über die Schiefersteine. Dann kommt das **Donnerloch** **4** in Sicht: ein Wasserfall und Felsbecken zwischen bemoosten Schiefersteinen. Schon die

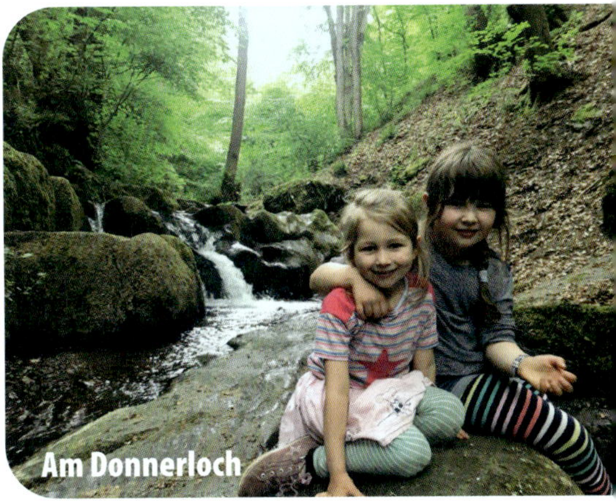

Am Donnerloch

Für die Seele

Wandern mit Achtsamkeit statt Fitnesstracker: loslassen, durchatmen und die Magie des Waldes spüren.

Erfrischungstour 18

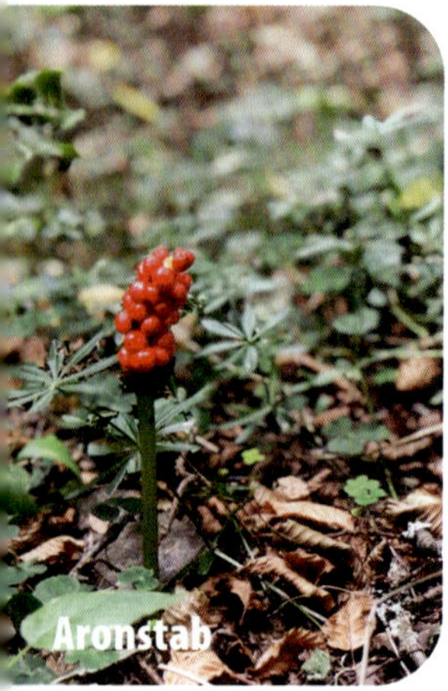

Germanen sollen den Ort als Kultstätte verehrt und dem Gott Donar geweiht haben. Schon möglich, dass das Wasser hier nach Regenfällen donnernd in die Tiefe stürzt. Jetzt sprudelt es nur lebhaft und lädt dazu ein, die Füße zu kühlen. Wer sich ausruhen möchte, sucht einen Baumstumpf oder setzt sich direkt auf den federnden Blätterboden. Enger Kontakt zur Natur ist beim Waldbaden ausdrücklich erwünscht. Es geht weiter sachte bergab. An einer Holzbrücke, hinter der eine Schutzhütte durch die Bäume lugt, biegt der Traumpfad nach rechts. Wir verzichten auf die zweite, deutlich steilere Hälfte des Traumpfads und begleiten den Brodenbach auf den letzten 3 Kilometern bis zum Moselufer.

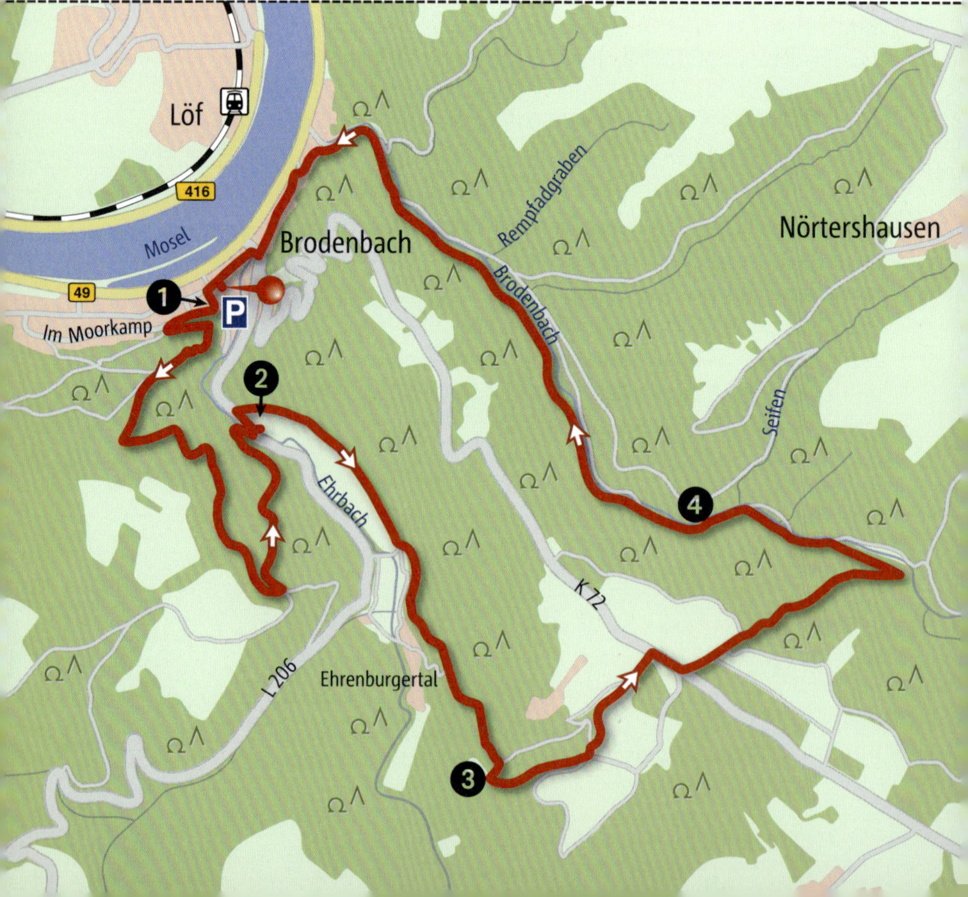

Alles auf einen Blick

WIE & WANN:
Aufstieg zur Ehrenburg, Abstieg durch den Wald zur Talsohle, teilweise auf steilen, stark gefurchten Pfaden. Beste Wanderzeit: April bis Oktober, doch nicht nach längeren Regenfällen, dann kann es im Brodenbachtal matschig werden. Besonders schön an heißen Sommertagen.

HIN & WEG:
Auto: Parkplatz Salzwiese, 56332 Brodenbach (GPS: 50.22507, 7.4433)
ÖPNV: Der nächste Bahnhof liegt auf der anderen Moselseite in Löf (im Stadtteil Kattenes), von dort führt eine Brücke über die Mosel nach Alken, den Nachbarort von Brodenbach.

ESSEN & ENTSPANNEN:
Pension „Haus am Walde" ❶ Salzwiese 16, 56332 Brodenbach, Tel. (0 26 05) 23 31, www.haus-am-walde.info
Historische Mühle Vogelsang ❷ Rhein-Mosel-Straße 63, 56332 Brodenbach, www.muehle-vogelsang.de

ENTDECKEN & ERLEBEN:
Ehrenburg ❸ 56332 Brodenbach, Tel. (0 26 05) 30 77, www.ehrenburg.de
Donnerloch ❹

Entspannung ★★★★☆
Genuss ★★★☆☆
Romantik ★★★★☆

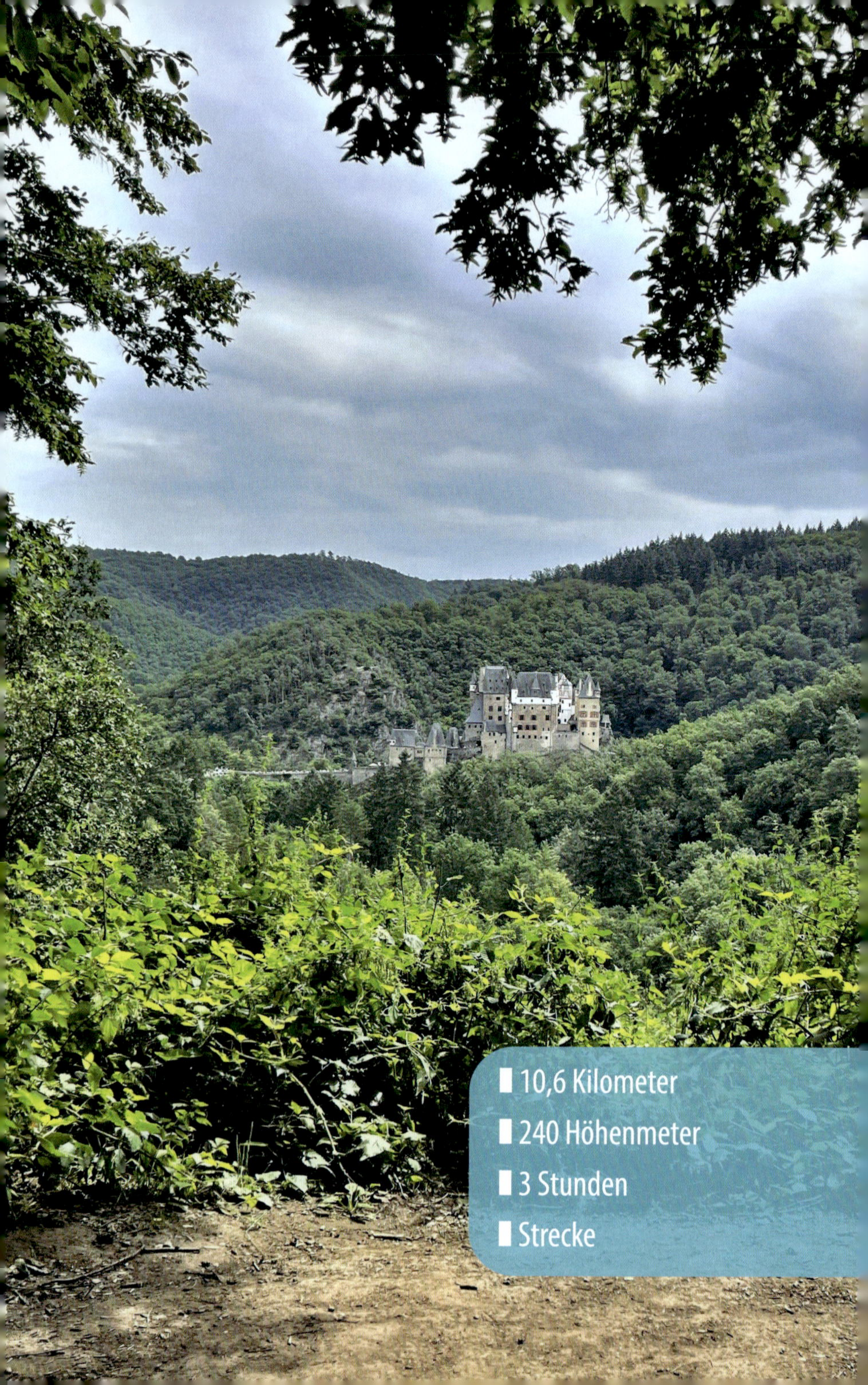

- 10,6 Kilometer
- 240 Höhenmeter
- 3 Stunden
- Strecke

Sie ist der Inbegriff der deutschen Ritterburg, auch wenn sie nicht auf der Kuppe eines Berges liegt und das Moseltal überragt, weithin sichtbar für Freund und Feind. Im Gegenteil: Burg Eltz sitzt auf einem 70 Meter hohen Felsen versteckt in einem Seitental, umringt von waldigen Bergen und einer Schleife der Elz. Dank dieser Abgeschiedenheit überstand sie alle Kriege unversehrt und hätte sich nie träumen lassen, von Besuchern überrannt zu werden. Einst kehrten hier die Händler ein, die ihre Waren von der Mosel übers Maifeld in die Eifel brachten. Heute pilgern Hunderte zu ihren Toren, um in den authentisch möblierten Räumen ins mittelalterliche Leben einzutauchen. Rittersaal, Schlafgemach, Küche & Co., ein Spaziergang durch 850 Jahre Kulturgeschichte. Im Sommer heißt es Schlange stehen, wenn man die Burg besichtigen will. Natürlich ist auch der angrenzende Traumpfad beliebt und belebt. Wer den Traumblick auf die Burg ganz für sich haben möchte, der mag unseren Spuren folgen.

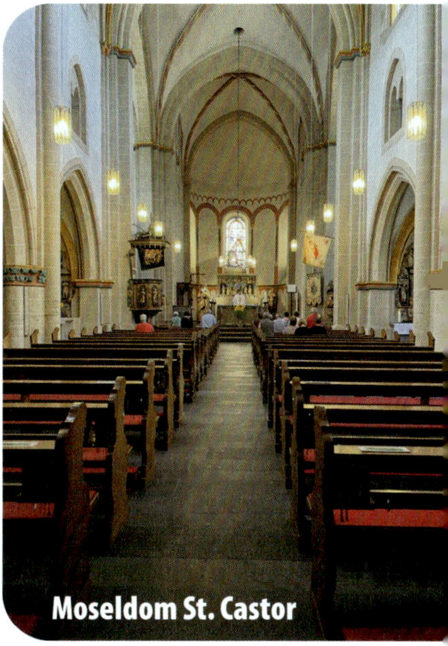

Moseldom St. Castor

Wir starten im Städtchen **Karden** (Teil von Treis-Karden) und landen erst auf dem Rückweg von Burg Eltz in Moselkern, dem Anfangs- und Endpunkt der klassischen Rundtour. Zurück nach Karden nehmen wir den Zug vom Moselkerner Jugendstilbahnhof.

In aller Stille

Burg Eltz auf Nebenwegen

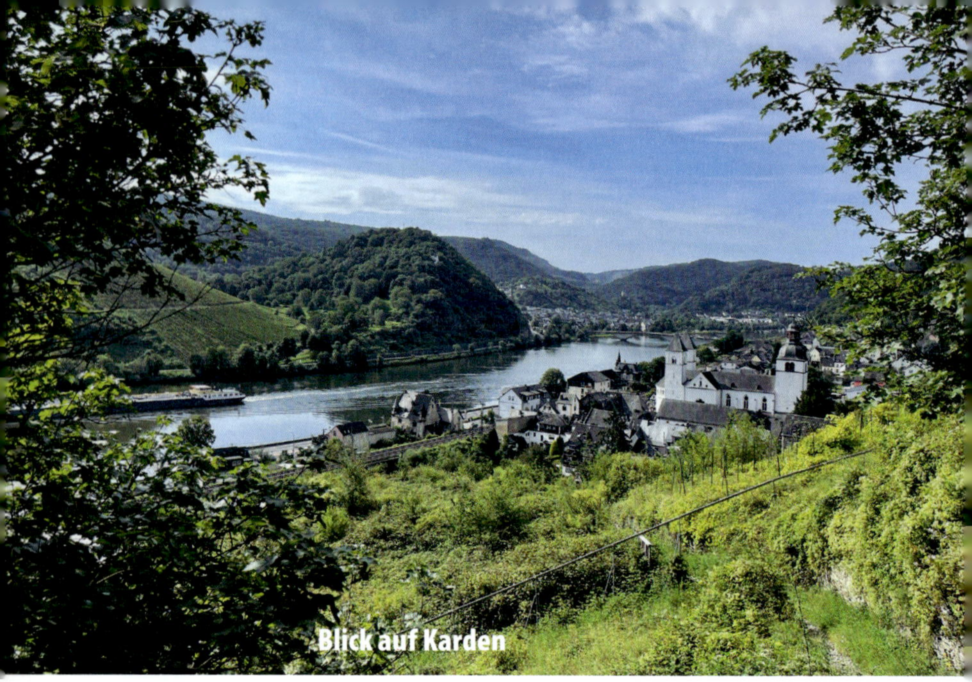

Blick auf Karden

Vorläufer von **St. Castor** war eine karolingische Basilika. Von 1183 bis 1216 entstanden das spätromanische Querhaus, Chor, Apsis und Türme, zwischen 1260 und 1295 das frühgotische Langhaus in den Proportionen der rheinischen Romanik. Kunstvoll und kostbar: die Anbetung der Könige im Altarschrein.

Unsere Wanderung beginnt in **St. Castor,** auch **„Moseldom“** ❶ genannt, dem bedeutendsten Kirchenbau zwischen Trier und Koblenz. Wie könnte man Karden besuchen, ohne einen Blick in das Kirchenschiff zu werfen? Wir sind bezaubert von der Schönheit des Raums und den berührenden Kirchenschätzen aus der Renaissancezeit. Zeit für einen besinnlichen Rundgang, bevor wir uns auf den Weg machen. Hinter der Kirche wimmelt es von Hinweisschildern. Wir wählen den **Buchsbaum-Wanderweg** Richtung Burg Eltz. Den Berg hinauf führt eine Teerstraße, von der nach wenigen Metern ein Fußweg abzweigt. „Stiftsherrenrunde“ leuchtet es in vier Farben auf der Bruchsteinmauer (und erinnert an die Farbmarkierungen am Golfabschlag). Auch der Moselsteig nimmt die gleiche Route. „Trittsicherheit und feste Schuhe“ empfiehlt eine Informationstafel. Und gute Kondition, möchte man ergänzen – drei Prämissen, die für viele Moselwanderungen gelten, besonders an der Terrassenmosel mit ihren berühmten Steillagen. Unser Pfad strebt nach oben zwischen

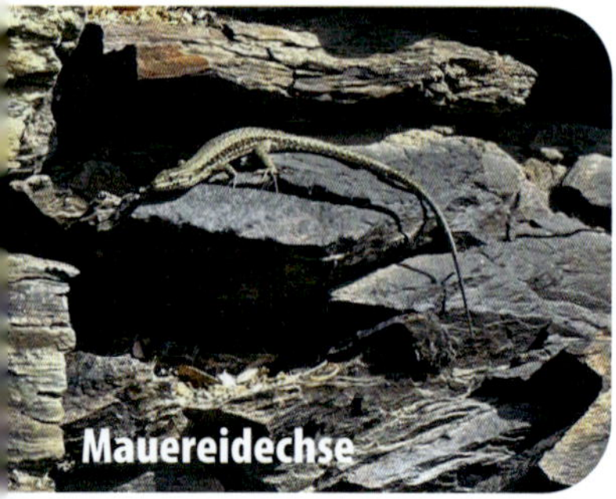

Mauereidechse

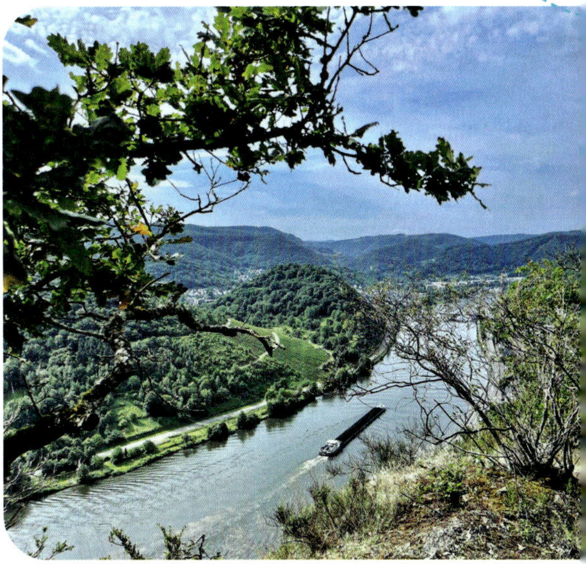

Sträuchern und Bäumen, sicher ein aufgegebener Weinberg, den sich der Wald zurückerobert. An heißen Sommertagen verströmt der wilde Buchsbaum seinen mediterranen Duft. Eine Mauereidechse sonnt sich auf den Schieferfelsen und genießt das milde Mikroklima, dem die Mosellandschaft ihre Artenvielfalt verdankt.

Schon nach kurzem Aufstieg öffnet sich ein herrlicher Blick auf Dorf und Dom, eingebettet zwischen Fluss und Bergen. Auf dem nächsten Kilometer macht der Moselsteig seinem Namen alle Ehre; es geht stetig bergauf. Erst auf der Höhe wird es lichter, wir sind auf dem **Kompes-Käppchen ②**, wo uns das Moseltal zu Füßen liegt, in schwindelerregender Tiefe. Schön, dass es eine Bank zum Verweilen gibt. Auch Picknicktische hart am Abgrund, dahinter Schutz- und Grillhütten und ein Kinderspielplatz, jetzt verwaist. 6,9 Kilometer bis Burg Eltz verkündet der Moselsteig-Wegweiser. Wir folgen ihm und dem Buchsbaum-Wanderweg durch den Wald, dann an einem Maisfeld und Äckern entlang bis

*Vermutlich haben die Römer den wilden **Buchsbaum** mitgebracht, in südlichen Ländern heimisch: zwischen Treis-Karden und Moselkern erstreckt sich das größte Buchsbaumgebiet nördlich der Alpen, ein Hinweis auf das warme Klima der Untermosel.*

Für die Seele

Von einer stillen Waldlichtung die berühmteste Burg der Mosel betrachten und am Ufer der plätschernden Elz nach Moselkern wandern.

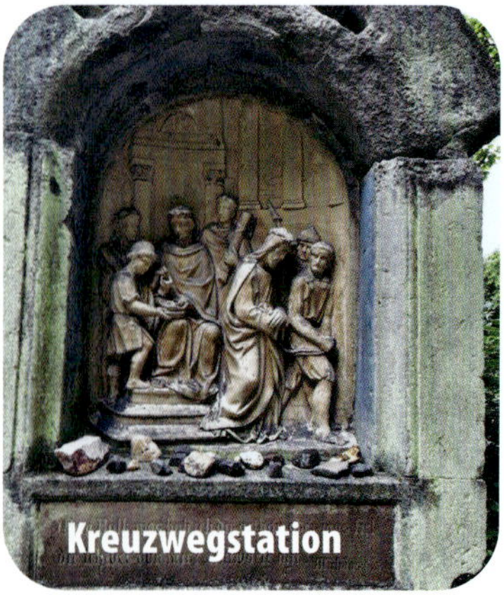

Kreuzwegstation

zur Landstraße, auf der wir 200 Meter bergab gehen, bis links ein Fußweg in den Wald führt. Zwischen den Laubbäumen tauchen alte **Bildstöcke ③** auf, vom Wegrand zurückgesetzt: ein Kreuzweg ohne Gotteshaus, doch wir sind weiterhin auf der Stiftsherrenrunde, wie die Beschilderung gleich in drei Farben bestätigt. Am Forsthaus Rotherhof geht es rechts und schnurgerade durch den dichten Wald, bis sich plötzlich auf der rechten Seite die Bäume lichten und ganz unerwartet den Vorhang aufziehen: Da liegt sie, umrahmt von grünen Bergen: **Burg Eltz ④**, die unzerstörte, weil gut versteckte Ritterburg. Wir stehen gefühlt auf gleicher Höhe, durch ein weites, waldiges Tal

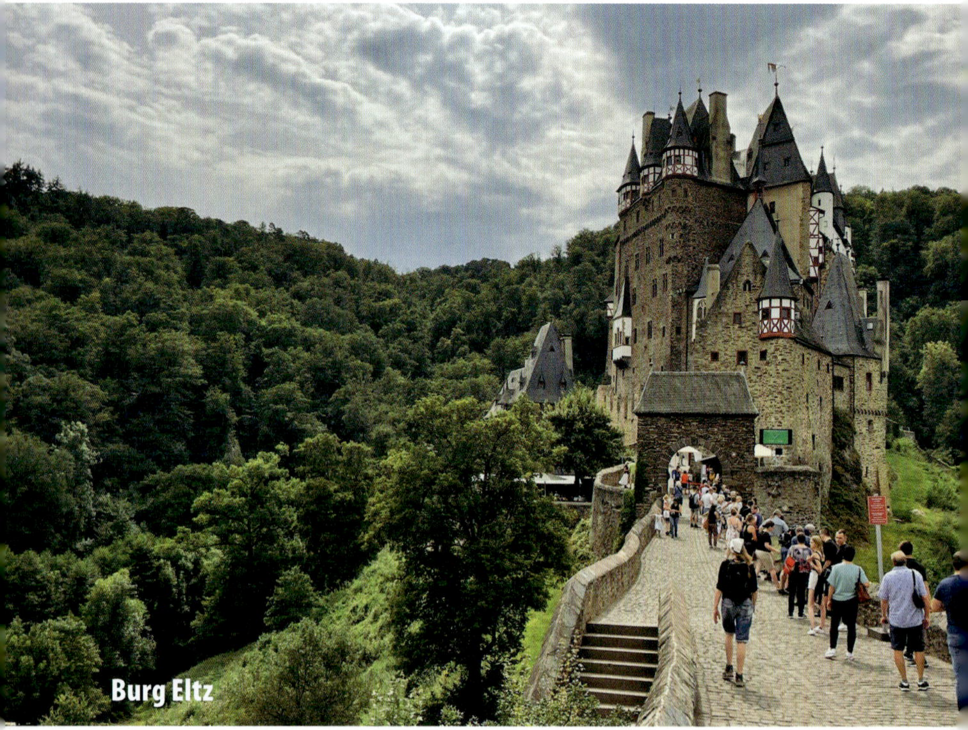

Burg Eltz

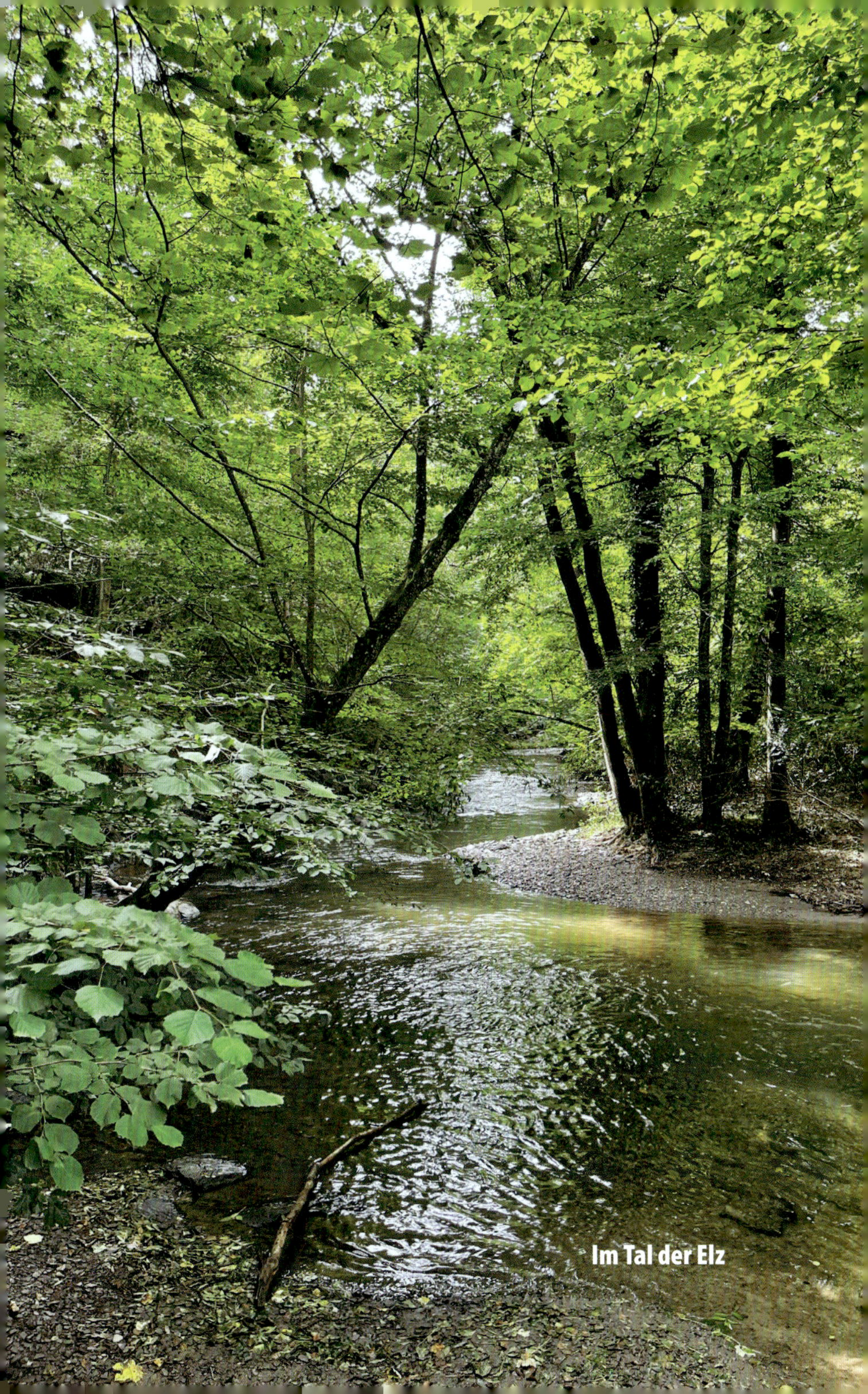

Im Tal der Elz

Im Jahr 1157 bezeugte Friedrich I. Barbarossa die Schenkung der Burg an Rudolf v. Eltz. Seit dieser Zeit ist die mehrfach erweiterte und zuletzt umfassend restaurierte Burg im Besitz der Grafen zu Eltz. Von 1961 bis 1995 schmückte ***Burg Eltz*** *den 500-DM-Schein.*

getrennt. Weiter geht's. Der Waldweg wird zum Hohlweg, krümmt sich wie eine Bobbahn, überquert eine Holzbrücke und führt am Wasser der Elz entlang, die hier breite spiegelnde Becken bildet. Schroffe Schieferplatten säumen den Weg, der jetzt immer neue Blicke auf den Burgberg eröffnet. Wie immer ist Burg Eltz von Menschen umlagert; es ist Sommer und Ferienzeit.

Wir passieren den Zugangsweg und steigen auf der anderen Seite den Burgfelsen hinab. Unten führt eine Brücke über stilles, knietiefes Wasser in den Wald. Noch ein Rückblick zur Burg, dann folgen wir dem Weg nach Moselkern. Die klassische Route, das merkt man sofort. Während uns der Weg von Karden bis zur Burg ganz allein gehörte, herrscht hier ein reges Kom-

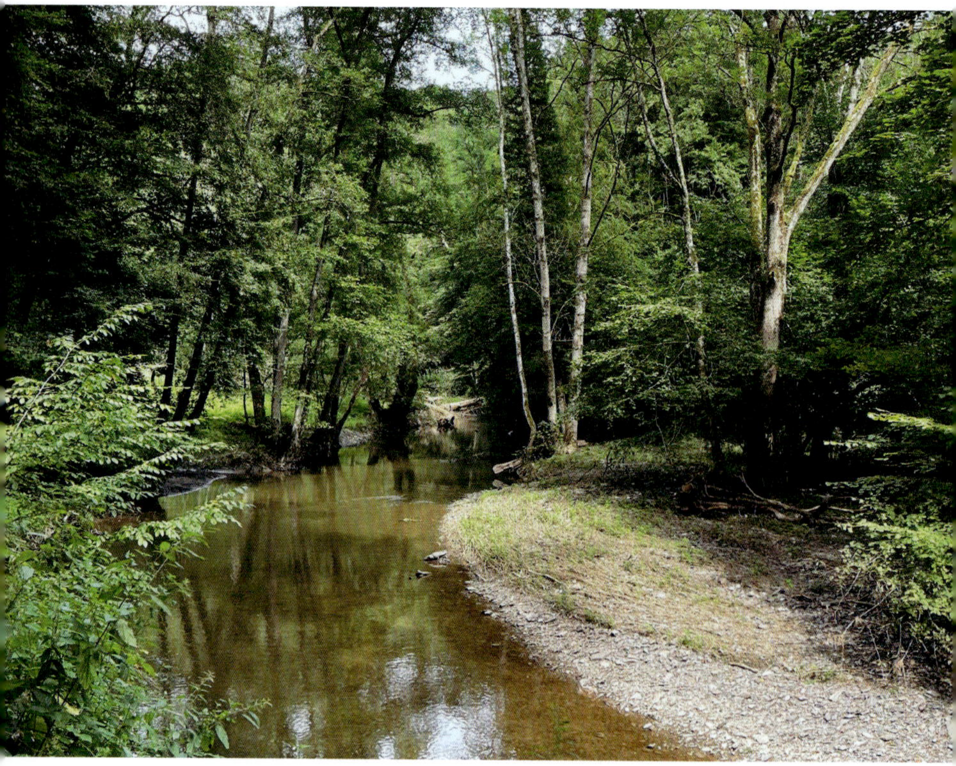

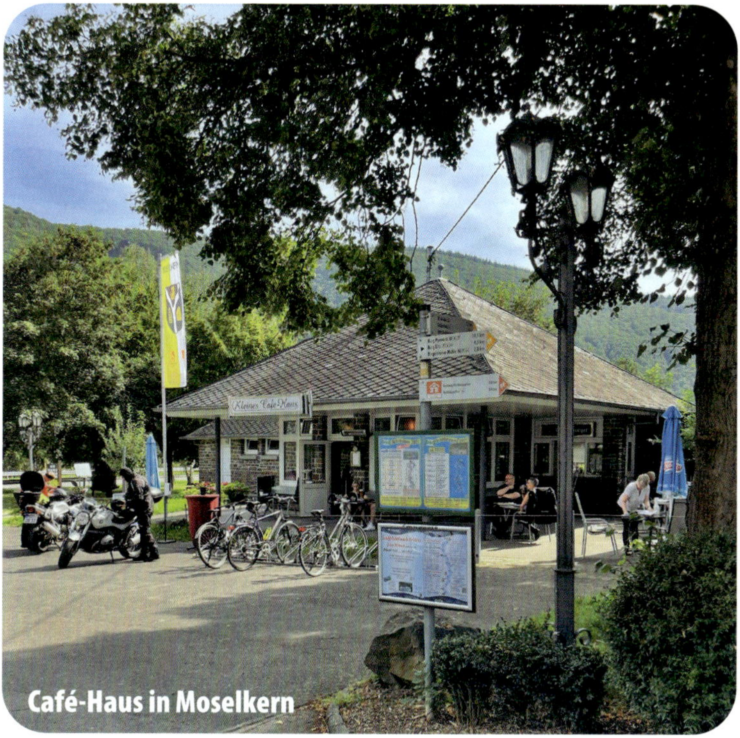

Café-Haus in Moselkern

men und Gehen. Die Romantik bleibt. Hoher Laubwald, das Plätschern der Elz – mal nah, mal fern. Flussufer mit Kieseln, sprudelnde „Stromschnellen", stille Teiche. Nach 2,4 Kilometern erreichen wir die **Ringelsteiner Mühle,** Ausflugslokal und Anlaufpunkt für alle, die mit dem Auto kommen und den Wanderweg zur Burg halbieren möchten. Der große Parkplatz zeigt: Das wollen viele. Wir freuen uns auf den Fußweg nach Moselkern, überqueren die Brücke und folgen der Elz. An der nächsten Brücke entdecken wir die **Pegeluhr,** eine von 150 landesweiten Messstationen für Oberflächengewässer. Eine wichtige Einrichtung, wie das letzte Hochwasser wieder gezeigt hat. Die ersten Vorgärten kommen in Sicht, moderne Moselvillen und authentische Bruchsteinhäuser. „Honig vom

*Der **Jugendstilbahnhof** von Moselkern entstand 1879 im typischen Moselstil: aus Bruchstein, Schiefer und Fachwerk, beheizt mit Dampf, beleuchtet mit Neon. Heute zieht man ein Ticket am Automaten und denkt ein bisschen wehmütig an die Zeit, in der die Zugreise noch reinster Luxus war.*

Imker" verkündet ein Haus, das nächste wirbt mit Bett & Bike. „Zimmer – Dusche – WC" verspricht das **Gästehaus Grollig** ⑤ außerdem, eine einladende und moseltypische Adresse für Radfahrer und Wanderer. Bevor wir den Ortskern erreichen, sticht uns die alte **Wollfabrik** ins Auge, eines dieser schlafenden moseltypischen Gebäude, die darauf hoffen, von einem Investor wachgeküsst zu werden. Daneben sprudelt die Elz auf ihrem Weg zur Moselmündung. Hinter der Bahnunterführung erreichen wir die Ortskirche mit dem Merowingerkreuz, über die Kirchstraße die Promenade, wo wir im **Kleinen Café-Haus** ⑥ die Beine ausstrecken. Zeit zum Entspannen. Der Zug nach Karden fährt jede Stunde.

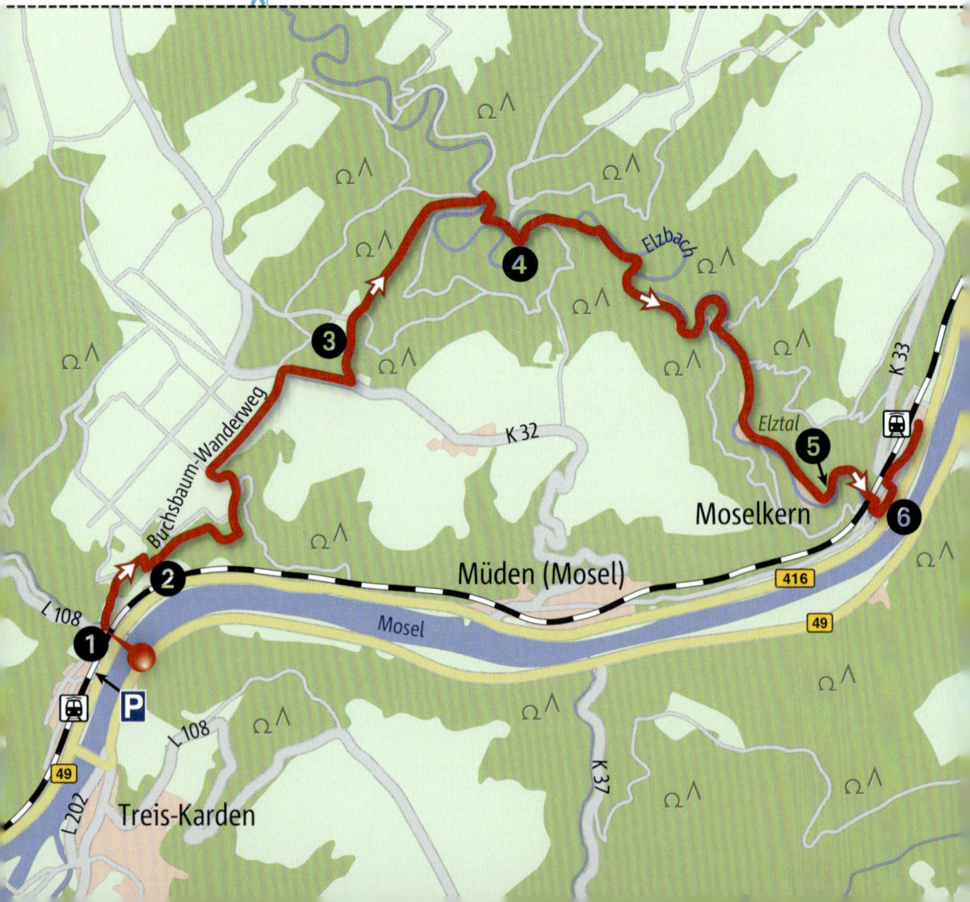

Alles auf einen Blick

WIE & WANN:
Steiler Aufstieg zum Aussichtspunkt in Karden, über Waldwege zur Burg Eltz, am gewundenen Flusslauf entlang nach Moselkern; beste Wanderzeit: April bis November, nicht nach mehreren Regentagen

HIN & WEG:
Auto: Parkplatz an der Moselstraße in 56253 Treis-Karden (GPS: 50.18210, 7.30125)
ÖPNV: Der Bahnhof Treis-Karden liegt an der Moselstrecke, hier verkehren der RE (Regionalexpress) und die RB (Regionalbahn) zwischen Koblenz und Trier.
Rückkehr zum Ausgangspunkt: mit dem Zug ab Moselkern zurück zum Bahnhof Treis-Karden

ESSEN & ENTSPANNEN:
Gästehaus Grollig ❺ Elztal 27, 56254 Moselkern
Kleines Café-Haus ❻ Moselstraße 29, 56254 Moselkern

Reizvolle Adressen findet man auch im Nachbarort Pommern, nur 3,4 Kilometer moselaufwärts:
Weingut Jakob Zenzen Erben, Zehnthofstraße 2, 56829 Pommern, weingut-jakob-zenzen.de
Pâtisserie Schneiders, Zehnthofstraße 1, 56829 Pommern, Tel. (01 63) 2 35 70 82 (nur am Wochenende)
Weingut Schützen-Mies, Hauptstraße 25, 56829 Pommern, www.schuetzen-mies.de

ENTDECKEN & ERLEBEN:
Sankt Castor ❶ **Kompes-Käppchen** ❷
Alte Bildstöcke ❸ **Burg Eltz** ❹ 56294 Wierschem, Tel. (0 26 72) 95 05 00

Entspannung ✱✱✱✱✱
Genuss ✱✱✱✱✱
Romantik ✱✱✱✱✱

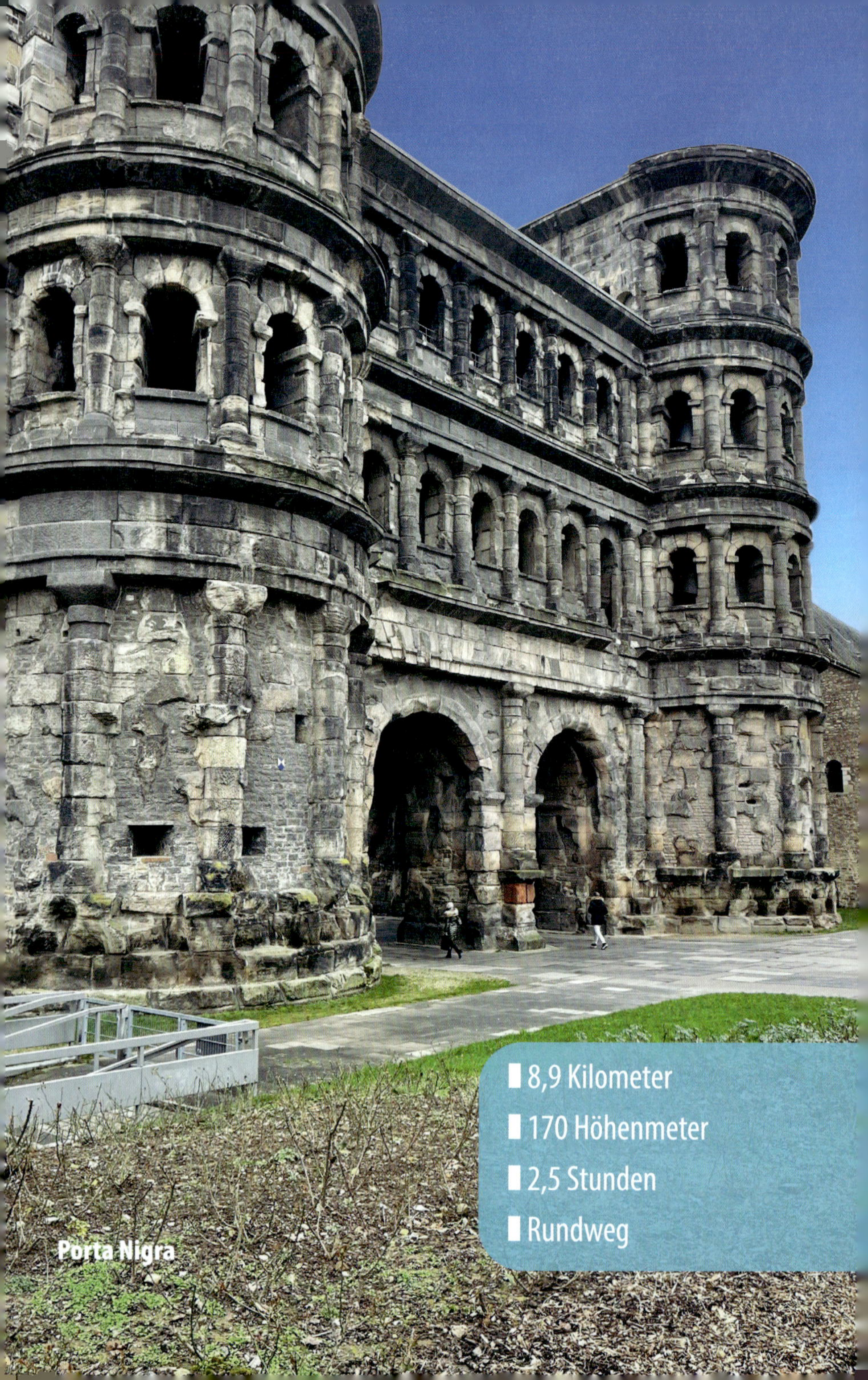

- 8,9 Kilometer
- 170 Höhenmeter
- 2,5 Stunden
- Rundweg

Porta Nigra

Der Wald erfrischt den Körper und wärmt die Seele, und das tut besonders im Winter gut. Wenn die Wolken im Grau die Konturen verlieren, dann sorgt ein Waldspaziergang für Sauerstoff und gute Stimmung, denn hier sieht man den grauen Himmel nicht. Stattdessen Braun-Rot-Grün-Töne, Silhouetten von Baumkronen wie mit Tusche gezeichnet, murmelndes Wasser, federnde Waldwege. Ein sinnliches Vergnügen wie im Sommer – nur eben anders. Was im Sirzenicher Bachtal nahe Trier den Unterschied ausmacht, ist nicht die Jahreszeit, sondern die Höhe der Niederschläge: bei Regen wird der Pfad am Rande des Bachbetts schlammig und Wanderer weichen lieber auf den höher gelegenen Forstweg aus. Doch an heißen Tagen erfrischt das Wasser, und wer am Ufer entlanggeht, kommt gar nicht umhin, es mehrmals zu überqueren, auf Baumstämmen, Trittsteinen oder mit bloßen Füßen.

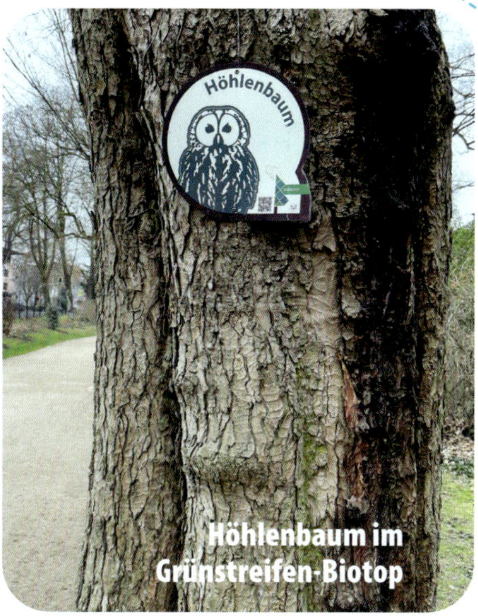

Höhlenbaum im Grünstreifen-Biotop

Wir wandern im Januar. Seit Tagen gibt es wenig Sonne und keinen Regen; die Pfade im Sirzenicher Bachtal müssten eigentlich gut begehbar sein. Unser **Ausgangspunkt** ist Triers Wahrzeichen, die berühmte **Porta Nigra** (1), die vor dem weißen Himmel noch

*Seit 1986 zählt die **Porta Nigra** zum Welterbe der UNESCO. Anhand eines Eichenstammes, der im Fundament der Stadtmauer gefunden wurde, ließ sich das Alter des Stadttors genau bestimmen: Es wurde 170 n. Chr. unter der Herrschaft von Kaiser Marc Aurel erbaut.*

Welterbe & Wildnis

Wanderung in Trier

schwärzer wirkt. Nicht die Abgase, sondern die Zeit, sprich Verwitterung, hat den Kordeler Sandstein so dunkel gefärbt; schon im 11. Jahrhundert trug das römische Stadttor den Namen „Schwarzes Tor".

Hoch über uns liegt das ***Berghotel Kockelsberg*** *auf der gleichnamigen Felsformation, die 334 Meter über der Mosel aufragt. Links thront weithin sichtbar die Mariensäule auf dem Pulsberg.*

Von der Porta Nigra führt ein parkähnlicher Grünstreifen zur Mosel. Das reinste **Biotop ❷:** Da gibt es Vogelhäuser und Höhlenbäume für Eulen, einen Totholzstamm für Hirschkäfer und Nistplätze für Insekten. Der eingezäunte Holzhaufen heißt Kleinsäugerhabitat und beherbergt vielleicht schon ein paar Igelfamilien. Seit Jahren pflegt und fördert die Stadtverwaltung die Artenvielfalt in den Trierer Grünzügen. Eine schöne Einstimmung für unsere Wanderung, die über die **Kaiser-Wilhelm-Brücke** ❸ zum anderen Moselufer führt. Wir folgen der Straße rechts den Berg hinauf, bis nach wenigen Metern auf der linken Seite ein **gepflasterter Fußweg** abzweigt, der an der fast senkrechten Bergflanke nach oben führt.

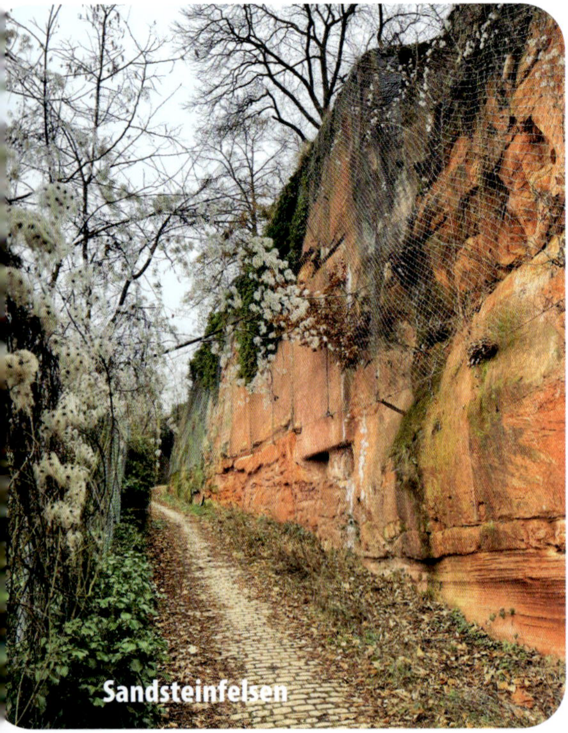

Sandsteinfelsen

Mächtige rote **Sandsteinfelsen** ❹ säumen den Weg auf der rechten Seite, Geländer und überwucherte Ziegelmauern auf der linken. Vor dem Zaun tanzen die luftigen „Baumwollbällchen" der weißen Waldrebe. Hinter einem Torbogen erreichen wir die Fahrstraße und begleiten sie (rechts) bis zum **Robert-Schumann-Haus,** ein ehemaliges Priesterseminar, heute Tagungshaus und -hotel. Wenige Meter vor der Toreinfahrt zum Gästeparkplatz zweigt auf der rechten Seite ein Pfad ab, der zwischen Weidenzäu-

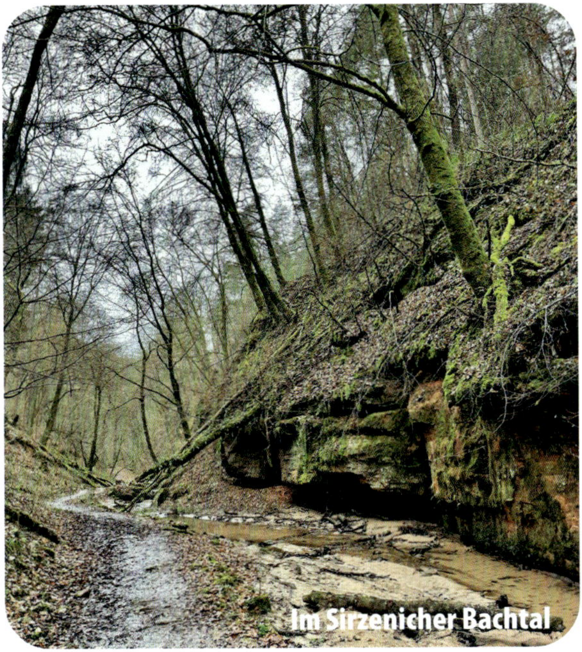
Im Sirzenicher Bachtal

nen entlang zum Wald führt. Man duckt sich unwillkürlich unter den hohen Sträuchern, die ihn fast tunnelartig überranken, dann führt der Ziehweg in den Wald und ins **Sirzenicher Bachtal** 5.

Zuerst nur Sandflächen mit viel Gestrüpp, kaum als Bach erkennbar, dann kommt ein gemauertes Brückchen in Sicht. Wir bleiben am linken Ufer, gehen am Rand des Bachbetts entlang, das nun breiter wird, aber nur an den tieferen Stellen Wasser führt, sodass

*Entwurzelte Bäume und abgerissene, zerbrochene Äste wirken manchmal verstörend, doch für das **Waldbiotop** ist jeder Sturm ein Glück, denn das scheinbar tote Holz bietet Moos, Flechten, Pilzen, Käfern und anderen Tieren neuen Lebensraum.*

Für die Seele

Im Sirzenicher Bachtal das Abenteuer suchen und am Fuß der Mariensäule jahrtausendealte Kultur bestaunen.

wir auf felsigen Grund treten können, wo der Uferpfad fehlt – weggebrochen, weggeschwemmt. Riesige bemooste Äste sind von den Steilhängen des Tals herabgestürzt und liegen zerbrochen am Weg und zwischen Felsbrocken im Wasser. Eine malerische Wildnis, gerahmt von bizarren roten Felsen.

Plötzlich und unerwartet ist der Trittpfad verschwunden und der einzige Weg führt jetzt durch den Bach, dessen Boden hier weich und sumpfig ist. Als der Wanderstiefel bis zum Knöchel im Morast versinkt, geben wir auf und beschließen, zur Brücke zurückzugehen und den Forstweg zu nehmen. Wir passieren die rot-weiße Schranke und wandern nun oberhalb des Baches, bis uns das Piktogramm eines Baumes zu den **Trierweiler Wasserfällen** ⑥ weist. Ein kurzes Stück bergab und wir sind am Ziel: „Sirzenicher Wasserfall“ verkündet ein Holzschild, denn Sirzenich ist ein Ortsteil von Trierweiler. Neben einem Picknicktisch rauscht das Wasser über den glatten Felsen, ein idyllisches Schauspiel. Man kann sich vorstellen, dass hier im Sommerhalbjahr gebadet wird. Zwei Mountainbike-

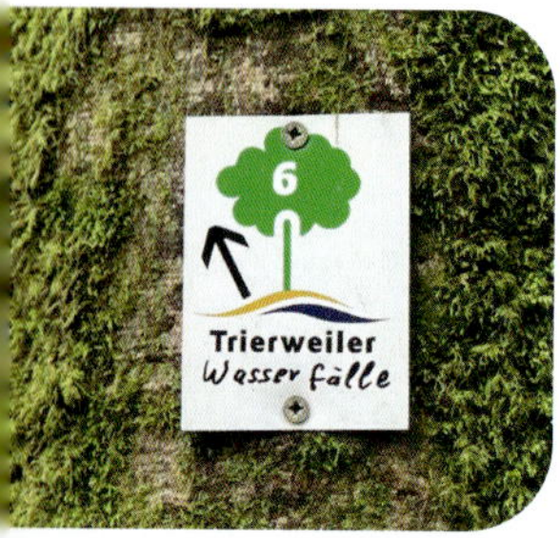

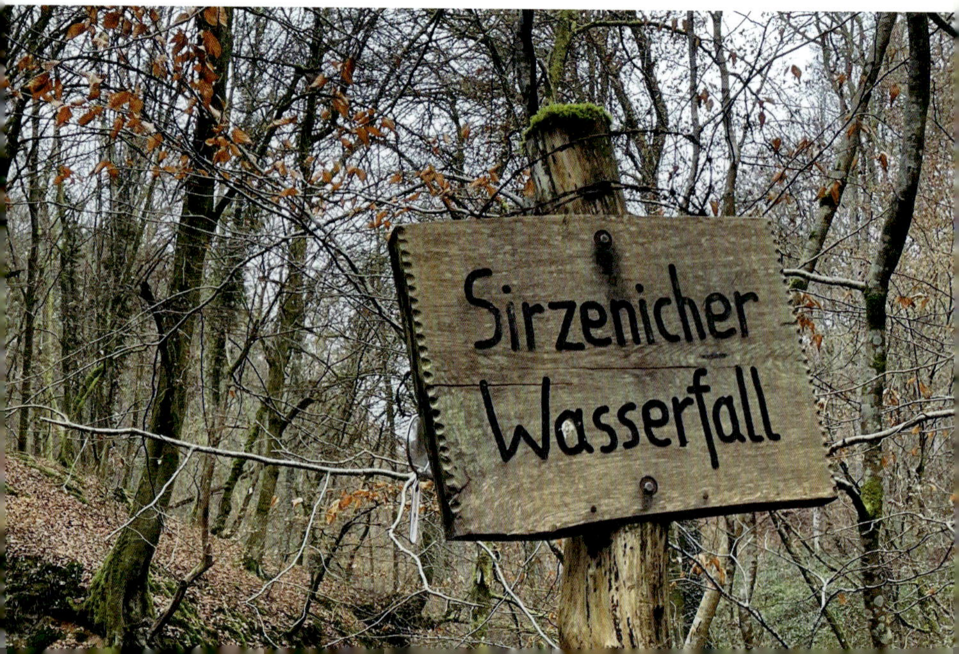

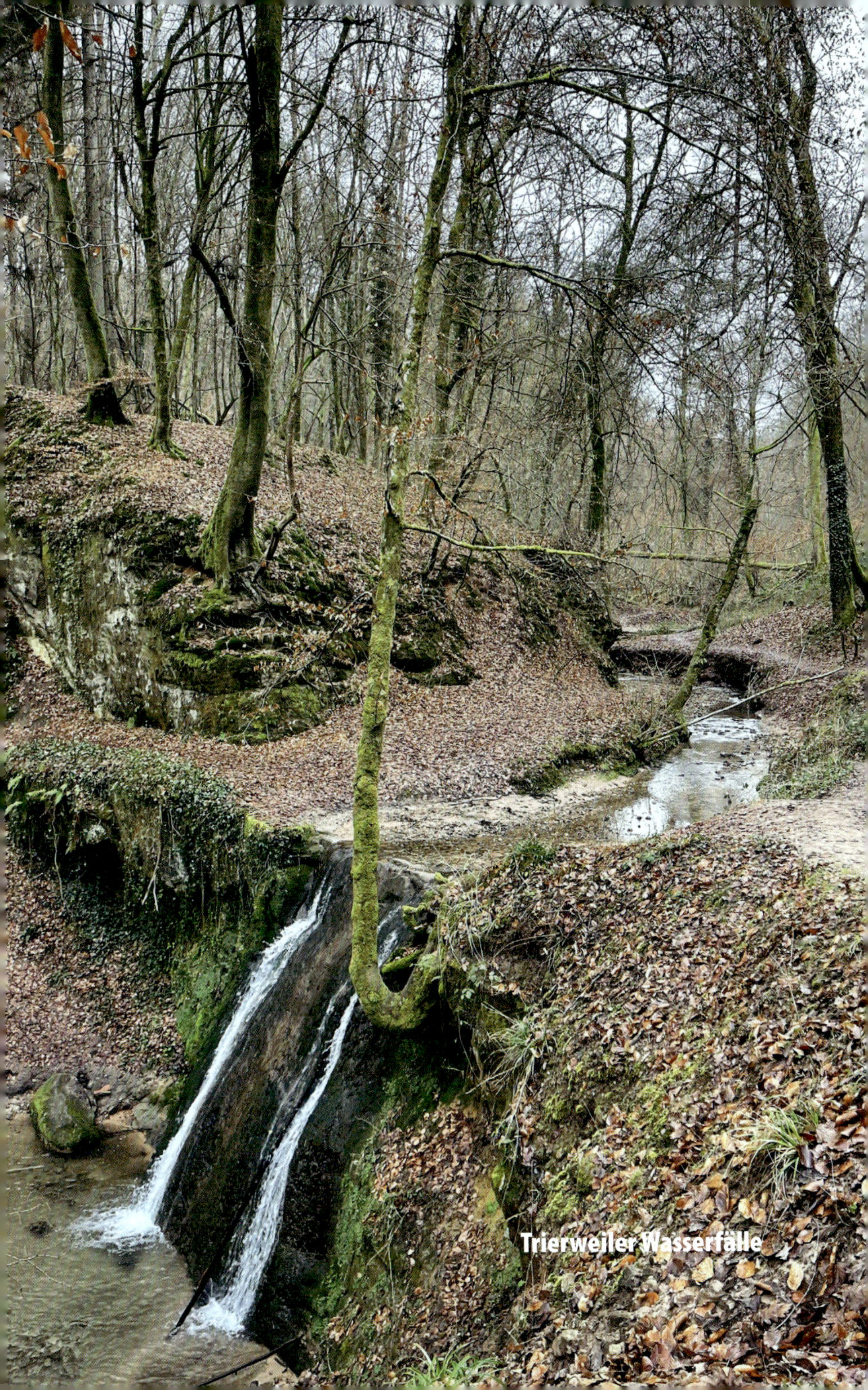
Trierweiler Wasserfälle

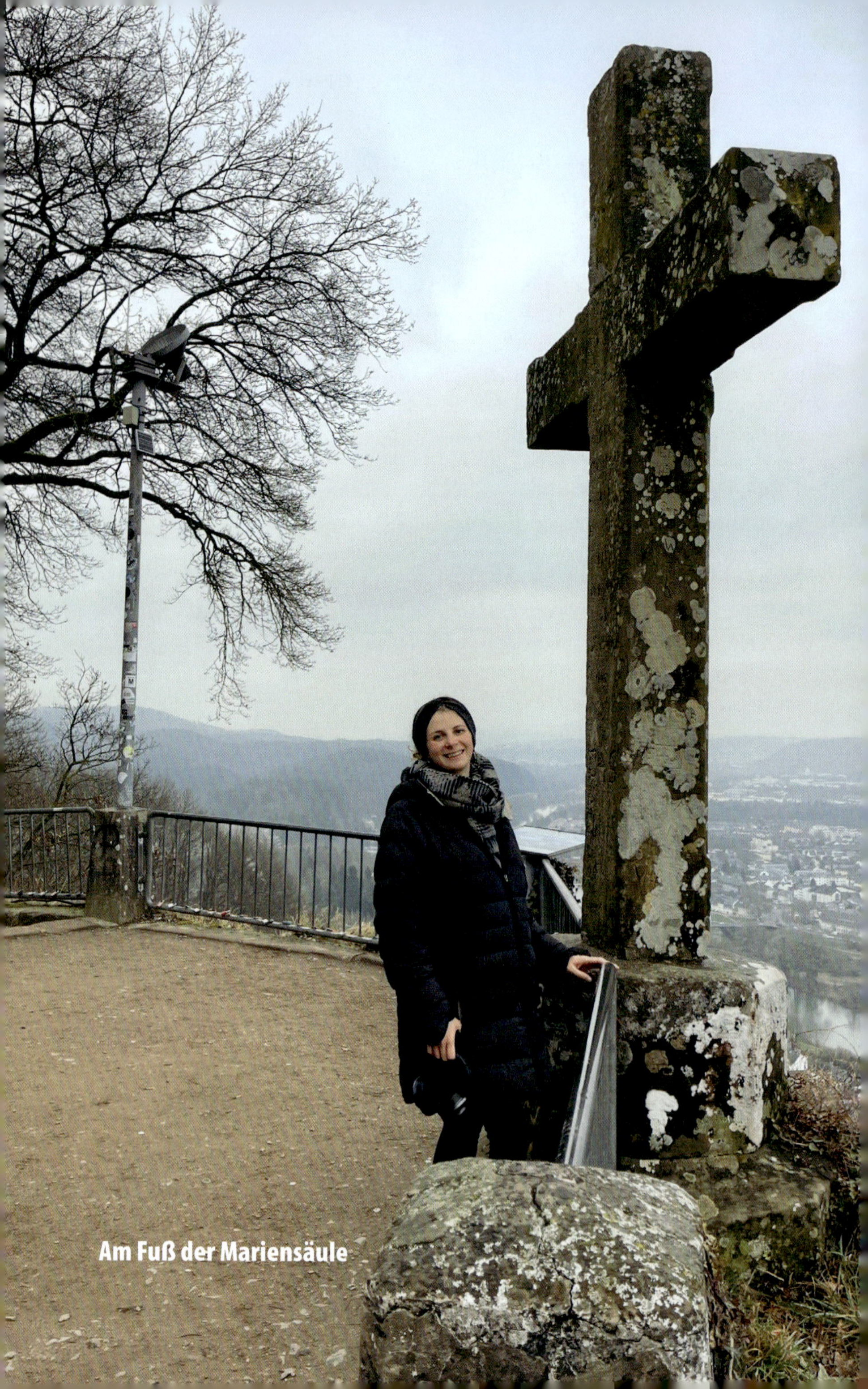

Am Fuß der Mariensäule

Fahrer radeln vorbei. Ihr Tipp: ein paar Meter weiter oben den Bach überqueren und quer durch den Wald nach Busental wandern – eine Abkürzung, die ein bisschen Mumm erfordert. Wir sehen den Trampelpfad am anderen Ufer, aber wie kommt man hinüber? Das Bachbett ist flach und das Wasser seicht, aber jetzt im Winter sicher eiskalt. Ein Baumstamm bietet sich zum Balancieren an, doch er sieht glitschig aus, dann lieber gezielt ins Wasser treten. Wir fassen im Bachbett zwei Steine ins Auge – und springen mit drei großen Schritten hinüber. Leichter als gedacht!

*Wer den Bach nicht überqueren will, geht zurück zum **Forstweg** und wandert über Sirzenich nach Busental.*

Jetzt geht es die steile Böschung hinauf und immer geradeaus, bis sich der Wald lichtet und das **Busental** 7 vor uns liegt. Ein asphaltierter Weg führt zu den wenigen Häusern und in einer Linkskurve auf der anderen Seite den Berg hinauf. Direkt davor zweigt links ein Feldweg ab, der zur Mariensäule führt. Wir folgen ihm über die Wiese, hinter der uns wieder der Wald umfängt. Eine Fülle von Stämmen und Ästen bedeckt den Laubboden auf beiden Seiten des Weges, dann weist uns ein Schild nach rechts: 300 Meter bis zur Mariensäule. Ein „Moselsteig-Zuweg“, der steil und

*Die 40 Meter hohe **Mariensäule** wurde 1866 errichtet. Sie war ein Statement des katholischen Trier gegenüber den protestantischen Preußen, die seit 1856 in der Konstantinbasilika Gottesdienst feierten.*

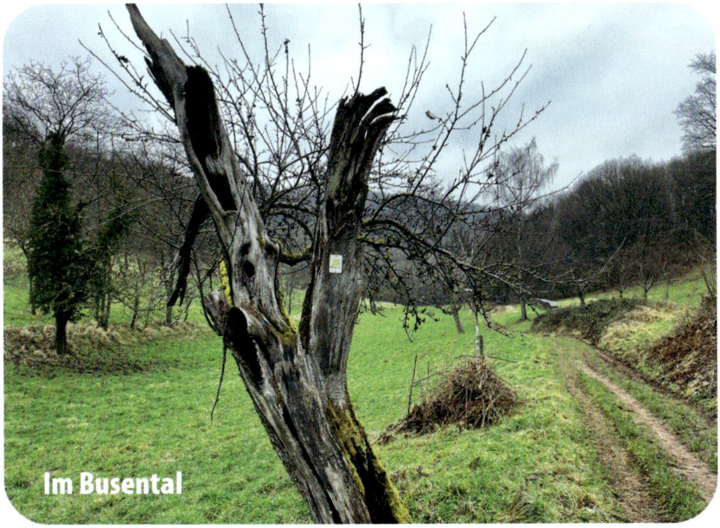
Im Busental

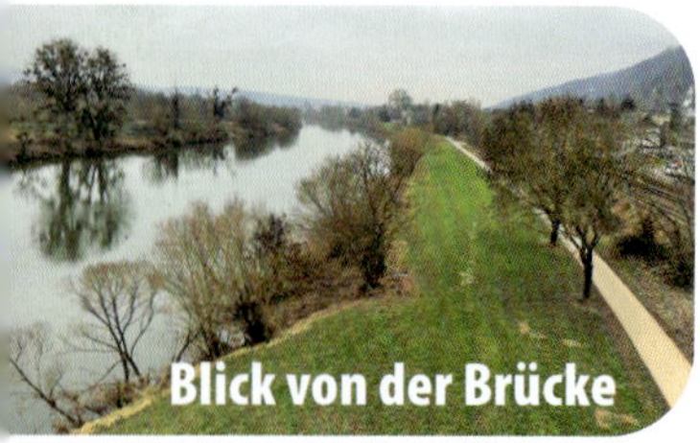

gerade nach oben führt, über ein weiteres „Schlachtfeld“ aus totem Holz.

Gegenüber der Landstraße führt ein Treppenweg zur **Mariensäule 8**, von der sich ein herrlicher Ausblick bietet. Eine Bildtafel hilft beim Suchen und Finden der kulturellen Highlights: Dom, Konstantinbasilika, Kaiserthermen, Amphitheater – schöne Ziele für die nächste (Stadt-)Wanderung. Jetzt geht es bergab, über die Landstraße zum Robert-Schumann-Haus und auf dem gleichen Weg zurück, den wir gekommen sind. Wir freuen uns schon auf den stimmungsvollen Felsenweg ins Moseltal und einen gemütlichen Tisch in der **Brasserie SIM 9** neben der Porta Nigra.

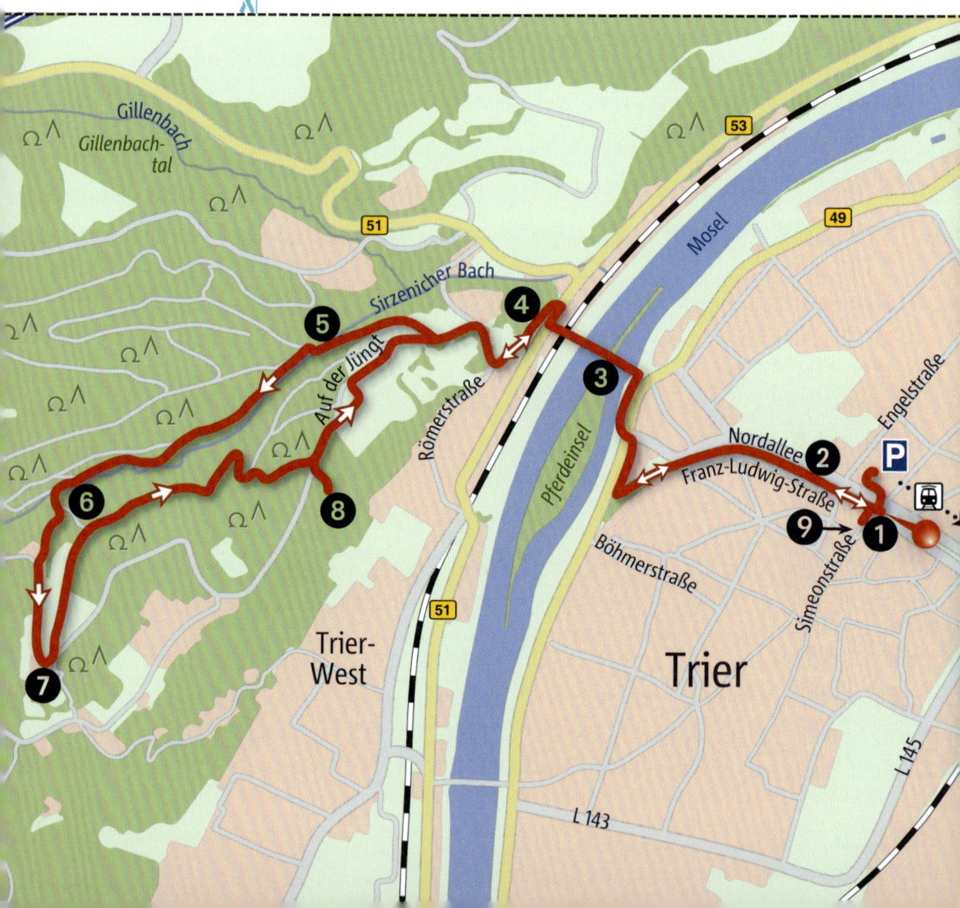

Alles auf einen Blick

WIE & WANN:

In der Stadt Straßen und Parkwege, im Wald Forstwirtschaftswege und/oder schmale, teils abschüssige und manchmal steile Pfade. Im Bachtal (fakultativ) läuft man direkt am Wasser, wobei der Bach mehrfach auf Steinen, Baumstämmen oder mitten durch das Wasser überquert werden muss.
Beste Wanderzeit: ganzjährig, aber nicht nach mehreren Regentagen; im Winterhalbjahr kann es trotz trockener Witterung im Sirzenicher Bachtal sehr matschig sein.

HIN & WEG:

Auto: kostenpflichtige Parkplätze im Mercure Hotel gegenüber der Porta Nigra, 54292 Trier (GPS: 49.76058, 6.64417)
ÖPNV: Mit der Bahn nach Trier. Vom Hauptbahnhof sind es 700 Meter zur Porta Nigra.

ESSEN & ENTSPANNEN:

In den um 1800 erbauten Fischerhäusern am Zurlaubener Ufer neben der Kaiser-Wilhelm-Brücke gibt es jede Menge Restaurants, Cafés und Bars mit schönen Terrassen.
SIM Brasserie ❾ gegenüber der Porta Nigra, Simeonstraße 59, 54290 Trier, Tel. (06 51) 4 36 93 43

ENTDECKEN & ERLEBEN:

Porta Nigra ❶
Grünstreifen-Biotop ❷
Kaiser-Wilhelm-Brücke mit Blick auf die Mariensäule ❸
Sandsteinfelsen ❹
Sirzenicher Bachtal ❺
Trierweiler bzw. Sirzenicher Wasserfälle ❻
Busental ❼
Mariensäule ❽

Entspannung ✱✱✱✱✱
Genuss ✱✱✱✱✱
Romantik ✱✱✱✱✱

Die GPS-Daten zu jeder Tour gibt es auf
www.droste-verlag.de

Konzeption /Satz: Droste Verlag, Düsseldorf
Einbandgestaltung: Britta Rungwerth, Düsseldorf, unter Verwendung von Bildern von © Fotolia.com: Andrey Kuzmin, undrey, dabost, niroworld; © Mark22/iStockphoto.com
Fotos: Ute Liesenfeld
Karten: Thorsten David, Bochum
Textlektorat: Textfühlung – Katja Rasmus, Melle
Druck und Bindung: LUC GmbH, Greven

Alle Angaben in diesem Buch wurden sorgfältig recherchiert und geprüft. Für die Richtigkeit der Angaben, für etwaige Unfälle und Schäden jeglicher Art kann keine Haftung übernommen werden; die Nutzung erfolgt auf eigenes Risiko. Abweichungen, die nach Redaktionsschluss erfolgten, konnten im Buch nicht mehr berücksichtigt werden. Hinweise und Änderungen nehmen wir gern entgegen.

MIX
Papier aus verantwortungsvollen Quellen
FSC® C011279
www.fsc.org

ISBN 978-3-7700-2382-0
www.droste-verlag.de